APPRENDRE
L'ALLEMAND

« Toute représentation ou reproduction, intégrale ou partielle, faite sans le consentement de l'auteur, ou de ses ayants droit ou ayants cause, est illicite (art. L122-4 du Code de la propriété intellectuelle). Cette représentation, ou reproduction, par quelque procédé que ce soit, constituerait une contrefaçon sanctionnée par l'article L 3345-2 du Code de la propriété intellectuelle ».

OBJECTIF LANGUES

APPRENDRE L'ALLEMAND
Niveau débutants
A2

Bettina Schödel

LA COLLECTION
OBJECTIF LANGUES

À PROPOS DU CADRE EUROPÉEN COMMUN DE RÉFÉRENCE POUR LES LANGUES

À partir de quel moment peut-on considérer que l'on « parle » une langue étrangère ? Et quand peut-on dire qu'on la parle « correctement », couramment ? Voire qu'on la « maîtrise » ? Cette question agite les spécialistes de la linguistique et de l'enseignement depuis toujours. Elle pourrait être de peu d'intérêt si les locuteurs d'aujourd'hui n'avaient pas à justifier leurs compétences dans ce domaine, notamment pour accéder à l'emploi.

C'est en partie pour répondre à cette question que le Cadre européen commun de référence pour les langues (CECRL), appelé plus communément « Cadre européen des langues », a été créé par le Conseil de l'Europe en 2001. Sa vocation première est de proposer un modèle d'évaluation de la maîtrise des langues neutre et adapté à toutes les langues afin de faciliter leur apprentissage sur le territoire européen. À l'origine, il entendait favoriser les échanges et la mobilité, mais aussi mettre un peu d'ordre dans les tests d'évaluation privés qui fleurissaient à la fin du xxe siècle et qui étaient, la plupart du temps, propres à une langue.

Plus de 15 ans après son lancement, son succès est tel qu'il a dépassé les simples limites de l'Europe et qu'il est utilisé dans le monde entier ; pour preuve, son cahier des charges est disponible en 39 langues. Les enseignants, les recruteurs et les entreprises y ont largement recours et les praticiens « trouvent un avantage à travailler avec des mesures et des normes stables et reconnues[1]. »

LES 6 NIVEAUX DU CADRE EUROPÉEN DES LANGUES

Le cadre européen se divise en 3 niveaux généraux et en 6 niveaux communs de compétence :

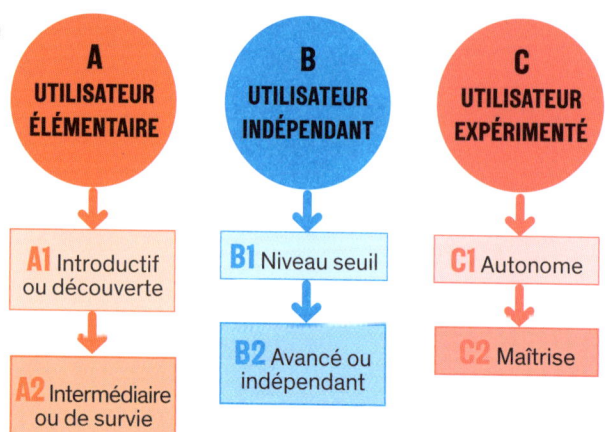

Chacun des niveaux communs de compétence est détaillé selon des activités de communication langagières :
• la production orale (parler) et écrite (écrire) ;
• la réception (compréhension de l'oral et de l'écrit) ;
• l'interaction (orale et écrite) ;
• la médiation (orale et écrite) ;
• la communication non verbale.

Dans le cadre de notre méthode d'apprentissage et de son utilisation, les activités de communication se limitent bien sûr à la réception (principalement) et à la production (un peu). L'interaction, la médiation et la communication non verbale s'exercent sous forme d'échanges en rencontrant des locuteurs et/ou en échangeant avec eux (avec ou sans présence réelle pour dire les choses autrement).

LES COMPÉTENCES DU NIVEAU A2

Avec le niveau A2, je peux :
- **comprendre** des expressions et des messages simples et très fréquents ;
- **lire** des textes courts et trouver une information dans des documents courants ;
- **comprendre** des courriers personnels courts et simples ;
- **communiquer** lors de tâches simples et habituelles ;
- **décrire** en termes simples ma famille, d'autres gens, mes conditions de vie, ma formation et mon activité professionnelle ;
- **écrire** des notes et des messages courts et simples.

La plupart des méthodes d'auto-apprentissage de langues actuelles utilisent la mention d'un des niveaux du cadre de référence (la plupart du temps B2), mais cette catégorisation a souvent été faite *a posteriori* et ne correspond pas forcément à leur cahier des charges.
En suivant les leçons à la lettre, en écoutant les dialogues et en faisant les exercices proposés, vous parviendrez au niveau A2. Mais n'oubliez pas qu'il ne s'agit que d'un début. Le plus important commence ensuite : échanger avec des locuteurs natifs, entretenir sa langue et ne pas la laisser rouiller et, ainsi, améliorer sans cesse la compréhension et l'expression.

1. *Cadre européen commun de référence pour les langues,* Éditions Didier (2005).

APPRENDRE L'ALLEMAND

NOTIONS

- **LA PHONÉTIQUE**
- **L'ALPHABET**
- **LES TERMINAISONS EN** *-EN*
- **LES TERMINAISONS EN** *-R*
- **LES LETTRES** *B/D/G*
- **LES VOYELLES + *M/N* : *AM, AN, IN, IM*...**
- **LES VOYELLES *A/O/U* + *UMLAUT* (TRÉMA)**
- **LES DIPHTONGUES**
- **LES LETTRES** *CH/SCH*
- **LA LETTRE** *H*
- **LES LETTRES** *S/SS/ß*
- **LES LETTRES** *V/W*
- **LA LETTRE** *E*
- **LES AUTRES SONS**

QUELQUES MOTS AVANT DE COMMENCER

Afin de faciliter la compréhension de certaines explications, voici un récapitulatif de plusieurs termes grammaticaux qui seront fréquemment utilisés dans cet ouvrage.

• L'allemand est une langue à déclinaisons et comporte 4 cas : **nominatif**, **accusatif**, **datif** et **génitif**. La fonction de chacun de ces cas sera expliquée au fil des modules.

• Une autre particularité de la langue allemande est la syntaxe. Vous verrez qu'elle est très différente du français. Pour bien construire une phrase, il est important de bien faire la distinction entre :
- **la proposition indépendante** constituée d'un sujet + verbe (+ compléments). Une phrase peut être constituée d'une seule proposition indépendante ou de plusieurs : **Ich lerne Deutsch.** *J'apprends l'allemand ;* **Ich heiße Anna und ich wohne in München.** *Je m'appelle Anna et j'habite à Munich.* Ces 2 propositions indépendantes sont reliées par la conjonction de coordination **und** *et*.
- **la proposition principale** dont dépend une autre **proposition** :

→ proposition principale + proposition subordonnée : **Sie sagt, dass sie Anna heißt.** *Elle dit qu'elle s'appelle Anna.*

Sie sagt,	dass sie Anna heißt.
Proposition principale	Proposition subordonnée

Ici, la proposition subordonnée est introduite par la conjonction de subordination **dass** *que*.

→ proposition principale + proposition infinitive : **Sie versucht zu kommen.** *Elle essaie de venir.* L'infinitif est **kommen** *venir*.

Sie versucht	zu kommen
Proposition principale	Proposition infinitive

🔲 LA PHONÉTIQUE

Régie par des règles fixes, la phonétique allemande permet au débutant de deviner la prononciation d'un mot en le lisant. Les mots sont généralement très articulés et toutes les lettres sont prononcées même si certaines le sont à peine. C'est souvent le cas pour le **e** comme vous pourrez le constater en écoutant les enregistrements. Notez aussi que, contrairement au français, il n'y pas de liaison entre les mots.

L'accent tonique est mobile en allemand. Souvent, il se place sur la première syllabe : **Gu**ten Tag! Wir **ler**nen **Deu**tsch. *Bonjour ! Nous apprenons l'allemand.* Mais il existe de nombreux mots faisant exception à cette règle, surtout les mots composés et les verbes à particule qui – comme vous pourrez le constater par la suite – sont une des particularités de la langue allemande : **Wir be**gi**nnen.** *Nous commençons.* **Na**tür**lich!** *Naturellement !* De ce fait, mieux vaut mémoriser la position de l'accent tonique en écoutant attentivement l'enregistrement.

◆ L'ALPHABET

Il comporte les 26 lettres du français plus 4 lettres. Pour 3 d'entre elles, il s'agit des voyelles **a, o, u** avec **Umlaut** *tréma* : ä, ö, ü plus le ß [ès-tsè't] qui se prononce comme deux s. Pour les lettres variant du français, voici la transcription phonétique entre parenthèses :
a, b, c [tsé:], d, e [é:], f, g [gué:], h [ha:], i, j [yo't], k, l, m, n, o, p, q [khou:], r, s, t, u [ou:], v [faou], w [vé:], x, y [upsilo'n], z [tsè't], ß [ès-tsè't], ä [è:], ö [eu:], ü [ü:].

Écoutez une par une les lettres enregistrées et répétez-les à haute voix.
c [tsé:] / e [é:] / g [gué:] / h [ha:] / j [yo't] /q [khou:] / u [ou:] / v [faou] / w [vé:] / y [upsilo'n] / z [tsè't] / ß [ès-tsè't] / ä [è:] / ö [eu:] / ü [ü:].

Écoutez un par un les noms enregistrés, puis répétez-les et épelez-les.
a. Herr *Mr* Jansen → J A N S E N
b. Frau *Mme* Benz → B E N Z
c. Frau *Mme* Weiß → W E I ß
d. Herr *Mr* Schön → S C H Ö N

◆ LES TERMINAISONS

LA TERMINAISON -EN

Pour dire le **-n**, il faut souffler un **e** bref.
Écoutez les mots enregistrés, puis répétez-les :
a. **Münch**en *Munich*
b. **heiß**en *s'appeler*
c. **wohn**en *habiter*

LA TERMINAISON -R

Après une voyelle accentuée ou dans la terminaison **-er**, le **-r** final devient comme un souffle pareil à un **a** bref.
Écoutez les mots enregistrés, puis répétez-les.
a. **kla**r *évidemment*
b. **leid**er *malheureusement*
c. **bess**er *mieux*
d. **ba**r *en liquide (argent)*

◆ LES LETTRES

LES LETTRES B, D ET G

En fin de syllabe, le **b** se prononce comme un **p**, le **d** comme un **t** et le **g** comme un **k**.
Exception : **-ig** en fin de mot se prononce selon les régions **[ik]** ou **[ich]**.
Écoutez les mots enregistrés, puis répétez-les.
a. **we**g *parti*
b. **Gi**b! *Donne !*
c. **das Ba**d *le bain/la salle de bains*
d. **weni**g *peu (2 versions)*

LES VOYELLES + M/N : AM, AN, IN, IM...

Dans la mesure où toutes les lettres se prononcent, il n'y a pas de « nasales » comme en français. La voyelle et la consonne qui la suit se prononcent séparément.

Écoutez les mots enregistrés, puis répétez-les.
- **a. in** *dans*
- **b. das Praktikum** *le stage*
- **c. wohin** *où*
- **d. Französisch** *français*

EXCEPTIONS : VOYELLES + *NG/NK*

Avec cette combinaison de lettres, **-ng** se prononcent comme dans le mot « ping-pong » et **-nk** comme dans le mot anglais « pink » *rose*.

Écoutez les mots enregistrés, puis répétez-les.
- **a. Entschuldigung!** *Pardon !*
- **b. Danke!** *Merci !*
- **c. der Ausgang** *la sortie*
- **d. dunkel** *sombre*
- **e. Englisch** *anglais*

LES VOYELLES *A/O/U + UMLAUT* (TRÉMA)

Le **Umlaut** modifie le son de la voyelle comme suit : **a** devient **ä** et se prononce [è]/[è:], **o** devient **ö** et se prononce [eu]/[eu:], **u** qui équivaut en français à [ou] devient **ü** et se prononce [u]/[u:].
Attention aux confusions possibles pour ce dernier cas.

Écoutez les mots enregistrés, puis répétez-les.
- **a. ich fahre** *je vais/je roule* – **du fährst** *tu vas/tu roules*
- **b. schon** *déjà* – **schön** *beau*
- **c. du** *tu* – **hübsch** *mignonne*

LES DIPHTONGUES

Il en existe plusieurs : **ei** et **ai** qui se prononcent [aï], **eu** et **äu** [oï] et **au** [aô]. Attention aussi à **ie** où on n'entend que le **i** qui est prononcé comme un **i** allongé.

Écoutez les mots enregistrés, puis répétez-les.
- **a. ein Ei** *un œuf*
- **b. die Räume** *les pièces*
- **c. laut** *bruyant*
- **d. teuer** *cher*
- **e. Mai** *mai*
- **f. viel** *beaucoup*

LES LETTRES *CH/SCH*

Le **ch** précédé de **a/o/u/au** s'appelle **ch guttural**. Il se prononce dans la gorge et le **ch** précédé des voyelles **ä, ai, e, ei, ie, i, eu, ö, ü** se prononce comme un souffle. Le **sch** allemand, quant à lui, se prononce [ch].
Écoutez les mots enregistrés puis répétez-les.
a. **ich** *je*
b. **Ach**! *Ah !*
c. **recht** *raison*
d. **doch** *si*
e. **die Schwester** *la sœur*
f. **schnell** *vite*
g. **er möchte** *il aimerait/voudrait*

LA LETTRE *H*

Placé en début de syllabe, il est aspiré comme dans le « Hello! » anglais. Placé après une voyelle, il sert à allonger celle-ci et ne se prononce pas.
Écoutez les mots enregistrés, puis répétez-les.
a. **wohnen** *habiter*
b. **heißen** *s'appeler*
c. **zuhören** *écouter*
d. **nehmen** *prendre*

LES LETTRES *S/SS/ß*

Le **s** suivi d'une voyelle se prononce [z], le **s** en fin de mot se prononce [s] ainsi que le **ss** et le **ß**. Notez qu'une voyelle suivie de **ss** est brève et une voyelle suivie de **ß** est longue. Notez aussi que **sp** et **st** se prononcent comme un léger [chp] ou [cht].
Écoutez les mots enregistrés, puis répétez-les.
a. **sagen** *dire*
b. **die Soße** *la sauce*
c. **müssen** *devoir*
d. **der Bus** *le bus*
e. **der Fuß** *le pied*
f. **sprechen** *parler*
g. **bestellen** *commander*

LES LETTRES V/W

Le **v** se prononce souvent [f] et le **w** se prononce [v].
Écoutez les mots enregistrés, puis répétez-les.
a. der **V**ater *le père*
b. **v**iel *beaucoup*
c. **w**arum *pourquoi*
d. **w**eil *parce que*

LA LETTRE E

Elle se prononce quelquefois [é] et d'autres fois [è]. Placée en fin de mot, elle se prononce [oe].
Écoutez les mots enregistrés, puis répétez-les.
a. ich hab**e** *j'ai*
b. das G**e**ld *l'argent*
c. l**e**ben *vivre*
d. die Schul**e** *l'école*
e. ich l**e**rn**e** *j'apprends*

LES AUTRES SONS

Le **j** se prononce [y], le **q** se prononce [kv] et le **z** [ts].
Écoutez les mots enregistrés, puis répétez-les.
a. die **Z**eit *le temps*
b. über**q**ueren *traverser*
c. **j**a *oui*
d. **j**etzt *maintenant*
e. der **Z**ug *le train*

I. SALUTATIONS ET PREMIERS CONTACTS

1. FAIRE CONNAISSANCE 21
2. LA PREMIÈRE RENCONTRE 29
3. RENCONTRER UNE AMIE 37
4. LES INFORMATIONS PERSONNELLES 45
5. LA FAMILLE 53
6. UNE PRÉSENTATION D'ENTREPRISE 61
7. LE PREMIER APPEL TÉLÉPHONIQUE 69
8. LE PREMIER RENDEZ-VOUS 77

II. LA VIE QUOTIDIENNE

9. À LA RECHERCHE D'UN LOGEMENT 89
10. AU BUREAU 97
11. UN ENTRETIEN PROFESSIONNEL 105
12. UNE JOURNÉE EN SEMAINE 113
13. LES TÂCHES MÉNAGÈRES 121
14. L'AMÉNAGEMENT D'UN LOGEMENT 129
15. UNE INVITATION 137

III.
EN VILLE

16.
UN ITINÉRAIRE 149

17.
LES TRANSPORTS
URBAINS 157

18.
EN VOITURE 165

19.
LES COURSES 173

20.
DANS UN
GRAND MAGASIN 181

21.
LES BANQUES ET
ADMINISTRATIONS 189

22.
CHEZ LE MÉDECIN 197

23.
LES MONUMENTS
ET LIEUX
TOURISTIQUES 205

IV.
LES LOISIRS

24.
LES HOBBYS 217

25.
RÉSERVER UN VOYAGE 225

26.
À L'HÔTEL 233

27.
SORTIE OU
SOIRÉE TÉLÉ ? 241

28.
AU RESTAURANT 249

29.
DESTINATIONS
DE VOYAGE 257

30.
DÉPART
EN VACANCES 275

I

SALUTATIONS

ET

PREMIERS

CONTACTS

1. FAIRE CONNAISSANCE

SICH KENNENLERNEN

OBJECTIFS

- SALUER DE FAÇON FORMELLE
- DEMANDER À SON INTERLOCUTEUR SON NOM, OÙ IL HABITE ET RÉPONDRE DE FAÇON FORMELLE
- DEMANDER ET INDIQUER D'OÙ L'ON VIENT DE FAÇON FORMELLE
- DEMANDER COMMENT ÇA VA ET RÉPONDRE DE FAÇON FORMELLE
- PASSER DU « VOUS » AU « TU »

NOTIONS

- LE VOUVOIEMENT
- L'USAGE DES MAJUSCULES
- L'INFINITIF DES VERBES ET PRÉSENT DE L'INDICATIF À LA FORME DE POLITESSE

ENTREZ !

Secrétaire : Entrez !

John Cook : Bonjour !

Secrétaire : Bonjour ! Comment vous appelez-vous ?

John Cook : John Cook.

Secrétaire : Vous êtes dans le cours C2 avec Monsieur Schneider.

John Cook : Bien, merci.

Secrétaire : J'ai deux questions. Où habitez-vous ?

John Cook : Au 1 rue Mozart.

M. Jansen : Et d'où venez-vous ?

John Cook : De Sydney.

M. Jansen : De Sydney !

Secrétaire : Entrez !… Bonjour Monsieur Schneider ! Comment allez-vous ?

M. Schneider : Bien, merci ! Et vous ?

Secrétaire : Bien, merci. Voici John Cook, votre nouvel élève.

M. Schneider : Bonjour !

John Cook : Bonjour !

Secrétaire : Monsieur Cook vient de Sydney.

M. Schneider : De Sydney !

John Cook : Connais-tu… ? Pardon ! Connaissez-vous Sydney ? Je dis toujours « tu ».

M. Schneider : Pas de problème. Je tutoie aussi mes élèves.

03 HEREIN!

Sekretärin: Herein!

John Cook: Guten Tag!

Sekretärin: Guten Tag! Wie heißen Sie?

John Cook: John Cook.

Sekretärin: Sie sind im Kurs C2 (zwei) mit Herrn Schneider.

John Cook: Gut, danke.

Sekretärin: Ich habe zwei Fragen. Wo wohnen Sie?

John Cook: Mozartstraße 1 (eins).

Herr Jansen: Und woher kommen Sie?

John Cook: Aus Sydney.

Herr Jansen: Aus Sydney!

Sekretärin: Herein! … Guten Tag Herr Schneider! Wie geht es Ihnen?

Herr Schneider: Gut, danke! Und Ihnen?

Sekretärin: Auch gut, danke. Das ist John Cook, Ihr neuer Schüler.

Herr Schneider: Guten Tag!

John Cook: Guten Tag!

Sekretärin: Herr Cook kommt aus Sydney.

Herr Schneider: Aus Sydney!

John Cook: Kennst du … ? Entschuldigung! Kennen Sie Sydney? Ich sage immer du.

Herr Schneider: Kein Problem. Ich duze auch meine Schüler.

COMPRENDRE LE DIALOGUE
QUELQUES FORMULES ET EXPRESSIONS

→ **Herein!** *Entrez !* Attention, car en allemand, **herein** n'est pas un verbe, mais une particule et signifie *dedans*.

→ **Wie heißen Sie?** *Comment vous appelez-vous ?* Contrairement à *s'appeler* en français, **heißen** n'est pas un verbe pronominal.

→ **Sie sind im Kurs C2 mit Herrn Schneider.** *Vous êtes dans le cours C2 avec Monsieur Schneider.*

Deux points sont à retenir dans cette phrase :
- **im** est une forme contractée qui se traduit par *dans le*,
- le nom **Herr** *Monsieur* prend dans ce cas une terminaison en **-n**. Nous verrons plus tard pourquoi (voir Module n°6).

→ **Mozartstraße 1** *Au 1 rue Mozart* littéralement « Mozart rue 1 ». En allemand, le nom de la rue, ici **Mozart**, et le mot **Straße** *rue* sont inversés et s'écrivent en un mot ; le numéro est, quant à lui, rejeté à la fin.

→ **Wie geht es Ihnen?** *Comment allez-vous ?* (littéralement « Comment va ça à vous ? »)

- **Gut, danke. Und Ihnen?** *Bien, merci. Et vous ?* (littéralement « Bien merci. Et à vous ? »)

- **Auch gut, danke.** *Bien, merci.* (littéralement « Aussi bien, merci ») Ces tournures sont à mémoriser, car elles n'ont pas d'équivalent grammatical en français.
Das ist John Cook. *Voici John Cook.* (littéralement « C'est John Cook »)

NOTE CULTURELLE

Sie *vous* ou **du** *tu* ? Aujourd'hui, les règles d'usage allemandes correspondent globalement aux règles françaises : on tutoie les enfants et les adolescents et on se tutoie dans la famille, entre jeunes et amis. En revanche, on vouvoie les personnes que l'on ne connaît pas et plus âgées que soi. En fonction de l'évolution des échanges, on passe plus ou moins rapidement au *tu*. Cela varie en fonction des interlocuteurs et de leur âge. Dans le dialogue de cette leçon, le professeur indique d'emblée à son élève que l'on se tutoie dans son cours.

◆ GRAMMAIRE
LE VOUVOIEMENT

Il s'exprime en allemand avec le pronom personnel **Sie** qui s'emploie aussi bien pour vouvoyer une personne que plusieurs personnes. Contrairement aux autres pronoms personnels qui s'écrivent avec une minuscule, comme **du** *tu*, **Sie** de vouvoiement a pour particularité de prendre une majuscule :

Wie heißen Sie? *Comment vous appelez-vous ?*
Sie sind im Kurs C2. *Vous êtes dans le cours C2.*
Wie geht es Ihnen? *Comment allez-vous ?* Notez que **Ihnen** se traduit aussi par *vous*. Il s'agit du datif, que nous étudierons par la suite.

Par ailleurs, la majuscule vaut aussi pour les déterminants possessifs *votre* et *vos* (vouvoiement) : **Das ist John Cook, Ihr neuer Schüler.** *Voici John Cook, votre nouvel élève.*

L'USAGE DES MAJUSCULES

En allemand, outre les noms propres, les noms communs prennent aussi une majuscule : **im Kurs C2** *dans le cours C2* ; **Kein Problem.** *Pas de problème.*

Il s'agit là d'une particularité de la langue allemande à ne pas négliger : mettre une minuscule à un nom commun est tout simplement considéré comme une faute d'orthographe. Par ailleurs, tout comme en français, le premier mot d'une phrase prend naturellement une majuscule.

▲ CONJUGAISON
L'INFINITIF ET LE PRÉSENT DE L'INDICATIF À LA FORME DE POLITESSE

-en est la marque infinitive de presque tous les verbes :
heißen *s'appeler*, **kommen** *venir*, etc.
Il y a bien sûr une exception, notable, puisqu'il s'agit de l'auxiliaire et verbe **sein** *être* (voir Modules n°2 et n°3).
-en est également la terminaison des verbes conjugués avec **Sie** au présent de l'indicatif :
Woher kommen Sie? *D'où venez-vous ?*
Kennen Sie Sydney? *Connaissez-vous Sydney ?*
Encore une exception à cette règle avec la conjugaison de **sein** *être* :
Sie sind *vous êtes*

● EXERCICES

Certains exercices sont enregistrés ; ils sont signalés par le pictogramme 🔊. Suivez bien les consignes. Toutes les réponses sont données dans la partie « Corrigés » en fin d'ouvrage.

1. RELIEZ LES QUESTIONS AUX RÉPONSES CORRESPONDANTES.

a. Wie heißen Sie?   A. John Cook.

b. Wie geht es Ihnen?   B. Aus Sydney.

c. Woher kommen Sie?   C. Mozartstraße 1.

d. Wo wohnen Sie?   D. Gut, danke.

2. TRADUISEZ LES PHRASES SUIVANTES.

a. Comment vous appelez-vous ? → ....

b. D'où venez-vous ? → ....

c. Où habitez-vous ? → ....

d. Comment allez-vous ? → ....

3. LISEZ CES PHRASES. COCHEZ *RICHTIG* SI L'AFFIRMATION EST JUSTE PAR RAPPORT AU DIALOGUE OU *FALSCH* SI ELLE EST FAUSSE.

	RICHTIG	FALSCH
a. John Cook kommt aus Sydney.		
b. Er ist im Kurs C1.		
c. Er wohnt Wagnerstraße 2.		
d. Er ist im Kurs mit Herrn Schneider.		

🔊 03 4. I) ÉCOUTEZ CES MOTS : gut, geht, woher, Tag, heißen, Sie.
II) ÉCOUTEZ L'ENREGISTREMENT, PUIS COMPLÉTEZ CES PHRASES AVEC LES MOTS ADAPTÉS ET LISEZ À HAUTE VOIX CHAQUE PHRASE. PUIS RÉÉCOUTEZ L'ENREGISTREMENT APRÈS CHAQUE PHRASE.

Exemple : Guten…! → Guten Tag!

a. Wie .... Sie?

b. Wie .... es Ihnen?

c. Kennen .... Sydney?

d. .... kommen Sie?

e. Auch ...., danke.

VOCABULAIRE

- La marque du pluriel des noms figure entre parenthèses.
- (¨) signifie que le nom prend un **Umlaut** (*tréma*) au pluriel : **die Mutter (¨)** = **die Mütter** *la mère*. En plus du Umlaut, il peut prendre une autre marque : **der Reisepass (¨e)** = **die Reisepässe** *le passeport*.
- Pour les pluriels très irréguliers, le mot est indiqué en entier.

Herein! *Entrez !*
Guten Tag! *Bonjour !*
wie *comment*
heißen *s'appeler*
Sie *vous* (pronom du vouvoiement lorsqu'il porte une majuscule)
sein *être* **Sie sind ...** *Vous êtes...* (forme de politesse)
im *dans le*
der Kurs (e) *le cours*
zwei *deux*
mit *avec*
(der) Herr (en) *(le) monsieur*
gut *bien*
danke *merci*
ich *je*
haben *avoir* **ich habe** *j'ai*
die Frage (n) *la question*
wo *où* (pronom interrogatif)
wohnen *habiter*
die Straße (n) *la rue*
eins *un* (le chiffre)
und *et*
woher *d'où* (pronom interrogatif)
kommen *venir*
aus (Sydney ...) *de, venir de (Sydney...)*

Wie geht es Ihnen? *Comment allez-vous ?* (**Ihnen** exprime le vouvoiement)
Und Ihnen? *Et vous ?*
das ist *voici/c'est*
Ihr *votre*
neu *nouveau*
der Schüler (-)/die Schülerin (nen) *l'élève* (masculin/féminin)
kennen *connaître*
du *tu*
Kennst du ...? *Connais-tu... ?*
Entschuldigung! *Pardon !*
sagen *dire*
immer *toujours*
Kein Problem! *Pas de problème !*
duzen *tutoyer*
auch *aussi*
meine *mes*

POUR ALLER PLUS LOIN
gehen *aller*
siezen *vouvoyer*
Wir siezen uns.
  Nous nous vouvoyons.
Können wir uns duzen?
  Pouvons-nous nous tutoyer ?
Wir können uns duzen.
  Nous pouvons nous tutoyer.

2. LA PREMIÈRE RENCONTRE

DAS ERSTE TREFFEN

OBJECTIFS

- SALUER ET PRENDRE CONGÉ DE FAÇON MOINS FORMELLE
- DEMANDER LE NOM DE SON INTERLOCUTEUR, INDIQUER D'OÙ L'ON VIENT, OÙ L'ON HABITE, OÙ L'ON VA, CE QUE L'ON FAIT ET RÉPONDRE EN TUTOYANT
- SALUTATIONS : CLASSIQUES ET PARTICULARITÉS

NOTIONS

- LES PRONOMS INTERROGATIFS : *WO, WOHIN, WOHER*
- LES PRÉPOSITIONS SUIVIES D'UN LIEU GÉOGRAPHIQUE : *IN, NACH, AUS*
- LES PRONOMS PERSONNELS AU NOMINATIF SINGULIER
- LE PRÉSENT DE L'INDICATIF AU SINGULIER : LES VERBES RÉGULIERS/IRRÉGULIERS/ À PARTICULARITÉS PHONÉTIQUES ET *SEIN*

SALUT !

John : Salut ! Je m'appelle John. Et (toi), comment t'appelles-tu ?

Cécile : Je m'appelle Cécile.

John : C'est un joli nom. Tu es aussi dans le cours C2 ?

Cécile : Non, je suis dans le cours C1. D'où viens-tu ?

John : Je viens d'Australie, mais j'habite en Allemagne. Je travaille ici à Munich.

Cécile : Tu parles très bien allemand. (Moi) je ne parle pas très bien allemand.

John : Si ! Qui est ton professeur ?

Cécile : Monsieur Braun. Il est très gentil. Tu habites ici depuis longtemps ?

John : Deux ans. Et toi ? D'où viens-tu ?

Cécile : De Toulouse.

John : Que fais-tu à Munich ? Tu travailles ?

Cécile : Non, je fais un stage et j'apprends l'allemand. (…) Excuse-moi. Il faut que j'y aille ! Je vais à Berlin.

John : Où vas-tu ?

Cécile : À Berlin.

John : Super ! Amuse-toi bien alors !

Cécile : Merci. Salut !

John : Salut et j'espère à bientôt !

HALLO!

John: Hallo! Ich heiße John. Und wie heißt du?

Cécile: Ich heiße Cécile.

John: Das ist ein schöner Name. Bist du auch im Kurs C2?

Cécile: Nein, ich bin im Kurs C1 (eins). Woher kommst du?

John: Ich komme aus Australien, aber ich wohne in Deutschland. Ich arbeite hier in München.

Cécile: Du sprichst sehr gut Deutsch. Ich spreche nicht sehr gut Deutsch.

John: Doch! Wer ist dein Lehrer?

Cécile: Herr Braun. Er ist sehr nett. Wohnst du schon lange hier?

John: Zwei Jahre. Und du? Woher kommst du?

Cécile: Aus Toulouse.

John: Was machst du in München? Arbeitest du?

Cécile: Nein, ich mache ein Praktikum und lerne Deutsch. (…) Entschuldigung, ich muss los! Ich fahre nach Berlin.

John: Wohin fährst du?

Cécile: Nach Berlin.

John: Super! Viel Spaß also!

Cécile: Danke. Tschüs!

John: Tschüs und ich hoffe bis bald!

COMPRENDRE LE DIALOGUE
QUELQUES FORMULES ET EXPRESSIONS

→ **Und wie heißt du?** *Et toi, comment t'appelles-tu ?*
→ **Ich spreche nicht sehr gut Deutsch.** *Moi, je ne parle pas très bien allemand.*
→ **Und du? Woher kommst du?** *Et toi ? D'où viens-tu ?* Les pronoms toniques *moi, toi…* n'ont pas d'équivalent grammatical en allemand. Ils se traduisent par les pronoms personnels accentués à l'oral.
→ **Bist du auch im Kurs C2?** *Tu es aussi dans le cours C2 ?* **Arbeitest du?** *Tu travailles ?* Dans une question sans pronom interrogatif, le verbe conjugué est généralement placé en tête de phrase.
→ **schon lange** *depuis longtemps* littéralement « déjà longtemps »
→ **Ich (…) lerne Deutsch.** *(…) j'apprends l'allemand.* Les noms de langues ne prennent pas d'article.
→ **Ich muss los!** *Il faut que j'y aille !/Je dois y aller !* Il n'y a pas d'équivalent grammatical en français.
→ **Ich fahre …** *Je vais…* **fahren** : on se déplace en voiture/avec un véhicule.
Viel Spaß (…) *Amuse-toi bien (…)* littéralement « Beaucoup d'amusement »

NOTE CULTURELLE

Guten Tag! *Bonjour !* **Guten Abend!** *Bonsoir !* et **Auf Wiedersehen!** *Au revoir !* sont les formules de salutations plus formelles et s'emploient lorsque l'on vouvoie. Les formules **Hallo!** et **Tschüs!** équivalent à *Salut !* : la première remplace **Guten Tag**, la seconde **Auf Wiedersehen!**, mais, selon le contexte et la façon de le dire, **Hallo!** et **Tschüs!** sont aussi compatibles avec *vous*. Aujourd'hui, on entend aussi souvent **Hi!** pour **Hallo!** et **Ciao!** pour **Tschüs!** Les formules **Bis bald!** *À bientôt !* et **Guten Morgen!** *Bonjour !* valent pour **du** et **Sie**. Cette dernière se dit au réveil et environ jusqu'à 11 heures du matin.

◆ GRAMMAIRE
LOCALISATION : LES PRONOMS INTERROGATIFS, LES PRÉPOSITIONS SUIVIES DE NOMS GÉOGRAPHIQUES

• **wo** *où* interroge sur le lieu où l'on est ; **in** *à/en* permet de répondre à la question et d'indiquer le lieu où l'on se trouve.
Wo wohnst du? Ich wohne in Deutschland. *Où habites-tu ? J'habite en Allemagne.*

• **wohin** *où* interroge sur le lieu où l'on va ; **nach** *à/en* indique le lieu où l'on va. **Wohin fährst du? Ich fahre nach Berlin.** *Où vas-tu* (sous-entendu avec un véhicule) *? Je vais à Berlin.*

• **woher** *d'où* sert à interroger sur le lieu d'où l'on vient ; **aus** *de* indique le lieu d'où l'on vient. **Woher kommst du? Ich komme aus Australien.** *D'où viens-tu ? Je viens d'Australie.*

Notez que quelques noms de pays prennent un article. Dans ce cas, la construction prépositionnelle varie un peu par rapport à ci-dessus et l'article se décline : **die Schweiz** *la Suisse* : **Er wohnt in der Schweiz./Er fährt in die Schweiz./Er kommt aus der Schweiz.** Nous aborderons la déclinaison plus tard.

LES PRONOMS PERSONNELS AU NOMINATIF SINGULIER

Les pronoms personnels suivants servent à exprimer le sujet ou l'attribut du sujet et correspondent au 1er cas de la déclinaison allemande, appelé nominatif.

Les pronoms personnels singuliers sont :

- **ich** *je* ;
- **du** *tu* ;
- à la troisième personne du singulier, il y a le pronom personnel masculin **er** *il*, utilisé à la place des noms masculins, comme **der Kurs** *le cours*. Les noms féminins sont remplacés par **sie** *elle*, comme **die Straße** *la rue*. Il existe aussi le pronom personnel neutre **es** qui vaut pour tous les noms neutres, comme **das Jahr** *l'année*. Nous reviendrons par la suite sur les 3 genres allemands (voir Module n°3).

Rappel : **Sie** avec S majuscule correspond au *vous* de vouvoiement.

▲ CONJUGAISON : LE PRÉSENT DE L'INDICATIF SINGULIER
LES VERBES RÉGULIERS

Ils s'écrivent avec le radical de l'infinitif + les terminaisons du présent : **e**, **st** et **t**.

kommen *venir*	**lernen** *apprendre*
ich komm**e**, du komm**st**, er/sie/es komm**t**	ich lern**e**, du lern**st**, er/sie/es lern**t**

LES VERBES IRRÉGULIERS

Certains verbes (pas tous) ayant un radical infinitif en **-a** ou **-e** ont une conjugaison irrégulière aux 2e et 3e personnes du singulier : le **a** devient **ä**, le **e** devient **i** dans certains cas ou **ie** dans d'autres.

fahren *aller, rouler*	**sprechen** *parler*
ich fahre, du fährst, er/sie/es fährt	**ich spreche, du sprichst, er/sie/es spricht**

LES VERBES À PARTICULARITÉ PHONÉTIQUE

Il en existe plusieurs, notamment :
- les verbes réguliers au présent dont le radical de l'infinitif finit par **-d**, **-t** ou plusieurs consonnes comme **-chn**… prennent un **e** phonétique aux 2e et 3e personnes du singulier :

arbeiten *travailler*
ich arbeite, du arbeitest, er/sie/es arbeitet

- les verbes dont le radical finit par **-ß**, **-s** ou **-z** prennent juste un **-t** à la 2e personne du singulier :

heißen *s'appeler*
ich heiße, du heißt, er/sie/es heißt

LE VERBE *SEIN*

Le verbe **sein** *être* est irrégulier. Aux trois premières personnes du singulier, il se conjugue ainsi : **ich bin, du bist, er/sie/es ist.**

◆ EXERCICES

1. COMPLÉTEZ LES VERBES AVEC LA TERMINAISON DU PRÉSENT DE L'INDICATIF.

a. Ich heiß.. Peter.

b. Wie heiß .... du?

c. Er arbeit .... in Deutschland.

d. Was mach... du?

e. Sprich .... sie Deutsch?

2. La première rencontre

VOCABULAIRE

Hallo! *Salut!*
ein *un* (article indéfini)
schön *beau/joli*
der Name (n) *le nom*
    Das ist ein schöner Name.
    C'est un joli nom.
nein *non*
Australien *Australie*
aber *mais*
in *en/à* (dans ce cas : lieu où l'on est)
Deutschland *Allemagne*
arbeiten *travailler*
hier *ici*
München *Munich*
sprechen (er spricht) *parler*
sehr *très*
Deutsch *allemand* (la langue)
nicht *(ne…) pas*
doch *si*
wer *qui*
dein *ton*
der Lehrer (-)/die Lehrerin (nen)
    le (la) professeur(e)
nett *gentil*
schon lange *depuis longtemps*
das Jahr (-e) *l'an/l'année*
Und du? *Et toi ?*
was *que/quoi*
machen *faire*
das Praktikum (Praktika) *le stage*
lernen *apprendre*
Ich muss los! *Il faut que j'y aille !/*
    Je dois partir !
fahren (er fährt) *aller* (avec un véhicule)*/rouler/conduire*
wohin *où* (directionnel)
nach *à/en* (dans ce cas : lieu où l'on va)
Super! *Super!*
Viel Spaß! *Amuse-toi bien !*
also *alors*
Tschüs!/Tschüss! *Salut !*
    (les deux orthographes sont possibles)
hoffen *espérer*
bis *jusqu'à*
bald *bientôt*
Bis bald! *À bientôt !*

POUR ALLER PLUS LOIN

der Vorname (n) *le prénom*
der Nachname (n) *le nom de famille*
der Familienname (n) *le nom de famille*

2. COMPLÉTEZ LES PHRASES AVEC LE PRONOM PERSONNEL ADAPTÉ.

a. Wo bist .... ?

b. .... heiße Petra.

c. .... bin in Berlin.

d. John kommt aus Sydney. .... ist im Kurs C2.

e. Woher kommt Cécile? .... kommt aus Toulouse.

3. RELIEZ LES QUESTIONS AUX RÉPONSES ADAPTÉES.

a. Wer ist dein Lehrer?   A. Herr Braun.

b. Wohnst du schon lange hier?   B. Nein, sie macht ein Praktikum.

c. Woher kommst du?   C. Er arbeitet in München.

d. Wo arbeitet John?   D. Zwei Jahre.

e. Arbeitet Cécile?   E. Ich komme aus Toulouse.

4. I) ÉCOUTEZ CES RÉPONSES : Ich fahre nach Berlin. / Ich heiBe Cécile. / Nein, ich bin im Kurs C1. / Er kommt aus Sydney. / Sie macht ein Praktikum.

II) DONNEZ LA RÉPONSE À CHACUNE DES QUESTIONS PAR ÉCRIT ET PAR ORAL, PUIS ÉCOUTEZ L'ENREGISTREMENT POUR VÉRIFIER.

Exemple : Bist du auch im Kurs C2? – Nein, ich bin im Kurs C1.

a. Was macht Cécile? – ....

b. Wie heißt du? – ....

c. Wohin fährst du? – ....

d. Woher kommt John? – ....

3. RENCONTRER UNE AMIE

EINE FREUNDIN TREFFEN

OBJECTIFS

- DEMANDER COMMENT ÇA VA EN TUTOYANT ET RÉPONDRE
- POSER QUELQUES QUESTIONS SUR L'ACTIVITÉ PROFESSIONNELLE (OU AUTRES) ET RÉPONDRE
- EMPLOI *DE FRAU*, *HERR* ET *FRÄULEIN*

NOTIONS

- LES PRONOMS PERSONNELS AU NOMINATIF PLURIEL
- LES ARTICLES DÉFINIS ET INDÉFINIS AU NOMINATIF SINGULIER
- LES NOMS DES HABITANTS, LEUR LANGUE ET LEUR PAYS
- LE PRÉSENT DE L'INDICATIF AU PLURIEL : LES VERBES RÉGULIERS/IRRÉGULIERS/À PARTICULARITÉS PHONÉTIQUES ET *SEIN*

COMMENT VAS-TU ?

John : Salut Anna !

Anna : Salut John ! Comment vas-tu ?

John : Bien, merci. Et toi ?

Anna : Très bien !

John : Comment est le stage ?

Anna : Super ! Le travail me plaît et mon chef, Monsieur Jansen, est très gentil.

John : Combien de stagiaires êtes-vous ?

Anna : Nous sommes cinq stagiaires. Un Anglais, un Chinois, une Espagnole, une Française et moi. Je suis la seule Allemande.

John : Et quelle langue parlez-vous entre vous ? Allemand ou anglais ?

Anna : Allemand et anglais. Mais avec Cécile je parle aussi français.

John : Qui est Cécile ?

Anna : La stagiaire française. Elle va aussi à l'école de langues. Elle est dans le cours C1.

John : Je connais une Cécile. Elle a dix-neuf ou vingt ans, mince, pas très grande…

Anna : … Et mignonne ! Elle vient de Toulouse.

John : Oui, exactement ! Le monde est vraiment petit.

05 WIE GEHT ES DIR?

John: Hallo Anna!

Anna: Hallo John! Wie geht es dir?

John: Gut, danke. Und dir?

Anna: Sehr gut!

John: Wie ist das Praktikum?

Anna: Super! Die Arbeit macht Spaß und mein Chef, Herr Jansen, ist sehr nett.

John: Wie viele Praktikanten seid ihr?

Anna: Wir sind fünf Praktikanten. Ein Engländer, ein Chinese, eine Spanierin, eine Französin und ich. Ich bin die einzige Deutsche.

John: Und welche Sprache sprecht ihr unter euch? Deutsch oder Englisch?

Anna: Deutsch und Englisch. Aber mit Cécile spreche ich auch Französisch.

John: Wer ist Cécile?

Anna: Die französische Praktikantin. Sie geht auch auf die Sprachschule. Sie ist im Kurs C1 (eins).

John: Ich kenne eine Cécile. Sie ist neunzehn oder zwanzig Jahre alt, schlank, nicht sehr groß …

Anna: … Und hübsch! Sie kommt aus Toulouse.

John: Ja, genau! Die Welt ist wirklich klein.

■ COMPRENDRE LE DIALOGUE
QUELQUES FORMULES ET EXPRESSIONS

Wie geht es dir? *Comment vas-tu?* (littéralement « Comment va-ça à toi? ») On dit aussi : **Wie geht's dir?** ou **Wie geht's?**
On répond par **Gut, danke. Und dir?** *Bien, merci. Et toi?* (littéralement « Et à toi? ») Il s'agit de la même tournure de phrase que pour le vouvoiement.
Die Arbeit macht Spaß (...) *Le travail me plaît (...)* (littéralement « Le travail fait amusement »)
... sprecht ihr unter euch? *... parlez-vous entre vous?* (littéralement « Parlez-vous sous vous? ») Dans cette tournure, *vous* est exprimé par **euch**.

→ **Aber mit Cécile spreche ich auch Französisch.** *Mais avec Cécile je parle aussi français.* Attention : quand la phrase/proposition débute par un complément, le sujet se place derrière le verbe conjugué.

→ **Die französische Praktikantin.** *La stagiaire française.* En allemand, l'adjectif épithète précède toujours le nom qu'il qualifie.

→ **Sie ist neunzehn oder zwanzig Jahre alt.** *Elle a dix-neuf ou vingt ans.* (littéralement « Elle est dix-neuf ou vingt ans âgée ») En allemand, on n'a pas son âge, on est son âge.

NOTE CULTURELLE

Herr équivaut à *monsieur* et **Frau** à *madame*. Quant au terme **Fräulein** *mademoiselle*, il ne s'utilise plus que pour les très jeunes filles. On désigne les femmes adultes (mariées ou non) par **Frau**. Notez que ces termes sont toujours suivis d'un nom propre : **Guten Tag Herr Schmidt!** *Bonjour monsieur Schmidt!* ; ou d'un titre : **Guten Morgen Herr Doktor!** *Bonjour monsieur le Docteur!* L'expression française *Bonjour madame/monsieur!* n'a en effet pas d'équivalent exact en allemand.

◆ GRAMMAIRE
LES PRONOMS PERSONNELS AU NOMINATIF PLURIEL

Les trois pronoms personnels pluriels sont :
- **wir** *nous* ;
- **ihr** *vous* (il s'emploie lorsque l'on tutoie ses interlocuteurs) ;
- **sie** *ils/elles* (sans distinction de genre). Ce dernier suit la même conjugaison que le pronom personnel de politesse **Sie**.

Rappel : **sie** correspond aussi à *elle* (au singulier).

LES ARTICLES DÉFINIS ET INDÉFINIS AU NOMINATIF SINGULIER

Les articles se divisent en trois genres : masculin, féminin et neutre. La règle régissant la répartition des genres étant complexe, il est important d'apprendre les noms avec leur article.

Notez toutefois cette règle simple : généralement les noms se référant à des êtres masculins sont masculins et les noms se référant à des êtres féminins sont féminins : **der Herr** *le monsieur*, **die Frau** *la femme*.

Les diminutifs, reconnaissables aux suffixes **-chen** et **-lein**, et les petits des êtres vivants sont quant à eux neutres : **das Mädchen** *la fille*, **das Fräulein** *la demoiselle*, **das Kind** *l'enfant*.

	Masculin	Féminin	Neutre
Article défini	der	die	das
Article indéfini	ein	eine	ein

Là aussi, il s'agit des pronoms personnels et des articles au nominatif, qui sert à exprimer le sujet.

LES NOMS DES HABITANTS, LEUR LANGUE ET LEUR PAYS

NOMS DES HABITANTS

Au masculin singulier, ils se terminent par **-er** ou **-e** :
der/ein Engländer *l'/un Anglais*, **der/ein Chinese** *le/un Chinois*.
Au féminin singulier, ils se terminent tous par **-in** :
die/eine Spanierin *l'/une Espagnole*, **die/eine Französin** *la/une Française*.
Sauf : **der Deutsche/ein Deutscher** *l'/un Allemand*
die Deutsche/eine Deutsche *l'/une Allemande*

LANGUES ET PAYS

Les langues se terminent par **-isch** : **Französisch** *français*, **Englisch** *anglais*… sauf **Deutsch** *allemand* !

Les noms des pays sont à mémoriser. Notez juste que certains d'entre eux se terminent par le suffixe **-land** qui, tout comme en anglais, signifie *pays* : **Deutschland** *Allemagne*, littéralement « Pays allemand ».

L'adjectif est dérivé du nom de la langue et prend une minuscule : **ich spreche Französisch** *je parle français* → **die französische Praktikantin** *la stagiaire française*.

▲ CONJUGAISON : LE PRÉSENT DE L'INDICATIF PLURIEL
LES VERBES RÉGULIERS ET IRRÉGULIERS

Le présent de l'indicatif se forme avec le radical de l'infinitif + les terminaisons du présent **-en**, **-t** et **-en**. Le changement de voyelle, **a** →**ä** ou **e** → **i/ie**, ne concerne pas le pluriel.

sprechen *parler*
wir sprechen, ihr sprecht, sie/Sie sprechen

kommen *venir*
wir kommen, ihr kommt, sie/Sie kommen

LES VERBES À PARTICULARITÉ PHONÉTIQUE

Les verbes réguliers et irréguliers dont le radical finit par **-t**, **-d** ou plusieurs consonnes **-chn**… prennent un **e** à la 2ᵉ personne du pluriel :

arbeiten *travailler*
wir arbeiten, ihr arbeitet, sie/Sie arbeiten

LE VERBE *SEIN* ÊTRE

Ce verbe ne suit toujours aucune règle. Aux trois personnes du pluriel, il se conjugue ainsi : **wir sind, ihr seid, sie/Sie sind.**

● EXERCICES

1. COMPLÉTEZ LES PHRASES AVEC LES TERMINAISONS PLURIELLES DU PRÉSENT DE L'INDICATIF.

a. Wir arbeit……… in Berlin.

b. Wo arbeit……… sie?

c. Was mach……… ihr hier?

d. Woher komm……… ihr?

e. Wohin fahr……… Herr und Frau Schmidt?

VOCABULAIRE

Wie geht es dir? *Comment vas-tu ?*
Und dir? *Et toi ?*
die Arbeit (en) *le travail*
Spaß machen *plaire*
mein *mon*
der Chef (s) *le chef*
wie viele *combien de* (+ nom pluriel)
der Praktikant (en)/
   die Praktikantin (en)
   le (la) stagiaire
ihr seid *vous êtes* (tutoiement pluriel)
wir sind *nous sommes*
fünf *cinq*
der Engländer (-)/
   die Engländerin (nen)
   l'Anglais(e)
der Chinese (n)/die Chinesin (nen)
   le (la) Chinois(e)
der Spanier (-)/
   die Spanierin (nen) *l'Espagnol(e)*
der Franzose (n)/
   die Französin (nen)
   le (la) Français(e)
der Deutsche (n)/
   die Deutsche (n) *l'Allemand(e)*
einzig *seul, unique*
welche *quelle*
die Sprache (n) *la langue*
unter euch *entre vous*
Deutsch *l'allemand*
Englisch *l'anglais*
Französisch *le français*
französisch *français* (adjectif)
die Sprachschule (n) *l'école de langues* **auf die Sprachschule gehen** *aller à l'école de langues*
neunzehn *dix-neuf*
oder *ou*
zwanzig *vingt*
Sie ist neunzehn oder zwanzig Jahre alt. *Elle a dix-neuf ou vingt ans.*
schlank *mince*
groß *grand*
hübsch *jolie*
genau *exactement*
die Welt *le monde*
wirklich *vraiment*
klein *petit*

POUR ALLER PLUS LOIN
Frau *madame*
Fräulein *mademoiselle*
der Amerikaner (-)/
   der Amerikanerin (nen)
   l'Américain/l'Américaine
der Italiener (-)/
   die Italienerin (nen) *l'Italien(ne)*
Chinesisch *le chinois*
Italienisch *l'italien*
Spanisch *l'espagnol*
das Land (¨er) *le pays*
Frankreich *la France*
England *l'Angleterre*
Amerika *l'Amérique*
Italien *l'Italie*
China *la Chine*
Spanien *l'Espagne*

2. PASSEZ DU SINGULIER AU PLURIEL (LE PRONOM PERSONNEL EST INDIQUÉ POUR LES TROIS PREMIÈRES PHRASES).

a. ich bin → wir ....

b. du sprichst → ihr ....

c. er kommt → sie ....

d. du kennst → ....

e. er ist → ....

f. ich wohne → ....

3. CONJUGUEZ LES VERBES À LA PERSONNE INDIQUÉE.

a. fahren → wir ....

b. kommen → ihr..

c. sprechen → sie (3ᵉ personne du pluriel) ....

d. sein → ihr ....

e. wohnen → wir ....

4. DONNEZ LA FORME DE POLITESSE DE CHACUNE DE CES PHRASES PAR ÉCRIT. LISEZ-LES ENSUITE À HAUTE VOIX ET ÉCOUTEZ L'ENREGISTREMENT POUR VÉRIFIER.

Exemple : Kommst du? – Kommen Sie?

a. Arbeitest du? – ....

b. Kennst du Sydney? – ....

c. Wie geht es dir? – ....

d. Danke, gut und dir? – ....

e. Sprichst du Deutsch? –...

4.
LES INFORMATIONS PERSONNELLES
DIE PERSONALIEN

OBJECTIFS	NOTIONS
• DEMANDER D'ÉPELER LE NOM ET RÉPONDRE • POSER DES QUESTIONS SUR L'IDENTITÉ ET RÉPONDRE • INDIQUER L'ÂGE	• L'ARTICLE DÉFINI ET INDÉFINI AU NOMINATIF PLURIEL • LE PLURIEL DES NOMS • LA TOURNURE IMPERSONNELLE : *ES IST/ES SIND* • LES NOMBRES CARDINAUX JUSQU'À 99 • LE PRÉSENT DE L'INDICATIF DU VERBE *HABEN*

JOYEUX ANNIVERSAIRE !

Beamtin : Quel est votre nom, s'il vous plaît ?

M. Jansen : Niels Jansen.

Beamtin : Pourriez-vous, s'il vous plaît, épeler votre nom de famille ?

M. Jansen : J - A - N - S - E - N.

Beamtin : Merci. Vous avez tous les papiers avec vous ? Et les formulaires et trois photos d'identité ?

M. Jansen : Voici ! Ce sont des photos d'identité classiques.

Beamtin : Très bien ! J'ai quelques questions. Vous êtes né à Hambourg et habitez au 42 rue des Alpes à Munich. C'est exact ?

M. Jansen : Non, au 41 rue des Alpes.

Beamtin : Ah 41 ! Quel est votre métier ?

M. Jansen : Ingénieur.

Beamtin : Êtes-vous célibataire, marié, divorcé ?

M. Jansen : Marié.

Beamtin : Avez-vous des enfants ?

M. Jansen : Oui, quatre.

Beamtin : Quatre enfants ! Quel âge ont-ils ?

M. Jansen : Deux, cinq, huit et douze ans.

Beamtin : Ils sont encore petits. Avez-vous une photocopie de votre carte d'identité et (de votre) permis de conduire avec vous ?

M. Jansen : Voici.

Beamtin : Merci. Bien ! Est-ce que nous avons tout ? Adresse, état civil, lieu de naissance… Non, l'âge de votre femme, s'il vous plaît.

M. Jansen : Quarante. Aujourd'hui.

Beamtin : Aujourd'hui ? Moi aussi !

M. Jansen : Eh bien, joyeux anniversaire !

06 ALLES GUTE ZUM GEBURTSTAG!

Beamtin: Wie ist Ihr Name bitte?

Herr Jansen: Niels Jansen.

Beamtin: Könnten Sie bitte Ihren Nachnamen buchstabieren?

Herr Jansen: J (yot) A (a) N (n) S (s) E (é) N (n).

Beamtin: Danke. Haben Sie alle Papiere dabei?
Und die Formulare und drei Passbilder?

Herr Jansen: Bitte sehr. Es sind klassische Passbilder.

Beamtin: Sehr gut! Ich habe ein paar Fragen. Sie sind in Hamburg geboren und wohnen Alpenstraße 42 (zweiundvierzig) in München. Richtig?

Herr Jansen: Nein, Alpenstraße 41 (einundvierzig).

Beamtin: Ah, einundvierzig. Was sind Sie von Beruf?

Herr Jansen: Ingenieur.

Beamtin: Sind Sie ledig, verheiratet, geschieden?

Herr Jansen: Verheiratet.

Beamtin: Haben Sie Kinder?

Herr Jansen: Ja, vier.

Beamtin: Vier Kinder! Wie alt sind sie?

Herr Jansen: Zwei, fünf, acht und zwölf.

Beamtin: Sie sind noch klein. Haben Sie eine Fotokopie von Ihrem Ausweis und Führerschein dabei?

Herr Jansen: Bitte sehr!

Beamtin: Danke. So! Haben wir alles? Adresse, Familienstand, Geburtsort... Nein, das Alter Ihrer Frau bitte.

Herr Jansen: Vierzig. Heute.

Beamtin: Heute? Ich auch!

Herr Jansen: Na dann, alles Gute zum Geburtstag!

COMPRENDRE LE DIALOGUE
QUELQUES FORMULES ET EXPRESSIONS

→ **Wie ist Ihr Name?** *Quel est votre nom ?* (littéralement « Comment est votre nom ? »)
→ **Könnten Sie bitte Ihren Nachnamen buchstabieren?** *Pourriez-vous s'il vous plaît épeler votre nom de famille ?*
Sie sind in Hamburg geboren. *Vous êtes né à Hambourg.*
Retenez ces 2 points : l'infinitif (**buchstabieren** dans la phrase 1) et le participe passé (**geboren** dans la phrase 2) sont à la fin ; **der Nachname** prend un **-n** final dans ce cas. Nous aborderons ces points dans le détail un peu plus tard (voir Modules n°6, n°11 et n°13).
→ **Was sind Sie von Beruf?** *Quel est votre métier ?* (littéralement « Quoi/que êtes-vous de métier ? »)
→ **Wie alt sind sie?** *Quel âge ont-ils ?* (littéralement « Comment vieux/âgés sont-ils ? »)
→ **Zwei, fünf, acht und zwölf.** *Deux, cinq, huit et douze ans.* L'âge peut juste être indiqué par les nombres, il n'est pas utile de préciser *ans* en allemand.
→ **von Ihrem Ausweis** *de votre carte d'identité.* Il s'agit d'un datif introduit par **von** *de*. Ce point sera vu par la suite (voir Module n°8).
→ **das Alter Ihrer Frau** *l'âge de votre femme*. Il s'agit d'un génitif. Ce point sera vu par la suite (voir Module n°29).
→ **Alles Gute zum Geburtstag!** *Joyeux anniversaire !* (littéralement « Tout bon pour l'anniversaire ! »)

NOTE CULTURELLE

En plus du **Umlaut** *le tréma*, l'alphabet allemand comporte une lettre de plus que l'alphabet français, le **eszett**, **ß** – appelé aussi **scharfes s** *aigu/net/acéré*. Il se prononce comme un double **s** et s'emploie aujourd'hui derrière une voyelle longue et une diphtongue tandis que le **ss** s'emploie derrière une voyelle courte. Par exemple dans **der Fuß** [fou:ss] *le pied*, le **u** [ou:] est long et dans **der Fluss** [flouss] *le fleuve*, le **u** [ou] est court. Notez qu'en Suisse allemande, le **eszett** n'existe pas et est systématiquement remplacé par **ss**.

◆ GRAMMAIRE
L'ARTICLE DÉFINI ET INDÉFINI AU NOMINATIF PLURIEL

L'article défini **die** correspond à *les* en français et il vaut pour les 3 genres : **das Formular/die Formulare** *le (les) formulaire(s)*, **der Kollege/die Kollegen**

4. Les informations personnelles

le/la (les) collègue(s), **die Französin/die Französinnen** *la (les) Française(s)*. Quant à l'article indéfini, il n'a pas de pluriel. Le groupe nominal se construit donc sans article : **Es sind klassische Passbilder.** *Ce sont des photos d'identité classiques.*

	Masculin	Féminin	Neutre
Article défini	die	die	die
Article indéfini	-	-	-

LE PLURIEL DES NOMS

Au début, il est indispensable d'apprendre le nom avec son pluriel, car la règle du pluriel est complexe et comporte plusieurs exceptions.
Voici les différentes marques du pluriel. Notez que le Umlaut est aléatoire.

LES MARQUES DU MASCULIN :

• **-e** et éventuellement un Umlaut sur **a**, **o**, **u** pour de nombreux masculins : **der Kurs/die Kurse** *le(s) cours*, **der Arzt/die Ärzte** *le(s) médecin(s)*.

• **-n** notamment pour les masculins terminés en **-e** au singulier : **der Name/die Namen** *le(s) nom(s)*.

• Pas de marque ou juste Umlaut sur **a**, **o**, **u** pour les noms terminés en **-er**, **-en**, **-el** au singulier : **der Lehrer/die Lehrer** *le(s) professeur(s)*.

• **-en** pour plusieurs masculins : **der Herr/die Herren** *l'(les) homme(s)*.

• **-er**, **¨er** pour quelques masculins : **der Mann/die Männer** *l'(les) homme(s)*.

• **-s** dans quelques cas : **der Chef/die Chefs** *le(s) chef(s)*.

LES MARQUES DU FÉMININ :

• **-n** ou **-en** pour de nombreux féminins : **die Sprache/die Sprachen** *la(les) langue(s)*, **die Frau/die Frauen** *la (les) femme(s)*.

• **-nen** pour les féminins terminés en **-in** au singulier : **die Französin/die Französin(nen)** *la (les) française(s)*.

• **-¨e** pour de nombreux monosyllabes féminins : **die Stadt/die Städte** *la (les) ville(s)*.

• **-s** dans quelques cas : **die Party/die Partys** *la (les) fête(s)*.

LES MARQUES DU NEUTRE :

• **-er** et éventuellement Umlaut sur **a**, **o**, **u** pour de nombreux neutres : **das Kind/die Kinder** *l'(les) enfant(s)*, **das Land/die Länder** *le(s) pays*.

- **-e** pour plusieurs neutres : **das Jahr/die Jahre** *l'(es) an(s)/année(s)*.
- pas de marque ou juste Umlaut sur **a**, **o**, **u** pour les noms terminés en **-er**, **-en**, **-el**, **-lein**, **-chen** : **das Messer/die Messer** *le(s) couteau(x)*, **das Mädchen/die Mädchen** *la (les) fille(s)*.
- **-s** pour plusieurs neutres, dont ceux se terminant par **-a**, **-o**, **-i** : **das Auto/die Autos** *l'(les) auto(s)*, **das Hotel/die Hotels** *l'(les) hôtel(s)*.

LA TOURNURE IMPERSONNELLE *ES IST/ES SIND*

Elle équivaut à *c'est/ce sont* et se construit avec **es ist** + attribut du sujet au singulier ou **es sind** + attribut du sujet au pluriel : **Es ist ein klassisches Passbild./Es sind klassische Passbilder.** *C'est une photo d'identité classique./Ce sont des photos d'identité classiques.*

LES NOMBRES CARDINAUX DE 0 À 99

0 null	10 zehn	20 zwanzig	30 dreißig
1 eins	11 elf	21 einundzwanzig**	40 vierzig
2 zwei	12 zwölf	22 zweiundzwanzig	50 fünfzig
3 drei	13 dreizehn	23 dreiundzwanzig	60 sechzig*
4 vier	14 vierzehn	24 vierundzwanzig	70 siebzig*
5 fünf	15 fünfzehn	25 fünfundzwanzig	80 achtzig
6 sechs	16 sechzehn*	26 sechsundzwanzig	90 neunzig
7 sieben	17 siebzehn*	27 siebenundzwanzig	...
8 acht	18 achtzehn	28 achtundzwanzig	
9 neun	19 neunzehn	29 neunundzwanzig	99 neunundneunzig

- De 0 à 12 : ils sont la base pour former les autres nombres.
- De 13 à 19 : attention, contrairement au français, on indique d'abord l'unité, puis la dizaine.
- De 21 à 99 : le principe est le même que de 13 à 19, sauf que l'on intercale **und** *et* : **vierunddreißig (34)** et **zweiundvierzig (42)**.

* **sechs (6)** perd le **-s** final dans **sechzehn (16)** ; **sieben (7)** perd le **-en** dans **siebzehn (17)**. Il en est de même pour **sechzig (60)** et **siebzig (70)**.

** Le chiffre **eins** perd le **-s** final dans les dizaines : **einundzwanzig (21)**, **einundvierzig (41)**.

VOCABULAIRE

Wie ist Ihr Name bitte? *Quel est votre nom, s'il vous plaît?* (formel)
bitte *s'il te/vous plaît*
Könnten Sie … ? *Pourriez-vous…?*
der Nachname (n) *le nom de famille*
buchstabieren *épeler*
dabei haben *avoir avec/sur soi*
alle *tous les*
die Papiere *les papiers*
das Formular (e) *le formulaire*
drei *trois*
das Passbild (er) *la photo d'identité*
bitte sehr *voici/je vous en prie*
klassisch *classique*
ein paar *quelques*
geboren sein *être né*
Sie sind in Hamburg geboren. *Vous êtes né à Hambourg.*
zweiundvierzig *quarante-deux*
richtig *exact*
einundvierzig *quarante et un*
der Beruf (e) *le métier*
   Was sind Sie von Beruf? *Quel est votre métier?*
der Ingenieur (e)/ die Ingenieurin (nen) *l'ingénieur*
ledig *célibataire*
verheiratet *marié*
geschieden *divorcé*
das Kind (er) *l'enfant*
vier *quatre*
Wie alt sind sie? *Quel âge (ont-ils)?*
acht *huit*
zwölf *douze*
noch *encore*
die Fotokopie (n) *la photocopie*
von *de/de la part de*
der Ausweis (e) *la pièce d'identité*
der Führerschein (e) *le permis de conduire*
So! *Bien!/Bon!*
alles *tout*
die Adresse (n) *l'adresse*
der Familienstand *l'état civil*
der Geburtsort *le lieu de naissance*
das Alter *l'âge*
die Frau (en) *la femme*
vierzig *quarante*
heute *aujourd'hui*
ich auch *moi aussi*
der Geburtstag (e) *l'anniversaire*
Alles Gute zum Geburtstag! *Joyeux anniversaire!*

POUR ALLER PLUS LOIN
der Personalausweis (e) *la carte d'identité*
der Reisepass ("e) *le passeport*
der Wohnort *le domicile*
das Geburtsdatum *la date de naissance*

▲ CONJUGAISON
LE VERBE *HABEN* AVOIR AU PRÉSENT DE L'INDICATIF

Il est irrégulier aux 2e et 3e personnes du singulier : **ich habe, du hast, er/sie/es hat, wir haben, ihr habt, sie/Sie haben**.

◆ EXERCICES

1. METTEZ LES NOMS SUIVANTS AU SINGULIER.

a. die Fragen → die ....

b. die Kinder → das ....

c. die Berufe → der ....

d. Spanier → ein ....

e. Französinnen → eine ....

f. die Ausweise → der ....

g. die Amerikaner → der ....

h. die Lehrerinnen → die ....

2. ÉCRIVEZ LES NOMBRES EN CHIFFRES.

a. zweiundfünfzig → ....

b. achtundsiebzig → ....

c. sechzehn → ....

d. vierundsechzig → ....

e. sechsundzwanzig → ....

f. dreiundneunzig → ....

3. LISEZ CES PHRASES. COCHEZ *RICHTIG* SI L'AFFIRMATION EST JUSTE PAR RAPPORT AU DIALOGUE OU *FALSCH* SI ELLE EST FAUSSE.

	RICHTIG	FALSCH
a. Herr Jansen ist in München geboren.		
b. Herr Jansen wohnt Alpenstraße 41.		
c. Frau Jansen ist 40.		
d. Herr Jansen ist veheiratet.		

4. ÉCOUTEZ L'ENREGISTREMENT ET RAYEZ LES CHIFFRES/NOMBRES INUTILES PARMI LES ÉLÉMENTS SUIVANTS. RÉPÉTEZ ENSUITE LES RÉPONSES CORRECTES.

a. 35 - 12 - 33

b. 8 - 10 - 0

c. 16 - 6 - 42

d. 4 - 5 - 6

e. 1 - 2 - 3

5.
LA FAMILLE

DIE FAMILIE

OBJECTIFS	**NOTIONS**
- **DÉSIGNER LES MEMBRES DE SA FAMILLE** - **DONNER QUELQUES INFORMATIONS GÉNÉRALES SUR SA FAMILLE**	- **LES DÉTERMINANTS POSSESSIFS (ADJECTIFS POSSESSIFS) AU NOMINATIF** - **LA TOURNURE IMPERSONNELLE *DAS IST/DAS SIND*** - **L'ACCORD DE L'ADJECTIF QUALIFICATIF AU NOMINATIF** - **LE PRÉSENT DE L'INDICATIF DU VERBE *WERDEN* (AU FUTUR)**

QU'EST-CE QUE C'EST ?

John : Salut Cécile ! Qu'est-ce que c'est ?

Cécile : Une photo de famille.

John : Ce sont tes parents sur la photo ?

Cécile : Oui, là c'est mon père et là c'est ma mère.

John : Quel âge ont-ils ?

Cécile : Ils vont avoir tous les deux 60 ans.

John : Ta mère est allemande ? Elle a l'air d'une Espagnole.

Cécile : C'est vrai. Sa grand-mère était espagnole, de Séville.

John : C'est une belle ville. Tu as encore de la famille là-bas ?

Cécile : Seulement une vieille tante mais je ne la connais pas.

John : Et qui est le jeune homme là ? Un ami à toi ?

Cécile : Non, mon frère avec son fils. Le petit va avoir 3 ans demain. Et la jeune femme c'est ma sœur. Elle est enceinte.

John : Elle est très jolie. Comme toi ! Que fait-elle ? Elle travaille ?

Cécile : Oui, elle est professeur. Tu as aussi une photo de ta famille ?

John : Peut-être sur mon portable.

Cécile : Fais voir ! Super smartphone ! Il est nouveau ?

John : Oui, c'était mon cadeau d'anniversaire ! Regarde, ça, c'est une belle photo. Toute ma famille à la plage à Sydney.

07 WAS IST DAS?

John: Hallo Cécile! Was ist das?

Cécile: Ein Familienfoto.

John: Sind das deine Eltern auf dem Foto?

Cécile: Ja, das ist mein Vater und das ist meine Mutter.

John: Wie alt sind sie?

Cécile: Sie werden beide sechzig.

John: Ist deine Mutter Deutsche? Sie sieht aus wie eine Spanierin.

Cécile: Es stimmt. Ihre Großmutter war Spanierin, aus Sevilla.

John: Das ist eine schöne Stadt. Hast du noch Familie da?

Cécile: Nur eine alte Tante, aber ich kenne sie nicht.

John: Und wer ist der junge Mann da? Ein Freund von dir?

Cécile: Nein, mein Bruder mit seinem Sohn. Der Kleine wird morgen drei. Und die junge Frau ist meine Schwester. Sie ist schwanger.

John: Sie ist sehr hübsch. Wie du! Was macht sie? Arbeitet sie?

Cécile: Ja, sie ist Lehrerin. Hast du auch ein Foto von deiner Familie?

John: Vielleicht auf meinem Handy.

Cécile: Zeig mal! Tolles Smartphone! Ist es neu?

John: Ja, das war mein Geburtstagsgeschenk! Schau mal, das ist ein schönes Foto. Meine ganze Familie am Strand in Sydney.

COMPRENDRE LE DIALOGUE
QUELQUES FORMULES ET EXPRESSIONS

→ **Ist deine Mutter Deutsche?** *Ta mère est allemande ?* **Deutsche** *allemande* est un nom, c'est pourquoi il doit commencer par une majuscule.
→ **Sie sieht aus wie eine Spanierin.** *Elle a l'air d'une Espagnole.* (littéralement « Elle a l'air comme une Espagnole ») Notez que **aus/sehen** *avoir l'air* est un verbe à particule séparable. Sa particule **aus** se sépare du verbe conjugué et se place derrière lui.
→ **Hast du noch Familie da?** *Tu as encore de la famille là-bas ?* L'article partitif *du/de la/des* n'existe pas en allemand ; le substantif se construit donc sans article.
→ **(…) ich kenne sie nicht.** *(…) je ne la connais pas.* (littéralement « je connais la pas ») Ce point sera abordé dans le Module n°7.
→ **Ein Freund von dir?** *Un ami à toi ?* (littéralement « Un ami de toi ? ») Notez aussi que **von dir** est un datif (voir Module n°9).
→ **Und die junge Frau ist …** *Et la jeune femme c'est…* (littéralement « Et la jeune femme est… »)
→ **Zeig mal!** *Fais voir !* (littéralement « Montre une fois ! »)
→ **Schau mal!** *Regarde !* (littéralement « Regarde une fois ! ») Les phrases avec l'adverbe **mal** *une fois* sont assez fréquentes en allemand.
→ **Meine ganze Familie …** *Toute ma famille…* (littéralement « Mon entière famille. »)
→ Notez ces groupes nominaux au datif (pour le datif, voir Modules n°8 et n°14) :
  - **auf dem Foto** *sur la photo*
  - **mit seinem Sohn** *avec son fils*
  - **von deiner Familie** *de ta famille*
  - **auf meinem Handy** *sur mon portable*
  - **am Strand** *à la plage*

NOTE CULTURELLE

Depuis environ 2003, la population allemande décroît. Avec un taux de natalité très bas (moins de 1,4 enfant par femme), le pays n'assure pas le renouvellement de générations. Les projections soulignent que d'ici 2060, sa population devrait passer de 80,5 millions à environ 66 millions et la part des personnes de plus de 65 ans devrait atteindre presque le tiers de la population, contre 27 % en France. L'immigration est donc envisagée comme une des solutions pour remédier à ce problème.

GRAMMAIRE
LES DÉTERMINANTS POSSESSIFS AU NOMINATIF

	ich	du	er/es	sie	wir	ihr	sie/Sie
Masculin et neutre	mein	dein	sein	ihr	unser	euer	ihr/Ihr
Féminin et pluriel	meine	deine	seine	ihre	unsere	eure	ihre/Ihre

Pour la formation du déterminant possessif, il faut distinguer le possesseur et le possédé. Le radical (en noir) dépend du possesseur : **ich** *je* → **mein** ; **du** *tu* → **dein**, etc. ; la terminaison (en couleur), voire l'absence de terminaison pour le masculin et neutre, dépend du possédé : **mein Vater und meine Mutter** *mon père et ma mère* ; **dein Vater und deine Eltern** *ton père et tes parents*. Vous remarquerez qu'au nominatif, le féminin et le pluriel ont les mêmes terminaisons. Attention à la 3ᵉ personne du singulier : **sein** se réfère à un possesseur masculin ou neutre et **ihr** (avec minuscule) à un possesseur féminin ou pluriel.

• **Ihre Großmutter war Spanierin.** *Sa grand-mère était espagnole.* Il s'agit de la grand-mère de la mère de Cécile. Notez aussi que **ihre** prend une majuscule, simplement car il est en début de phrase.

• **(…) mein Bruder mit seinem Sohn.** *(…) mon frère avec son fils.* Il s'agit du fils du frère.

LA TOURNURE IMPERSONNELLE *DAS IST/DAS SIND*

Comparé à la tournure **es ist/es sind** *c'est/ce sont* (voir Module n°4), la tournure **das ist/das sind** a un caractère plus démonstratif. Elle se traduit par *c'est/ce sont*, car le français ne relève pas la nuance ou par *ça c'est / ça ce sont* ou *là c'est / là ce sont* : **Sind das deine Eltern?** *Ce sont tes parents ?* **Das ist ein schönes Foto.** *Ça, c'est une belle photo.*

L'ACCORD DE L'ADJECTIF QUALIFICATIF AU NOMINATIF

ADJECTIF ÉPITHÈTE

Il s'accorde en genre et en nombre. Notez que l'article indéfini et le déterminant possessif font partie du même type de déclinaison et, de ce fait, les terminaisons sont les mêmes au singulier (tableau p. 58 et Annexes). Souvenez-vous aussi que l'article indéfini n'a pas de forme plurielle.

Masculin	Féminin	Neutre	Pluriel
der klein**e** Bruder	die klein**e** Schwester	das klein**e** Kind	die klein**en** Kinder
ein klein**er** Bruder	eine klein**e** Schwester	ein klein**es** Kind	klein**e** Kinder
mein klein**er** Bruder	meine klein**e** Schwester	mein klein**es** Kind	meine klein**en** Kinder
dein klein**er** Bruder	deine klein**e** Schwester	dein klein**es** Kind	deine klein**en** Kinder
…	…	…	…
…	…	…	…
euer klein**er** Bruder	eure klein**e** Schwester	euer klein**es** Kind	eure klein**en** Kinder

ADJECTIF ATTRIBUT

Il ne s'accorde pas. **Sie ist sehr hübsch.** *Elle est très jolie.* **Sie sind sehr hübsch.** *Elles sont très jolies.* **Sie ist schwanger.** *Elle est enceinte.* **Sie sind schwanger.** *Elles sont enceintes.*

▲ CONJUGAISON
LE VERBE *WERDEN* AU PRÉSENT DE L'INDICATIF

Il n'a pas d'équivalent en français et selon le cas, il se traduit par *être* au futur, *va avoir* ou *être, devenir…* ou d'autres tournures similaires :

Der Kleine wird morgen drei. *Le petit va avoir trois ans demain.*
Sie werden beide sechzig. *Ils vont tous les deux avoir 60 ans.*

Sa conjugaison est quant à elle irrégulière aux 2ᵉ et 3ᵉ personnes du singulier :

ich werde, du wirst, er/sie/es wird, wir werden, ihr werdet, sie/Sie werden.

VOCABULAIRE

Was ist das? *Qu'est-ce que c'est ?*
das Familienfoto (s) *la photo de famille*
deine *tes*
die Eltern *les parents*
das Foto (s) *la photo*
   auf dem Foto *sur la photo*
das ist/das sind *(ça) c'est/(ça) ce sont*
der Vater (¨) *le père*
die Mutter (¨) *la mère*
beide *(tous) les deux*
werden *devenir/être* (au futur)/ *va avoir ou va être*
die Großmutter (¨) *la grand-mère*
war *était* (verbe **sein** être conjugué à l'imparfait)
Sevilla *Séville*
die Stadt (¨e) *la ville*
da *là/là-bas*
nur *seulement*
die Tante (n) *la tante*
sie *la* (complément d'objet direct)
jung *jeune*
der Mann (¨er) *l'homme*
der Freund (e) /die Freundin (nen) *l'ami(e)*
von dir *à toi*
der Bruder (¨) *le frère*
sein *son*
der Sohn (¨e) *le fils*
der Kleine (n)/die Kleine (n) *le petit/la petite*
morgen *demain*
die Schwester (n) *la sœur*
wie du … *comme toi…*
vielleicht *peut-être*
die Familie (n) *la famille*
auf *sur*
das Handy (s) *le portable*
   auf meinem Handy *sur mon portable*
zeigen *montrer*
   Zeig mal! *Fais voir !*
toll *super*
das Smartphone (s) *le smartphone*
das Geschenk (e) *le cadeau*
   das Geburtstagsgeschenk (e) *le cadeau d'anniversaire*
Schau mal! *Regarde !*
meine ganze Familie *toute ma famille*
der Strand (¨e) *la plage*
   am Strand *à la plage*

POUR ALLER PLUS LOIN

der Großvater (¨) *le grand-père*
die Großeltern *les grands-parents*
der Onkel (-) *l'oncle*
die Tochter (¨) *la fille* (dans le sens de filiation)
der Junge (n) *le garçon*
das Mädchen (-) *la fille*
der Vetter (n)/der Cousin (s) *le cousin*
die Kusine (n)/die Cousine (n) *la cousine*

EXERCICES

1. DANS LES GROUPES NOMINAUX SUIVANTS, REMPLACEZ L'ARTICLE DÉFINI PAR L'ARTICLE INDÉFINI ADAPTÉ. ATTENTION AUX TERMINAISONS DE L'ADJECTIF ÉPITHÈTE.

a. das junge Kind → ....

b. die hübsche Praktikantin → ....

c. der alte Mann → ....

d. die hübschen Kinder → ....

2. COMPLÉTEZ LES EXEMPLES AVEC LE DÉTERMINANT POSSESSIF ADAPTÉ.

Exemple : ich → mein Vater, meine Mutter, meine Eltern.

a. du : .... Vater, ... Mutter, ...Eltern

b. ihr : .... Vater, ... Mutter, ... Eltern

c. Anna und Peter : ....Vater, ... Mutter, ... Eltern

d. Peter : ....Vater, ... Mutter, ... Eltern

e. Anna : ....Vater, ... Mutter, ... Eltern

3. RELIEZ LES RÉPONSES ADAPTÉES AUX QUESTIONS.

a. Wer ist das?
b. Wo wohnen deine Eltern?
c. Wo arbeitet deine Schwester?
d. Wie alt ist deine Mutter?
e. Arbeitet dein Bruder?

A. Sie arbeitet in München.
B. Ja, er ist Lehrer.
C. Sie wohnen in Berlin.
D. Sie ist vierzig.
E. Das ist mein Bruder.

4. ÉCOUTEZ LES PHRASES UNE PAR UNE ET COMPLÉTEZ LES MOTS MANQUANTS.

a. Das ist..und das ist..

b. ....spricht sechs Sprachen.

c. Wo wohnt ....?

d. Woher kommen ....?

e. ....wird morgen acht.

5. La famille

6.
UNE PRÉSENTATION D'ENTREPRISE
EINE FIRMENVORSTELLUNG

OBJECTIFS

- PRÉSENTER LES DIFFÉRENTS DÉPARTEMENTS ET EMPLOYÉS D'UNE ENTREPRISE
- SE REPÉRER DANS UN IMMEUBLE (REZ-DE-CHAUSSÉE, PREMIER ÉTAGE…)

NOTIONS

- L'ACCUSATIF : EMPLOI ET DÉCLINAISON DU GROUPE NOMINAL
- LES PRONOMS INTERROGATIFS : *WER, WEN, WAS*
- LE PRONOM INDÉFINI *MAN*

MA PREMIÈRE VISITE !

Assistante : Pardon ! Qui cherchez-vous ?

M. Jansen : Monsieur Haas. Je suis monsieur Jansen, de Munich. Nous avons rendez-vous à 15 heures.

Assistante : Monsieur Haas a malheureusement du retard. Je suis son assistante. Je vous propose (Ma proposition) : faisons d'abord un tour de l'entreprise.

M. Jansen : Très volontiers ! C'est ma première visite.

Assistante : Ici au rez-de-chaussée se trouvent la vente et le service du personnel et là, à droite, se trouve le service marketing. Madame Maier est notre directrice marketing.

Mme Maier : Bonjour !

M. Jansen : Bonjour !... Les pièces sont belles.

Assistante : Oui, c'est vrai. Nous prenons maintenant l'ascenseur. Ici au premier étage, vous trouvez la direction, une grande salle de conférences et le service informatique. Dommage, notre nouveau directeur informatique monsieur Besch n'est pas là.

M. Jansen : Une question. Combien d'employés compte la société ?

Assistante : Soixante-dix-huit. Mais beaucoup d'employés sont déjà partis. Demain c'est (un jour) férié.

M. Jansen : C'est pour ça ! Et qu'est-ce qu'il y a au deuxième étage ?

Assistante : La cantine. Et nous avons un bon cuisinier.

M. Jansen : Ça, c'est important. On dit bien : « Un bon cuisinier est un bon médecin ! »

08 — MEIN ERSTER BESUCH!

Assistentin: Entschuldigung! Wen suchen Sie?

Herr Jansen: Herrn Haas. Ich bin Herr Jansen aus München. Wir haben einen Termin um 15 (fünfzehn) Uhr.

Assistentin: Herr Haas hat sich leider verspätet. Ich bin seine Assistentin. Mein Vorschlag: wir machen zuerst einen Firmenrundgang.

Herr Jansen: Sehr gern! Es ist mein erster Besuch.

Assistentin: Hier im Erdgeschoss sind der Vertrieb und die Personalabteilung, und da rechts ist die Marketingabteilung. Frau Maier ist unsere Marketingleiterin.

Frau Maier: Guten Tag!

Herr Jansen: Guten Tag! … Die Räume sind schön.

Assistentin: Ja, es stimmt. Wir nehmen jetzt den Aufzug. Hier links im ersten Stock finden Sie die Geschäftsleitung, einen großen Konferenzraum und die Informatikabteilung. Schade, unser neuer Informatikleiter Herr Besch ist nicht da.

Herr Jansen: Eine Frage. Wie viele Angestellte hat die Firma?

Assistentin: 78 (achtundsiebzig)! Aber viele Angestellte sind schon weg. Morgen ist Feiertag.

Herr Jansen: Deshalb! Und was gibt es im zweiten Stock?

Assistentin: Die Kantine. Und wir haben einen guten Koch.

Herr Jansen: Das ist wichtig. Man sagt ja: „Ein guter Koch ist ein guter Arzt!"

■ COMPRENDRE LE DIALOGUE
QUELQUES FORMULES ET EXPRESSIONS

→ **Herr Haas hat sich leider verspätet.** *Monsieur Haas a malheureusement du retard.* (littéralement « Monsieur Haas s'est malheureusement retardé »)
→ **Wir machen zuerst einen Firmenrundgang.** *Faisons d'abord un tour de l'entreprise.* La version allemande est au présent de l'indicatif tandis que le français est à l'impératif.
→ **Aber viele Angestellte sind schon weg.** *Mais beaucoup d'employés sont déjà partis.* Attention : **weg** n'est pas un participe passé, mais une particule séparable. Elle est la forme contractée du participe passé **weggegangen** *parti(es)*.

NOTE CULTURELLE

Le 3 octobre est le jour de la fête nationale allemande, qui commémore depuis 1990 la réunification des deux Allemagne. Au niveau national, le pays compte huit autres jours fériés et fêtes, dont deux jours pour Noël, le 25 et le 26 décembre, Pâques, le 1er mai, etc. Il existe aussi de nombreuses fêtes et jours fériés régionaux, certains d'entre eux ne concernant qu'une petite minorité des Länder. Par exemple, sur les 16 Länder allemands, seulement 5 célèbrent la Toussaint, et 3 l'Épiphanie. Seul un Land, **Sachsen** *la Saxe*, ne travaille pas le jour de **Buß-und Bettag** ayant lieu en novembre ; il correspond, dans l'Église protestante, au jour de pénitence et de prières.

◆ GRAMMAIRE
L'ACCUSATIF : EMPLOI

L'accusatif est le deuxième cas de la déclinaison allemande. Il sert à exprimer le complément d'objet direct et est introduit :
- par des verbes comme **jemanden/etwas haben, machen, finden** *avoir, faire, trouver... quelqu'un/quelque chose* : **Wir haben einen Termin.** *Nous avons un rendez-vous.* **Wir machen zuerst einen Firmenrundgang.** *Faisons d'abord un tour de l'entreprise.* En général, les verbes allemands introduisant un accusatif correspondent à des verbes français construits avec un complément d'objet direct. Il existe toutefois quelques exceptions. Nous en verrons quelques-unes Module n°10.
- par la tournure **es gibt** *il y a* : **Was gibt es im zweiten Stock? Die Kantine.** *Qu'est-ce qu'il y a au deuxième étage ? La cantine.*

L'ACCUSATIF : DÉCLINAISON DU GROUPE NOMINAL

Vous pouvez voir que seules les terminaisons du masculin changent à l'accusatif ; le féminin, le neutre et le pluriel conservent les mêmes terminaisons qu'au nominatif.

Masculin	Féminin	Neutre	Pluriel
den kleinen Bruder	die kleine Schwester	das kleine Kind	die kleinen Kinder
einen kleinen Bruder	eine kleine Schwester	ein kleines Kind	kleine Kinder
meinen kleinen Bruder	meine kleine Schwester	mein kleines Kind	meine kleinen Kinder
deinen kleinen Bruder	deine kleine Schwester	dein kleines Kind	deine kleinen Kinder
…	…	…	…
euren kleinen Bruder	eure kleine Schwester	euer kleines Kind	eure kleinen Kinder

En général, le substantif ne prend pas de marque à l'accusatif. Mais certains noms masculins prennent un **-n** (ou **-en** pour des raisons phonétiques). Cette règle concerne, entre autres, les masculins qui se terminent en **-e** et le substantif **der Herr** *le monsieur* : **Könnten Sie bitte Ihren Nachnamen buchstabieren?** *Pourriez-vous s'il vous plaît épeler votre nom de famille ?* **Wen suchen Sie? — Herrn Jansen.** *Qui cherchez-vous ? — Monsieur Jansen.*

LES PRONOMS INTERROGATIFS *WER?/WEN?* ET *WAS?*

Les pronoms interrogatifs aussi se déclinent.
• **Wer** *qui* exprime le nominatif, c'est-à-dire le sujet ou l'attribut du sujet : **Wer wohnt in München?** *Qui habite à Munich ?* **Wer ist der junge Mann?** *Qui est le jeune homme ?*
• **Wen** *qui* exprime l'accusatif, c'est-à-dire le complément d'objet direct : **Wen suchen Sie?** *Qui cherchez-vous ?*
• **Was** *que/quoi* exprime le nominatif et l'accusatif : **Was ist das?** *Qu'est-ce que c'est ?* **Was macht sie?** *Que fait-elle ?*

LE PRONOM INDÉFINI *MAN*

Le pronom indéfini **man** correspond à *on* et régit un verbe conjugué à la 3e personne du singulier : **Man sagt …** *On dit…*

● EXERCICES

1. AJOUTEZ LES TERMINAISONS DES ARTICLES ET DES ADJECTIFS.

a. Es gibt ein............. klein............. Kantine.

b. Hier sehen Sie d............. Konferenzraum und d............. Informatikabteilung.

c. Kennen Sie d............. neu............. Mitarbeiter? (singulier)

d. Kennst du ein........... gut............. Arzt?

2. COMPLÉTEZ CES QUESTIONS AVEC LE PRONOM INTERROGATIF ADAPTÉ : Wer, Wen ou Was.

a. .... suchst du? — Die Marketingabteilung.

b. .... kommt morgen? — Mein Vater.

c. .... hat sich verspätet? — Herr Haas.

d. .... sehen wir morgen? — Den Informatikleiter.

3. LISEZ CES PHRASES. COCHEZ *RICHTIG* SI L'AFFIRMATION EST JUSTE PAR RAPPORT AU DIALOGUE OU *FALSCH* SI ELLE EST FAUSSE.

	RICHTIG	FALSCH
a. Die Firma hat 78 Angestellte.		
b. Die Geschäftsleitung ist im Erdgeschoss.		
c. Herr Jansen und Herr Haas machen einen Firmenrundgang.		
d. Die Marketingleiterin ist da.		

4. ÉCOUTEZ L'ENREGISTREMENT ET RAYEZ LES MOTS INUTILES ; CHOISISSEZ ENSUITE LA BONNE RÉPONSE PARMI CELLES QUI VOUS SONT PROPOSÉES.

a. Herr Besch ist/wohnt/arbeitet nicht da.

b. Sie machen eine Fotokopie/einen Firmenrundgang/ein Familienfoto.

c. Der Vertrieb ist im ersten Stock/im Erdgeschoss/im zweiten Stock.

d. Es gibt einen großen Konferenzraum/Aufzug/Vertrieb.

e. Frau Maier ist unsere Assistentin/Marketingleiterin/Informatikleiterin.

VOCABULAIRE

wen *qui*
suchen *chercher*
der Termin (e) *le rendez-vous*
um 15 Uhr *à 15 heures*
der Assistent (en)/die Assistentin (nen) *l'assistant(e)*
der Vorschlag (¨e) *la proposition*
zuerst *d'abord*
der Rundgang (¨e) *le tour*
der Firmenrundgang *le tour de la société*
gern *volontiers*
erster *premier*
der Besuch (e) *la visite*
das Erdgeschoss *le rez-de-chaussée*
  im Erdgeschoss *au rez-de-chaussée*
der Vertrieb *la vente*
die Personalabteilung *le service du personnel*
rechts *à droite*
die Marketingabteilung *le service marketing*
der Marketingleiter (-)/ die Marketingleiterin (nen) *le (la) directeur(trice) du marketing*
der Raum (¨e) *la salle/la pièce*
nehmen (er nimmt) *prendre*
jetzt *maintenant*
der Aufzug (¨e) *l'ascenseur*
links *à gauche*
der Stock (die Stockwerke) *l'étage*
  im ersten, zweiten Stock *au premier, deuxième étage*
finden *trouver*
die Geschäftsleitung (en) *la direction*
der Konferenzraum (¨e) *la salle de conférences*
die Informatikabteilung *le service informatique*
schade *dommage*
der Informatikleiter (-)/ die Informatikleiterin (nen) *le (la) directeur(trice) du service informatique*
der Angestellte (n) *l'employé* mais **ein Angestellter** (singulier)/ **Angestellte** (pluriel)
die Firma (Firmen) *la société*
viele *de nombreux/beaucoup de*
weg sein *être parti*
schon *déjà*
der Feiertag (e) *le jour férié*
deshalb *c'est pour ça/c'est pourquoi*
es gibt *il y a*
die Kantine (n) *la cantine*
der Koch (¨e)/die Köchin (nen) *le (la) cuisinier(ière)*
man *on*
der Arzt (¨e)/die Ärztin (nen) *le (la) médecin*

POUR ALLER PLUS LOIN
die Abteilung (en) *le service*
der Personalleiter (-)/ die Personalleiterin (nen) *le (la) directeur(trice) du personnel*
der Geschäftsleiter (-)/ die Geschäftsleiterin (nen) *le (la) directeur(trice) général(e)*

7. LE PREMIER APPEL TÉLÉPHONIQUE

DER ERSTE ANRUF

OBJECTIFS

- DEMANDER UN NUMÉRO DE TÉLÉPHONE ET RÉPONDRE
- SE PRÉSENTER ET UTILISER LES FORMULES USUELLES AU TÉLÉPHONE
- PROPOSER UN RENDEZ-VOUS

NOTIONS

- L'ACCUSATIF : DÉCLINAISON DES PRONOMS PERSONNELS, PRÉPOSITIONS ET PLACE DU COMPLÉMENT ACCUSATIF
- LES VERBES À PARTICULE SÉPARABLE : *AN/RUFEN* ET *ZURÜCK/RUFEN*
- LE PRÉSENT DE L'INDICATIF DU VERBE *KÖNNEN* POUVOIR + TOURNURE DE POLITESSE *KÖNNTE ICH BITTE…?/ KÖNNTEN SIE BITTE…?*
- LES JOURS DE LA SEMAINE

VOUS M'ENTENDEZ ?

Assistante : Allô ! Qui est à l'appareil, s'il vous plaît ?

M. Jansen : Niels Jansen.

Assistante : Je vous entends mal.

M. Jansen : Et maintenant ? Vous m'entendez mieux ?

Assistante : Oui, ça va. Pourriez-vous s'il vous plaît répéter votre nom ?

M. Jansen : Niels Jansen. Pourrais-je s'il vous plaît parler à Madame Benz ?

Assistante : Elle n'est pas là mais vous pouvez l'appeler sur son portable.

M. Jansen : Quel est son numéro de portable ?

Assistante : 015743729403.

M. Jansen : Merci ! Au revoir.

Assistante : Au revoir.

Mme Benz : Benz !

M. Jansen : Bonjour. Mon nom est…

Mme Benz : Allô ? Je vous entends mal.

M. Jansen : Je vous rappelle. (…) Et maintenant ? Vous m'entendez mieux ?

Mme Benz : Oui, ça va.

M. Jansen : Je m'appelle Niels Jansen. Je vous appelle parce que (…).

Mme Benz : C'est très intéressant ! Le mieux est que nous prenions tout de suite un rendez-vous. Pouvez-vous venir lundi ?

M. Jansen : Lundi, je ne peux pas. Mais j'ai le temps mercredi ou jeudi. Ou est-ce pour vous… ? Allô ?

Mme Benz : Allô !

► 09   HÖREN SIE MICH?

Assistentin: Hallo! Wer ist am Apparat bitte?

Herr Jansen: Niels Jansen.

Assistentin: Ich höre Sie schlecht.

Herr Jansen: Und jetzt? Hören Sie mich besser?

Assistentin: Ja, es geht. Könnten Sie bitte Ihren Namen wiederholen?

Herr Jansen: Niels Jansen. Könnte ich bitte mit Frau Benz sprechen?

Assistentin: Sie ist nicht da, aber Sie können sie auf ihrem Handy anrufen.

Herr Jansen : Wie ist ihre Handynummer?

Assistentin: 0 (null) 1 (eins) 5 (fünf) 7 (sieben) 4 (vier) 3 (drei) 7 (sieben) 2 (zwei) 9 (neun) 4 (vier) 0 (null) 3 (drei).

Herr Jansen: Danke! Auf Wiederhören.

Assistentin: Auf Wiederhören.

Frau Benz: Benz!

Herr Jansen: Guten Tag! Mein Name ist …

Frau Benz: Hallo? Ich höre Sie schlecht.

Herr Jansen: Ich rufe Sie zurück. (…) Und jetzt? Hören Sie mich besser?

Frau Benz: Ja, es geht.

Herr Jansen: Ich heiße Niels Jansen. Ich rufe Sie an, weil (…).

Frau Benz: Das ist sehr interessant! Am besten machen wir sofort einen Termin. Können Sie am Montag kommen?

Herr Jansen: Am Montag kann ich nicht. Ich habe aber am Mittwoch oder am Donnerstag Zeit. Oder ist es für Sie …? Hallo?

Frau Benz: Hallo!

COMPRENDRE LE DIALOGUE
QUELQUES FORMULES ET EXPRESSIONS

- → **mit Frau Benz sprechen** *parler à madame Benz* (littéralement « parler avec madame Benz »)
- → **Wie ist ihre Handynummer?** *Quel est son numéro de portable?* (littéralement « Comment est son numéro de portable ? »)
- → **Auf Wiederhören!** *Au revoir!* (littéralement « À réentendre ! ») Cette formule idiomatique s'emploie uniquement au téléphone.
- → **Benz!** Les Allemands répondent souvent au téléphone en disant leur nom.
- → **Am besten machen wir sofort einen Termin.** *Le mieux est que nous prenions tout de suite un rendez-vous.* (littéralement « Au mieux faisons-nous tout de suite un rendez-vous »)
- → **Können Sie am Montag kommen?** *Pouvez-vous venir lundi?* Notez bien cette construction : **am** + jour de la semaine. En français, par contre, on n'utilise pas de préposition. Notez aussi que l'adverbe **aber** *mais* se place souvent au sein de la phrase : **Ich habe aber am Mittwoch oder am Donnerstag Zeit.** *Mais j'ai le temps mercredi ou jeudi.* (littéralement « J'ai mais mercredi ou jeudi le temps ») Notez aussi que **Zeit haben** se dit littéralement « avoir temps ». Les noms exprimant une quantité indénombrable ne prennent pas d'article.

NOTE CULTURELLE

En Allemagne, il faut connaître plusieurs informations pour téléphoner depuis et vers un téléphone fixe, car la procédure varie selon l'origine et la destination de l'appel. Ainsi, pour appeler dans la même région, vous pouvez composer directement le numéro. Par contre, pour appeler une autre région, il faut composer le numéro de la région au préalable. Pour appeler depuis l'Allemagne, vous devez faire le 0 suivi du numéro de la région : par exemple, 089 pour Munich. Les numéros de région et de téléphone en Allemagne ont des longueurs variables : courts pour les grandes villes, longs pour les petites. Pour téléphoner depuis l'étranger en Allemagne, composez le 00 + 49 (code pays) suivi du numéro de région sans le 0 et du numéro du destinataire.

GRAMMAIRE
L'ACCUSATIF DES PRONOMS PERSONNELS

Ils se déclinent comme suit :

Nominatif	ich	du	er	sie	es	wir	ihr	sie/Sie
Accusatif	mich	dich	ihn	sie	es	uns	euch	sie/Sie

Exemples : **Ich höre Sie schlecht.** *Je vous entends mal.* **Hören Sie mich besser?** *Vous m'entendez mieux ?* L'accusatif est dans ces deux cas induit par le verbe **hören** *entendre*.

Le dialogue contient aussi deux groupes nominaux à l'accusatif dus aux verbes **wiederholen** *répéter* et **machen** *faire* : **Könnten Sie bitte Ihren Namen wiederholen?** *Pourriez-vous s'il vous plaît répéter votre nom ?* **Am besten machen wir sofort einen Termin.** *Le mieux est que nous prenions tout de suite un rendez-vous.*

L'ACCUSATIF DES PRÉPOSITIONS

Il existe plusieurs prépositions suivies de l'accusatif comme **für** *pour* : **Oder ist es für Sie …?** *Ou est-ce pour vous…?*
Notez également : **durch** *à travers*, **gegen** *contre*, **ohne** *sans*, **um** *autour de* + accusatif.

LA PLACE DU COMPLÉMENT ACCUSATIF

Dans une phrase débutant par le sujet, le complément à l'accusatif se place toujours derrière le verbe conjugué : **Ich höre Sie schlecht.** *Je vous entends mal.* (littéralement « J'entends vous mal ») **Wir machen einen Firmenrundgang.** *Nous faisons un tour de l'entreprise*. Dans une phrase interrogative, il se place derrière le sujet : **Hören Sie mich besser?** *Vous m'entendez mieux ?* (littéralement « Entendez-vous me mieux ? »)

CONJUGAISON
LES VERBES *AN/RUFEN* APPELER ET *ZURÜCK/RUFEN* RAPPELER

L'allemand comporte de nombreux verbes constitués d'une particule séparable comme dans le cas de **an-** dans **an/rufen** *appeler* et de **zurück-** dans **zurück/rufen** *rappeler*. Au présent de l'indicatif et à tout autre temps simple, cette particule se détache du verbe conjugué et se place à la fin de la phrase/proposition : **Ich rufe**

Sie an, weil ... *Je vous appelle car...* **Ich rufe Sie zurück.** *Je vous rappelle.* Attention, cette règle diffère légèrement pour la proposition subordonnée (Module n°15).

LE VERBE *KÖNNEN* POUVOIR AU PRÉSENT DE L'INDICATIF

Ce verbe de modalité signifie *pouvoir*. Il a une conjugaison particulière : **ich kann, du kannst, er/sie/es kann, wir können, ihr könnt, sie/Sie können.** Il est accompagné d'un infinitif rejeté en fin de phrase/proposition : **Sie können sie auf ihrem Handy anrufen.** *Vous pouvez l'appeler sur son portable.* Mais l'infinitif peut être sous-entendu : **Am Montag kann ich nicht.** *Lundi je ne peux pas.* Sous-entendu **kommen** *venir.*
Notez aussi la tournure au subjonctif ; celle-ci équivaut au conditionnel en français : **Könnten Sie bitte ... ?/Könnte ich bitte ... ?** *Pourriez-vous s'il vous plaît...?/ Pourrais-je s'il vous plaît...?*

● EXERCICES

1. RÉPONDEZ AUX QUESTIONS EN UTILISANT LE PRONOM PERSONNEL ADAPTÉ.

a. Kennst du die Frau? Ja, ich kenne.. .

b. Hast du das Telefon? Ja, ich habe.. .

c. Rufen Sie Herrn Haas an? Ja, ich rufe.. an.

d. Hörst du mich? Ich höre.. sehr schlecht.

e. Kennst du seine Eltern. Nein, ich kenne.. nicht.

2. RECONSTITUEZ LES PHRASES EN COMMENÇANT PAR LE SUJET.

a. kannst/ihn/du/anrufen/morgen

→ ....

b. rufe/ich/dich/zurück

→ ....

c. seine Mutter/ruft/an/er

→ ....

d. können/ihn/auf dem Handy/anrufen/Sie

→ ....

VOCABULAIRE

Hallo! *Allô!*
am Apparat *à l'appareil, au téléphone*
hören *entendre*
schlecht *mal*
Ich höre Sie schlecht. *Je vous entends mal.*
besser *mieux*
es geht *ça va*
können *pouvoir*
Könnten Sie bitte …/ Könnte ich bitte … *Pourriez-vous… s'il vous plaît ? / Pourrais-je… s'il vous plaît ?*
wiederholen *répéter*
Sie können *vous pouvez*
an/rufen (er ruft … an) *appeler*
die Handynummer (n) *le numéro de portable*
Wie ist ihre Handynummer? *Quel est son numéro de portable ?*
Auf Wiederhören! *Au revoir !* (se dit uniquement au téléphone)
Mein Name ist … *Mon nom est…*
zurück/rufen (er ruft … zurück) *rappeler*
interessant *intéressant*
am besten *le mieux (serait que…)*
weil *parce que*
sofort *tout de suite*
einen Termin machen *prendre/fixer un rendez-vous*

am Montag/am Mittwoch … *lundi/mercredi…* (semblable à l'anglais : on Monday/on Wednesday)
für *pour*
die Zeit *le temps* (horaire)
Zeit haben *avoir le temps*

POUR ALLER PLUS LOIN

die Telefonnummer (n) *le numéro de téléphone*
der Tag (e) *le jour*
die Woche (n) *la semaine*
das Wochenende (n) *le week-end*
Montag *lundi*
Dienstag *mardi*
Mittwoch *mercredi*
Donnerstag *jeudi*
Freitag *vendredi*
Samstag *samedi*
Sonntag *dimanche*

3. TRADUISEZ LES PHRASES SUIVANTES.

a. Tu peux l'appeler. (le masculin)

→ ....

b. Je l'appelle. (la féminin)

→ ....

c. Nous ne les connaissons pas.

→ ....

d. Il te connaît.

→ ....

e. Il ne vous connaît pas. (vouvoiement)

→ ....

f. C'est pour vous. (tutoiement pluriel)

→ ....

4. ÉCOUTEZ L'ENREGISTREMENT ET COMPLÉTEZ LE DIALOGUE. RÉPÉTEZ ENSUITE À HAUTE VOIX.

VM : Hallo! .... Sie mich?

VF : Hallo! Wer ist .... bitte?

VM : Herr Jansen. Könnte ich bitte mit Frau Benz .... ?

VF : Ich höre Sie schlecht. Könnten Sie bitte den Namen .... ?

VM : .... Benz.

VF : Frau Benz. Sie ist .... da.

VM : Kann ich sie auf dem Handy ....

VF : .... , kein Problem.

VM : Und .... ihre Handynummer?

VF : 0187633 _ 0 _ 6 _

VM : Danke! ....

7. Le premier appel téléphonique

8.
LE PREMIER RENDEZ-VOUS

DER ERSTE TERMIN

OBJECTIFS	NOTIONS

- ACCUEILLIR QUELQU'UN POUR UN PREMIER RENDEZ-VOUS ET RÉPONDRE
- PROPOSER UN AUTRE RENDEZ-VOUS ET RÉPONDRE

- LA NÉGATION *NICHT* OU *KEIN*
- LES NOMBRES ORDINAUX, LES MOIS ET LA DATE
- L'IMPÉRATIF
- LE PRÉSENT DE L'INDICATIF ET IMPÉRATIF DU VERBE *NEHMEN*

HEUREUX DE FAIRE VOTRE CONNAISSANCE !

Mme Benz : Je n'ai pas le temps là. Rappelle-moi plus tard !
Et n'oublie pas tes devoirs !
Bonjour Monsieur Jansen. Entrez s'il vous plaît !

M. Jansen : Bonjour Madame Benz. Enchanté de faire votre connaissance.

Mme Benz : Moi aussi ! Je vous en prie, prenez place.

M. Jansen : Merci !

Mme Benz : Bien ! Vous souhaitez commencer ?

M. Jansen : Oui volontiers. C'est le projet d'une stagiaire, Anna Fischer. Elle étudie l'architecture (…).

Mme Benz : C'est très intéressant. Avez-vous des photos ou un plan sur vous ?

M. Jansen : Non, je n'ai malheureusement pas de photos sur moi, et pas de plan non plus.

Mme Benz : Ça ne fait rien. Je voudrais d'abord fixer un rendez-vous avec votre stagiaire, Anja, Anna… Quel était son nom ?

M. Jansen : Anna Fischer.

Mme Benz : Oui Anna Fischer. Peut-elle venir le 25 novembre ?

M. Jansen : Nous avons un salon jusqu'au 1er décembre.

Mme Benz : Et le 5 décembre ?

M. Jansen : Oui parfait. Disons 10 heures ?

Mme Benz : D'accord ! Il est déjà 1 heure. Vous devez y aller.

M. Jansen : Oui sinon je manque mon train.

Mme Benz : Merci pour votre visite. Au revoir !

M. Jansen : Au revoir ! (…) Pardon ! Où était donc la sortie ?

10 FREUT MICH SIE KENNENZULERNEN!

Frau Benz: Ich habe jetzt keine Zeit. Ruf mich später zurück!
Und vergiss deine Hausaufgaben nicht!
Guten Tag Herr Jansen. Kommen Sie bitte herein!

Herr Jansen: Guten Tag Frau Benz! Freut mich Sie kennenzulernen.

Frau Benz: Mich auch! Bitte nehmen Sie Platz.

Herr Jansen: Danke!

Frau Benz: So. Möchten Sie beginnen?

Herr Jansen: Ja gern! Das ist das Projekt von einer Praktikantin, Anna Fischer. Sie studiert Architektur (…).

Frau Benz: Das ist sehr interessant. Haben Sie Fotos oder einen Plan dabei?

Herr Jansen: Nein, ich habe leider keine Fotos dabei und auch keinen Plan.

Frau Benz: Das macht nichts. Ich möchte zuerst einen Termin mit Ihrer Praktikantin vereinbaren, Anja, Anna…
Wie war ihr Name?

Herr Jansen: Anna Fischer.

Frau Benz: Ja, Anna Fischer. Kann sie am 25. (fünfundzwanzigsten) November kommen?

Herr Jansen: Wir haben eine Messe bis zum 1. (ersten) Dezember.

Frau Benz: Und am 5. (fünften) Dezember?

Herr Jansen: Ja perfekt. Sagen wir zehn Uhr?

Frau Benz: In Ordnung! Es ist schon ein Uhr. Sie müssen los.

Herr Jansen: Ja, ich verpasse sonst meinen Zug.

Frau Benz: Danke für Ihren Besuch. Auf Wiedersehen!

Herr Jansen: Auf Wiedersehen! (…) Entschuldigung!
Wo war nochmal der Ausgang?

COMPRENDRE LE DIALOGUE
QUELQUES FORMULES ET EXPRESSIONS

→ **Ich habe jetzt keine Zeit.** *Je n'ai pas le temps là.* (littéralement « Je n'ai maintenant pas le temps »)
→ **Freut mich Sie kennenzulernen.** *Ravi de faire votre connaissance.* (littéralement « Réjouit-moi vous apprendre à connaître ») **Mich auch.** *Moi aussi.* Ces tournures idiomatiques sont à mémoriser.
→ **von einer Praktikantin** *d'une stagiaire* **mit Ihrer Praktikantin** *avec votre stagiaire*. Ces deux tournures sont au datif.
→ **Sie studiert Architektur.** *Elle étudie l'architecture.* (littéralement « Elle étudie architecture ») Sans article comme pour les langues. **Ich lerne Deutsch.** *J'apprends (l')allemand.*
→ **Nein, ich habe leider keine Fotos dabei und auch keinen Plan.** *Non, je n'ai malheureusement pas de photos sur moi, et pas de plan non plus.* (littéralement « (…) et aussi pas de plan »)
→ **Wo war nochmal der Ausgang?** *Où était donc la sortie ?* (littéralement « Où était encore une fois la sortie ? »)

NOTE CULTURELLE

Même si la mondialisation influe sur les habitudes et le comportement des gens, l'ordre et la ponctualité restent deux grandes vertus allemandes. Aussi bien dans le travail que dans la vie privée, les Allemands sont généralement ordonnés et à l'heure. Et cela se reflète aussi dans la langue allemande : *d'accord* se dit littéralement « En ordre ! » **In Ordnung!** et pour savoir si tout va bien, on demande naturellement **Ist alles in Ordnung?** *Tout est en ordre ?*

◆ GRAMMAIRE
LA NÉGATION : *NICHT* OU *KEIN* ?

NICHT

Nicht est la négation principale qui correspond à *ne… pas* en français. Sa place au sein de la phrase varie. Pour l'instant, retenez que **nicht** se place :
• **devant** :
- un adverbe (sauf les adverbes de temps, comme indiqué ci-après) : **Ich spreche nicht sehr gut Deutsch.** *Je ne parle pas très bien allemand.*
- un attribut du sujet : **Das ist nicht mein Vater.** *Ce n'est pas mon père.*

- un adjectif qualificatif : **Sie ist nicht groß.** *Elle n'est pas grande.*
- un groupe prépositionnel : **Das ist nicht für Sie.** *Ce n'est pas pour vous.*
• **derrière** :
- un complément sans préposition : **Vergiss deine Hausaufgaben nicht.** *N'oublie pas tes devoirs.*
- les adverbes de temps : **gestern** *hier*, **heute** *aujourd'hui*, **morgen** *demain*. **Er kommt heute nicht.** *Il ne vient pas aujourd'hui.*

KEIN

Kein est la négation déclinable d'un groupe nominal construit avec un article indéfini et elle correspond généralement à *pas de/pas le* en français. Sa déclinaison est la même que pour l'article indéfini **ein** ou le déterminant possessif **mein** (voir tableau ci-dessous et Annexes).
Haben Sie Fotos oder einen Plan dabei? Nein, ich habe leider keine Fotos dabei und auch keinen Plan. *Avez-vous des photos ou un plan sur vous ? Non, je n'ai malheureusement pas de photos sur moi, et pas de plan non plus.*
Kein est également la négation des groupes nominaux sans article : **Ich habe Zeit./ Ich habe keine Zeit.** *Je n'ai pas le temps.*

Analysons ces exemples :
- **haben** est suivi de l'accusatif.
- **Fotos** est un pluriel et donne **keine Fotos** à la forme négative, **einen Plan** est un masculin singulier et donne **keinen Plan** à la forme négative.
- **Zeit** est un féminin singulier **die Zeit** et donne **keine Zeit** à la forme négative.

	Masculin	Féminin	Neutre	Pluriel
Nominatif	kein	kein**e**	kein	kein**e**
Accusatif	kein**en**	kein**e**	kein	kein**e**

LES NOMBRES ORDINAUX POUR DIRE LA DATE

Les nombres ordinaux permettent de dire la date. Mémorisez ces tournures formées avec les prépositions **am** ou **bis zum** + nombre ordinal + la terminaison **-en** :
• **de 2 à 19** : chiffre/nombre + **t** + **-en**.
Exemple : **fünf** + **t** + **-en** : **am fünften Dezember** *le 5 décembre.* littéralement « au 5 décembre ».

- **à partir de 20** : nombre + **st** + **-en**.

Exemple : **fünfundzwanzig** + **st** + **-en** : am **fünfundzwanzigsten** November *le 25 novembre*, littéralement « au 25 novembre ».

Exceptions : **erst-** *1er*, **dritt-** *3e* et **siebt-** *7e* + **-en** : bis zum ersten Dezember *jusqu'au 1er décembre*.

▲ CONJUGAISON
L'IMPÉRATIF

Son usage est le même qu'en français et il est très proche du présent de l'indicatif. Il se forme comme suit :
- 2e personne du singulier : se conjugue comme au présent sans **du** et **-st** : **Komm!** *Viens!* (**du kommst**) ; **Sprich!** *Parle!* (**du sprichst**) ; **Arbeite!** *Travaille!* (**du arbeitest**) ; **Ruf an!** *Appelle !* (**du rufst an**). Mais les verbes irréguliers en **a** perdent le Umlaut : **Fahr!** *Roule!* (**du fährst**).
- 1re personne du pluriel : se conjugue comme au présent avec inversion sujet/verbe : **Gehen wir!** *Allons-y!* (**wir gehen**) ; **Rufen wir an!** *Appelons!* (**wir rufen an**). Notez toutefois que l'emploi à la 1re personne du pluriel est plus rare.
- 2e personne du pluriel : se conjugue comme au présent avec suppression du pronom personnel : **Arbeitet!** *Venez!* (**ihr arbeitet**) ; **Ruft an!** *Appelez!* (**ihr ruft an**).
- Vouvoiement : se conjugue comme au présent avec inversion sujet/verbe : **Gehen Sie!** *Allez-y!* (**Sie gehen**) ; **Rufen Sie an!** *Appelez!* (**Sie rufen an**).

LE VERBE *NEHMEN* PRENDRE

Sa conjugaison est particulière aux 2e et 3e personnes du singulier du présent de l'indicatif : **ich nehme**, **du nimmst**, **er/sie/es nimmt**, **wir nehmen**, **ihr nehmt**, **sie/Sie nehmen**. Et cette irrégularité se retrouve aussi à l'impératif : **Nimm!** *Prends!* **Nehmt!** *Prenez!* **Nehmen Sie!** *Prenez!*

VOCABULAIRE

später *plus tard*
vergessen (er vergisst) *oublier*
die Hausaufgaben *les devoirs*
herein/kommen (er kommt … herein) *entrer*
Freut mich Sie/dich kennenzulernen. *Ravi de faire votre/ta connaissance.*
Mich auch! *Moi aussi!*
Platz nehmen *prendre place*
Möchten Sie … ? *Souhaitez-vous/ Aimeriez-vous…?*
beginnen *commencer*
das Projekt (e) *le projet*
(Architektur…) studieren *étudier (l'architecture…)*
der Plan (¨e) *le plan*
Das macht nichts. *Ça ne fait rien.*
ich möchte *j'aimerais*
(einen Termin) vereinbaren *fixer (un rendez-vous)*
November *novembre*
Dezember *décembre*
am 25. (fünfundzwanzigsten) *le 25 (semblable à l'anglais : on the 25th)*
die Messe (n) *le salon/la foire*
bis zum 1. (ersten) *jusqu'au 1er*
am 5. (fünften) *le 5*
perfekt *parfait*
In Ordnung! *D'accord!*
verpassen *manquer*
sonst *sinon*
der Zug (¨e) *le train*
Auf Wiedersehen! *Au revoir!*
der Ausgang (¨e) *la sortie*
   Wo war nochmal der Ausgang? *Où était donc la sortie ?*

POUR ALLER PLUS LOIN

der Monat (e) *mois*
Januar *janvier*
Februar *février*
März *mars*
April *avril*
Mai *mai*
Juni *juin*
Juli *juillet*
August *août*
September *septembre*
Oktober *octobre*
November *novembre*
Dezember *décembre*

● EXERCICES

1. PASSEZ CES PHRASES À LA FORME NÉGATIVE.

a. Unsere Firma hat eine Kantine. → ....

b. Ich kenne ihn. → ....

c. Ich habe einen Bruder. → ....

d. Sie haben Kinder. → ....

e. Er ist alt. → ....

f. Das ist John. → ....

2. TRADUISEZ LES PHRASES SUIVANTES.

a. Travaille ! → ....

b. Venez à dix heures ! (tutoiement pluriel) → ....

c. Parle allemand ! → ....

d. Rappelez-la. (vouvoiement) → ....

3. ÉCRIVEZ LES DATES EN TOUTES LETTRES.

Exemple : am 11.12 → am elften Dezember

a. am 4. 11 → ....

b. am 7. 12 → ....

c. bis zum 22. 07 → ....

d. bis zum 23. 06 → ....

4. ÉCOUTEZ L'ENREGISTREMENT, PUIS COMPLÉTEZ LE DIALOGUE CI-DESSOUS. LISEZ-LE ENSUITE À HAUTE VOIX.

— Guten Tag! Kommen Sie bitte ....

— Guten Tag! .... mich Sie kennenzulernen.

— .... Bitte nehmen Sie ....

— .... Wir müssen einen .... vereinbaren.

— Ja. Können Sie am .... kommen?

— Ich bin bis zum .... in Berlin. Haben Sie am elften Dezember ....

— .... wir 10 Uhr?

— In ....

— Danke für Ihren .... Auf Wiedersehen!

— ....

RÉVISION

Vous venez de terminer la partie I. Prenez votre temps avant de poursuivre si vous en ressentez le besoin. Revoyez les différents points de grammaire. Mémorisez bien les verbes avec leurs irrégularités et les noms avec leur genre et marque du pluriel. Plus vous aurez consolidé ces toutes premières bases, plus vous aurez de facilités pour aborder la suite.

II LA VIE QUOTIDIENNE

9. À LA RECHERCHE D'UN LOGEMENT

AUF WOHNUNGSSUCHE

OBJECTIFS

- DEMANDER CE QUI SE PASSE ET RÉPONDRE
- DÉCRIRE SON LOGEMENT
- EXPRIMER SON MÉCONTENTEMENT PAR RAPPORT À SON LOGEMENT

NOTIONS

- LE DATIF : EMPLOI, PRÉPOSITIONS, DÉCLINAISON ET PLACE DES PRONOMS PERSONNELS
- LA NÉGATION *NICHT MEHR*
- LE PRÉSENT DE L'INDICATIF DU VERBE *WISSEN* « SAVOIR »

PAS DE CHANCE !

John : Salut Cécile !

Cécile : Salut John !

John : Que se passe-t-il ? Es-tu malade ?

Cécile : Non, je suis seulement très fatiguée. J'ai bientôt mon examen d'allemand et je cherche une chambre.

John : Pourquoi cherches-tu une chambre ?

Cécile : Ma nouvelle colocation ne me plaît pas.

John : Qu'est-ce qui ne te plaît pas ?

Cécile : Ma chambre à coucher est bruyante, le séjour très sombre, la cuisine trop petite, la douche goutte et le loyer est cher.

John : Pas de chance, mais Munich est cher.

Cécile : Je sais. C'est cher et on ne trouve rien.

John : Tu ne peux pas attendre jusqu'à l'examen d'allemand ?

Cécile : Je n'en peux plus. Mes colocataires ne m'aident pas dans les tâches ménagères. Non, je veux déménager.

John : Je te comprends, mais pour l'instant ton examen est plus important. Tu peux volontiers habiter quelques semaines chez moi. J'ai un deux pièces dans le centre, pas loin du métro.

Cécile : Je trouve ça super gentil de ta part, mais…

John : Mais quoi ? Je t'aide volontiers. Nous pourrions ainsi cuisiner ensemble. Tu sais bien : j'adore la cuisine française !

11

PECH GEHABT!

John: Hallo Cécile!

Cécile: Hallo John!

John: Was ist los? Bist du krank?

Cécile: Nein, ich bin nur sehr müde. Ich habe bald meine Deutschprüfung und suche ein Zimmer.

John: Warum suchst du ein Zimmer?

Cécile: Meine neue WG gefällt mir nicht.

John: Was gefällt dir nicht?

Cécile: Mein Schlafzimmer ist laut, das Wohnzimmer sehr dunkel, die Küche zu klein, die Dusche tropft und die Miete ist teuer.

John: Pech gehabt, aber München ist teuer.

Cécile: Ich weiß. Es ist teuer und man findet nichts.

John : Kannst du nicht bis zur Deutschprüfung warten?

Cécile: Ich kann nicht mehr. Meine Mitbewohner helfen mir nicht im Haushalt. Nein, ich will umziehen.

John: Ich verstehe dich, aber im Moment ist deine Prüfung wichtiger. Du kannst gern ein paar Wochen bei mir wohnen. Ich habe eine 2-Zimmer-Wohnung im Zentrum, nicht weit von der U-Bahn.

Cécile: Das finde ich total nett von dir aber …

John: Aber was? Ich helfe dir gern. So könnten wir gemeinsam kochen. Du weißt ja: ich liebe die französische Küche!

■ COMPRENDRE LE DIALOGUE
QUELQUES FORMULES ET EXPRESSIONS

→ **Was ist los?** *Qu'est-ce qui se passe ?* Cette tournure idiomatique est à mémoriser.
→ **die U-Bahn** (abréviation de **die Untergrund-Bahn**) *le métro* littéralement « le souterrain train ».
→ **WG** est une contraction pour **die Wohngemeinschaft** *la colocation*.
→ **Pech gehabt!** *Pas de chance !* (littéralement « Poisse eue ! » car **das Pech** signifie *la poisse*)
→ **Ich kann nicht mehr.** *Je n'en peux plus*. (littéralement « Je ne peux plus »)
→ **im Zentrum** *dans le centre* est également un datif, mais il s'agit là d'une autre règle que celle expliquée ci-dessous (voir Module n°14).
→ **Das finde ich total nett von dir.** *Je trouve ça super gentil de ta part.* (littéralement « Je trouve ça totalement gentil de toi »)

NOTE CULTURELLE

La colocation, **die Wohngemeinschaft**, fait partie de la société allemande. On la désigne d'ailleurs par l'abréviation **WG**. Même si elle est surtout répandue parmi les étudiants, elle concerne toutes les catégories socioprofessionnelles et tous les âges. Les personnes n'hésitent pas à vivre sous un même toit sans se connaître au préalable. Cette pratique est motivée à la fois par le partage des frais et par le désir de vivre en *communauté*, **die Gemeinschaft**.

◆ GRAMMAIRE
LE DATIF : EMPLOI

Le datif est le 3ᵉ cas de la déclinaison allemande. Il sert à exprimer le complément d'objet indirect et est introduit par des verbes comme **jemandem gefallen ...** *plaire à quelqu'un...* : **Meine neue WG gefällt mir nicht.** *Ma nouvelle colocation ne me plaît pas.* Le pronom personnel **mir** *me* est un datif.
En général, les verbes allemands introduisant un datif correspondent à des verbes français construits avec un complément d'objet indirect. Il existe toutefois quelques exceptions comme **jemandem helfen** + datif en allemand : *aider quelqu'un* + COD en français. **Ich helfe dir gern.** *Je t'aide volontiers.* Le pronom personnel **dir** *te/t'* est un datif.

LE DATIF : PRÉPOSITIONS

Le datif est également régi par des prépositions comme :
- **bei** *chez/à* : **Du kannst bei mir wohnen.** *Tu peux habiter chez moi.*
- **von** *de/de la part de* : **Das finde ich total nett von dir.** (littéralement « Je trouve ça totalement gentil de toi »)
Les deux exemples qui suivent (il s'agit de groupes nominaux, voir la section dédiées aux déclinaisons Module n°10) sont aussi au datif. Celui-ci est régi par les prépositions **von** *de/de la part de* et **bis zu** *jusqu'à* : **nicht weit von der U-Bahn** *pas loin du métro*, **bis zur Deutschprüfung** *jusqu'à l'examen d'allemand*.
Notez aussi : **aus** *de/hors de*, **mit** *avec*, **nach** *après*, **seit** *depuis*, **zu** *chez/à* + datif.
Attention à bien faire la différence entre **bei** et **zu** : **bei** exprime un locatif (le lieu où l'on est) comme l'exemple ci-dessus ; **zu** à l'inverse exprime un directionnel (le lieu où l'on va). **Ich komme zu dir.** *Je viens chez toi.*

LE DATIF : DÉCLINAISON ET PLACE DES PRONOMS PERSONNELS

Ils se déclinent comme suit :

Nominatif	ich	du	er	sie	es	wir	ihr	sie/Sie
Datif	mir	dir	ihm	ihr	ihm	uns	euch	ihnen/Ihnen

Et comme pour l'accusatif, la syntaxe est : sujet + verbe conjugué + pronom personnel et jamais comme en français sujet + pronom personnel + verbe conjugué. **Meine Mitbewohner helfen mir nicht im Haushalt.** *Mes colocataires ne m'aident pas dans les tâches ménagères.*

LA NÉGATION *NICHT MEHR*

Nicht mehr signifie *ne… plus* comme dans la tournure **Ich kann nicht mehr.** *Je n'en peux plus.* (littéralement « Je ne peux plus »)
Notez bien la différence avec **nicht** *ne pas* :
Ich wohne nicht in München. *Je n'habite pas à Munich.*
Ich wohne nicht mehr in München. *Je n'habite plus à Munich.*

◆ CONJUGAISON
LE PRÉSENT DE L'INDICATIF DU VERBE *WISSEN* « SAVOIR »

Au présent de l'indicatif, il se conjugue ainsi : **ich weiß**, **du weißt**, **er/sie/es weiß**, **wir wissen**, **ihr wisst**, **sie/Sie wissen** → **Du weißt ja.** *Tu sais bien.*

EXERCICES

1. COMPLÉTEZ PAR LE PRONOM PERSONNEL AU DATIF.

Exemple : Ich helfe… (du) → Ich helfe dir.

a. Helfen Sie .... bitte ! (ich)

b. Die WG gefällt... (er)

c. Er wohnt bei .... (wir)

d. Wir kommen zu... (ihr)

e. Was gefällt .... nicht? (sie, 3e personne du pluriel)

2. TRADUISEZ LES PHRASES SUIVANTES.

a. Il ne vient plus. → ....

b. Nous ne travaillons plus à Berlin. → ....

c. Elle n'habite plus chez lui. → ....

d. Ils n'en peuvent plus. → ....

3. TRADUISEZ CES MOTS ET GROUPES NOMINAUX.

a. das Wohnzimmer → ....

b. die Dusche → ....

c. die Wohngemeinschaft → ....

d. die 2-Zimmer-Wohnung → ....

e. im Zentrum → ....

f. nicht weit von der U-Bahn → ....

VOCABULAIRE

Was ist los? *Qu'y a-t-il ? / Que se passe-t-il ?*
krank *malade*
nur *seulement*
müde *fatigué*
die Prüfung (en) *l'examen*
suchen *chercher*
das Zimmer (-) *la chambre*
warum *pourquoi*
die WG = die Wohngemeinschaft (en) *la colocation*
gefallen (er gefällt) *plaire*
das Schlafzimmer (-) *la chambre*
laut *bruyant*
das Wohnzimmer (-) *le salon*
dunkel *sombre*
die Küche (n) *la cuisine*
zu *trop*
die Dusche (n) *la douche*
tropfen *goutter*
die Miete (n) *le loyer*
teuer *cher*
das Pech *la malchance/poisse*
    Pech gehabt! *Pas de chance !*
wissen *savoir*
nichts *rien*
bis zu *jusqu'à*
wissen *savoir*
warten *attendre*
Ich kann nicht mehr. *Je n'en peux plus.*
der Mitbewohner (-) /
    die Mitbewohnerin (nen)
    le (la) colocataire
helfen (er hilft) *aider*
der Haushalt *le ménage/ les tâches ménagères*
im Haushalt helfen *aider pour les tâches ménagères*
ich will *je veux*
umziehen (er zieht... um) *déménager*
verstehen *comprendre*
wichtig / wichtiger *important / plus important*
die Woche (n) *la semaine*
bei *chez*
die Wohnung (en) *l'appartement*
die 2-Zimmer-Wohnung *le deux-pièces*
das Zentrum *le centre*
    im Zentrum *dans le centre*
weit *loin*
die U-Bahn *le métro*
total nett *super gentil*
so *ainsi / comme ça*
gemeinsam *ensemble*
kochen *cuisiner*
lieben *aimer/adorer*

POUR ALLER PLUS LOIN

das Badezimmer (-) /
    das Bad (¨er) *la salle de bains*
die Toilette (fém. sing.) / das Klo (langage parlé) *les toilettes*
ein Zimmer mieten/vermieten *louer une chambre* (en tant que locataire/propriétaire)
das Haus (¨er) *la maison*
der Garten (¨) *le jardin*

4. TRADUISEZ LES MOTS/PHRASES PAR ÉCRIT ET LISEZ-LES À HAUTE VOIX. PUIS ÉCOUTEZ L'ENREGISTREMENT APRÈS CHAQUE TRADUCTION.

a. La cuisine → ....

b. La cuisine est petite. → ....

c. Le loyer → ....

d. Le loyer est cher. → ....

e. La chambre → ....

f. La chambre est sombre. → ....

10. AU BUREAU

IM BÜRO

OBJECTIFS

- DÉCRIRE CERTAINES TÂCHES AU BUREAU
- MANIER QUELQUES TERMES AUTOUR DE L'INFORMATIQUE

NOTIONS

- LE DATIF : DÉCLINAISON DU GROUPE NOMINAL
- LES PRONOMS INTERROGATIFS *WEM*, *WANN* ET *WARUN*
- EXCEPTIONS : VERBES + ACCUSATIF EN ALLEMAND ET COI EN FRANÇAIS / VERBES + DATIF EN ALLEMAND ET COD EN FRANÇAIS

UNE BONNE NOUVELLE !

<u>M. Jansen</u> : Bonjour madame Fischer !

<u>Anna</u> : Bonjour monsieur Jansen.

<u>M. Jansen</u> : Pourriez-vous s'il vous plaît aider mon assistante sur (avec) une traduction en (sur) français ? J'aimerais envoyer ce mail à nos clients français. Pourriez-vous le traduire ?

<u>Anna</u> : Oui bien sûr ! Avez-vous la liste des clients ?

<u>M. Jansen</u> : Demandez à mon assistante. Elle a une copie avec les noms.

<u>Anna</u> : (…) J'ai fini.

<u>M. Jansen</u> : Très bien. Déjà 11 heures ! Il faut que j'y aille, j'ai une réunion. Pourriez-vous aussi confirmer le rendez-vous avec monsieur Besch ?

<u>Anna</u> : Avec qui ?

<u>M. Jansen</u> : Avec monsieur Besch, le nouveau directeur informatique de monsieur Haas.

<u>Anna</u> : Et pour quand ?

<u>M. Jansen</u> : Lundi, 10 heures.

<u>Anna</u> : OK ! Je le fais tout de suite.

<u>M. Jansen</u> : Merci. D'ailleurs, avez-vous du temps après le déjeuner ?

<u>Anna</u> : À 13 heures, j'ai un rendez-vous chez le dentiste, mais après je suis de nouveau au bureau. Pourquoi ?

<u>M. Jansen</u> : J'ai une bonne nouvelle pour vous.

12 — EINE GUTE NACHRICHT!

Herr Jansen: Guten Morgen Frau Fischer!

Anna: Guten Morgen Herr Jansen.

Herr Jansen: Könnten Sie bitte meiner Assistentin mit einer Übersetzung auf Französisch helfen? Ich würde gern unseren französischen Kunden diese Mail schicken. Könnten Sie sie übersetzen?

Anna: Ja klar. Haben Sie die Liste von den Kunden?

Herr Jansen: Fragen Sie meine Assistentin. Sie hat eine Kopie mit den Namen.

Anna: (…) Ich bin fertig.

Herr Jansen: Sehr schön ! Schon 11 (elf) Uhr! Ich muss los, ich habe eine Versammlung. Könnten Sie bitte auch den Termin mit Herrn Besch bestätigen?

Anna: Mit wem?

Herr Jansen: Mit Herrn Besch, dem neuen Informatikleiter von Herrn Haas.

Anna: Und für wann?

Herr Jansen: Montag, 10 (zehn) Uhr.

Anna: Ok! Ich mache es sofort.

Herr Jansen: Danke. Übrigens, haben Sie nach dem Mittagessen Zeit?

Anna: Um 13 (dreizehn) Uhr habe ich einen Termin beim Zahnarzt, aber dann bin ich wieder im Büro. Warum?

Herr Jansen: Ich habe eine gute Nachricht für Sie.

■ COMPRENDRE LE DIALOGUE
QUELQUES FORMULES ET EXPRESSIONS

→ **Ich würde gern …** Cette tournure se traduit par *j'aimerais (bien)…* et se construit avec un infinitif, ici **schicken** *envoyer*, rejeté en fin de phrase.
→ **Ich bin fertig.** *J'ai fini.* (littéralement « Je suis fini ») Notez que **fertig** est un adjectif.
→ L'adjectif **schön** signifie *beau* et *très beau* se dit **sehr schön**. Mais **Sehr schön!** peut aussi signifier *Très bien !*
→ **Haben Sie nach dem Mittagessen Zeit?** *Avez-vous du temps après le déjeuner ?* (littéralement « Avez-vous après le déjeuner temps ? »)
→ **im Büro** *au bureau / dans le bureau.* Pour **im** voir règle sur Module n° 14.

NOTE CULTURELLE

Haben Sie Zeit? *Avez-vous le temps ?* Le temps est un sujet qui nous préoccupe tous, généralement parce que nous en manquons. Voici plusieurs tournures idiomatiques en allemand autour de ce thème et pour certaines d'entre elles, il n'existe pas d'équivalent grammatical en français comme : **Ich muss los!** *Il faut que j'y aille !* **Hast du es eilig? Ja, ich habe es eilig.** *Es-tu pressé ? Oui, je suis pressé.*
Notez aussi les deux expressions suivantes, assez proches du français : **Lass dir Zeit!** *Prends ton temps ! / Prenez votre temps !* (littéralement « Laisse-toi/Laissez-vous du temps ! ») **Immer mit der Ruhe!** *Du calme ! Y'a pas le feu !* (littéralement « Toujours avec le calme ! ») Et en cas de retard, vous direz **Entschuldigung für die Verspätung.** *Excuse/Excusez-moi pour le retard.* (littéralement « Pardon pour le retard »)

GRAMMAIRE
LE DATIF : DÉCLINAISON DU GROUPE NOMINAL

• Les substantifs pluriels prennent un **-n** au datif, exceptés ceux dont la marque du pluriel se termine déjà par **-n** :
die Kinder (nominatif/accusatif pluriel) → **den Kindern** (datif pluriel),
die Schwestern (nominatif/accusatif pluriel) → **den Schwestern** (datif pluriel).
• Au datif, tous les adjectifs épithètes prennent un **-n**.
• Les terminaisons de **mein-/dein-** (en couleur) sont communes à tous les déterminants possessifs.

Masculin	Féminin	Neutre	Pluriel
dem kleinen Mann	der kleinen Frau	dem kleinen Kind	den kleinen Kindern
einem kleinen Mann	einer kleinen Frau	einem kleinen Kind	kleinen Kindern
keinem kleinen Mann	keiner kleinen Frau	keinem kleinen Kind	
meinem kleinen Mann	meiner kleinen Frau	meinem kleinen Kind	meinen kleinen Kindern
deinem kleinen Mann	deiner kleinen Frau	deinem kleinen Kind	deinen kleinen Kindern
...	...	...	...
eurem kleinen Mann	eurer kleinen Frau	eurem kleinen Kind	euren kleinen Kindern

Voici quelques exemples au datif extraits du dialogue :
- **jemandem etwas schicken** *envoyer quelque chose à quelqu'un* : **Ich möchte unseren französischen Kunden diese Mail schicken.** *J'aimerais envoyer cet e-mail à nos clients français.*
- **mit** *avec* : **mit einer Übersetzung** *avec une traduction*, **mit den Namen** *avec les noms*.
- **von** *de/de chez* : **von den Kunden** *des clients*.
- **nach** *après* : **nach dem Mittagessen** *après le déjeuner*.
- **bei** *chez* : **beim (bei dem) Zahnarzt** *chez le dentiste*. Dans le cas de **bei + dem**, on emploie généralement la forme avec l'article contracté **beim**.

Il existe d'autres contractions possibles telles que **von + dem → vom** ; **zu + dem → zum** ; **zu + der → zur**.

Souvenez-vous que certains masculins prennent un **-n** à l'accusatif (voir Module n°6). Cette règle vaut aussi pour le datif : **mit Herrn Besch** *avec M. Besch*.

Notez qu'un groupe nominal datif précède généralement un groupe nominal accusatif.
→ **Ich möchte unseren französischen Kunden diese Mail schicken,** *J'aimerais envoyer cet e-mail à nos clients français.* Par contre si le groupe nominal datif comporte une préposition, celui-ci se place derrière le groupe nominal accusatif →
Sie hat eine Kopie mit den Namen. *Elle a une copie avec les noms.*

LES PRONOMS INTERROGATIFS *WEM, WANN* ET *WARUN*

→ **Wem** à *qui* correspond au pronom interrogatif au datif. **Mit wem?** *Avec qui ?* Ici, **wem** est régi par la préposition **mit**. Voici un exemple où **wem** est régi par un verbe : **Wem schicken Sie die Mail?** *À qui envoyez-vous l'e-mail ?*

→ Mémorisez aussi **wann** *quand* et **warum** *pourquoi*. Vous observerez que, comme en français, les pronoms interrogatifs peuvent se construire avec des prépositions : **Für wann?** *Pour quand ?* ; **Mit wem?** *Avec qui ?*

EXCEPTIONS : VERBES + ACCUSATIF EN ALLEMAND ET COI EN FRANÇAIS / VERBES + DATIF EN ALLEMAND ET COD EN FRANÇAIS

Souvenez-vous que :
- les verbes + accusatif en allemand correspondent généralement à des verbes + complément d'objet direct en français ;
- les verbes + datif en allemand correspondent généralement à des verbes + complément d'objet indirect en français.

Mais il y a des exceptions comme :
- **brauchen** *avoir besoin de* et **fragen** *demander à* qui sont suivis d'un accusatif, mais d'un COI en français : **Fragen Sie meine Assistentin.** *Demandez à mon assistante.*
- **danken** *remercier*, **folgen** *suivre*, **gratulieren** *féliciter* et **helfen** *aider* sont suivis d'un datif en allemand, mais d'un COD en français : **Bitte folgen Sie mir!** *Suivez-moi, s'il vous plaît !* ; **Könnten Sie bitte meiner Assistentin helfen ?** *Pourriez-vous s'il vous plaît aider mon assistante ?*

● EXERCICES

1. COMPLÉTEZ PAR LES TERMINAISONS DU DATIF.

a. Ich schreibe ein......... französisch........ Kunden eine Mail.

b. Ich schicke d......... Assistentin von Herrn Haas eine Mail.

c. Von w....... ist die Mail?

d. Von d......... neu...... Informatiker.

2. TRADUISEZ LES PHRASES SUIVANTES.

Exemple : J'écris à mon nouveau chef. → Ich schreibe meinem neuen Chef.

a. Tu écris à ton nouveau chef.

→ ....

b. Il écrit à son nouveau chef.

→ ....

VOCABULAIRE

Guten Morgen! *Bonjour !*
die Übersetzung (en) *la traduction*
auf Französisch *en français*
Ich würde gern ... *J'aimerais (bien)...*
der Kunde (n)/die Kundin (nen) *le/la client(e)*
die/das (E-) Mail (s) (2 genres possibles) *le mail*
übersetzen *traduire*
schicken *envoyer*
die Liste (n) *la liste*
fragen *demander*
die Kopie (n) *la copie*
fertig sein *avoir fini*
   Ich bin fertig. *J'ai fini.*
Sehr schön! *Très bien !*
die Versammlung (en) *la réunion*
einen Termin bestätigen *confirmer un rendez-vous*
wem *à qui* (datif)
   Mit wem? *Avec qui ?* (datif)
wann *quand*
   Für wann? *Pour quand ?*
sofort *tout de suite*
   Ich mache es sofort. *Je le fais tout de suite.*
übrigens *d'ailleurs*
das Mittagessen *le déjeuner*
der Zahnarzt (¨e) / die Zahnärztin (nen) *le/la dentiste*
dann *après*
das Büro (s) *le bureau*
   im Büro sein *être au bureau*
die Nachricht (en) *la nouvelle*
   Ich habe eine gute Nachricht für Sie. *J'ai une bonne nouvelle pour vous.*

POUR ALLER PLUS LOIN

Ich habe eine/ein Mail geschickt. *J'ai envoyé un e-mail.*
Ich habe eine/ein Mail bekommen. *J'ai reçu un e-mail.*
die Informatik *l'informatique*
der Informatiker (-)/die Informatikerin (nen) *l'informaticien(ne)*
der Computer (-) *l'ordinateur*
der PC (s) *le PC*
der Bildschirm (e) *l'écran*
die Maus (¨ e) *la souris*
die Tastatur (en) *le clavier*
die Datei (en) *le fichier*
das Internet *Internet*
die Webseite (n) *la page Web*

c. Elle écrit à son nouveau chef.
→ ....

d. Nous écrivons à notre nouveau chef.
→ ....

e. Vous écrivez à votre nouveau chef. (« vous » de tutoiement)
→ ....

f. Ils écrivent à leur nouveau chef.
→ ....

3. TRADUISEZ LES MOTS/PHRASES SUIVANTS.

a. le rendez-vous → ....

b. J'ai un rendez-vous → ....

c. J'ai un rendez-vous avec le directeur informatique.
→ ....

d. une réunion → ....

e. Monsieur Jansen a une réunion.
→ ....

f. Monsieur Jansen a une réunion avec la directrice du marketing.
→ ....

4. ÉCOUTEZ LES PHRASES UNE PAR UNE ET COMPLÉTEZ-LES, PUIS RÉÉCOUTEZ L'ENREGISTREMENT ET RÉPÉTEZ CHAQUE PHRASE.

Exemple : Ich muss ... → Ich muss los!

a. Könnten Sie unseren .... diese Mail schicken?

b. Ich bin ....

c. Ich habe eine ....

d. Haben Sie nach dem Mittagessen ....?

e. Ich habe einen .... beim Zahnarzt.

11.
UN ENTRETIEN PROFESSIONNEL
EIN BERUFLICHES GESPRÄCH

OBJECTIFS

- **COMMENTER SON CURRICULUM VITÆ**
- **PARLER DE L'ÉCOLE / DES ÉTUDES / D'UN MÉTIER**
- **PARLER DE SES HOBBIES**

NOTIONS

- **EMPLOI ET FORMATION DU PARFAIT**
- **LE PRÉTÉRIT DES VERBES *HABEN* ET *SEIN***

LE CURRICULUM VITÆ

M. Jansen : Madame Benz trouve votre projet très intéressant et aimerait vous rencontrer le 5 décembre (ensemble) avec son architecte Klaus Braun.

Anna : Ça, c'est vraiment une bonne nouvelle !

(Le 5 décembre)
Klaus Braun : Bonjour, je suis Klaus Braun, l'architecte.

Anna : Bonjour.

Klaus Braun : Madame Benz viendra un peu plus tard. J'ai lu votre curriculum vitae et ai quelques questions. Après le baccalauréat, vous êtes allée en Angleterre et un an plus tard, vous avez commencé (avec) vos études. C'est bien cela (Juste) ?

Anna : Oui. Avant mes études, j'ai travaillé dans un bureau d'architectes à Londres. L'architecture a toujours été le métier de mes rêves, et je voulais savoir si c'était un métier pour moi.

Klaus Braun : Et ?

Anna : Ça m'a tout de suite plu. Le travail était très intéressant et les collègues étaient tous gentils avec moi.

Klaus Braun : Pourquoi n'êtes-vous pas restée en Allemagne ? Et pourquoi avez-vous choisi Londres ?

Anna : Pour mon anglais. J'ai aussi étudié dans une école de langues et passé l'examen pour le certificat C1.

Klaus Braun : Vous avez donc le certificat C1 en français et en anglais ?

Anna : Oui. J'aime bien apprendre les langues étrangères.

Klaus Braun : Combien de langues parlez-vous ?

Anna : Quatre. L'année dernière, j'ai commencé (avec) l'italien.

Klaus Braun : C'est une très belle langue. Avez-vous encore d'autres hobbies ?

Anna : Oui beaucoup ! [Le] sport, [la] musique…

Klaus Braun : Excusez-moi, [c'est] mon fils. Il avait aujourd'hui un examen important.

13 DER LEBENSLAUF

Herr Jansen: Frau Benz findet Ihr Projekt sehr interessant und möchte Sie am 5. (fünften) Dezember zusammen mit ihrem Architekten Klaus Braun treffen.

Anna: Das ist wirklich eine gute Nachricht!

(Am 5. (fünften) Dezember)
Klaus Braun: Guten Tag, ich bin Klaus Braun, der Architekt.

Anna: Guten Tag.

Klaus Braun: Frau Benz kommt etwas später. Ich habe Ihren Lebenslauf gelesen und habe ein paar Fragen. Nach dem Abitur sind Sie nach England gegangen und ein Jahr später haben Sie mit Ihrem Studium begonnen. Richtig?

Anna: Ja. Vor meinem Studium habe ich in einem Architektenbüro in London gearbeitet. Architektur war schon immer mein Traumberuf, und ich wollte wissen, ob es ein Beruf für mich ist.

Klaus Braun: Und?

Anna: Es hat mir sofort gefallen. Die Arbeit war sehr interessant und die Kollegen waren alle nett zu mir.

Klaus Braun: Warum sind Sie nicht in Deutschland geblieben? Und warum haben Sie London ausgewählt?

Anna: Für mein Englisch. Ich habe auch in einer Sprachschule studiert und die Prüfung für das Zertifikat C1 gemacht.

Klaus Braun: Sie haben also in Französisch und in Englisch das Zertifikat C1?

Anna: Ja, ich lerne gern Fremdsprachen.

Klaus Braun: Wie viele Sprachen sprechen Sie?

Anna: Vier. Letztes Jahr habe ich mit Italienisch angefangen.

Klaus Braun: Das ist eine sehr schöne Sprache. Haben Sie noch andere Hobbys?

Anna: Ja, viele ! Sport, Musik …

Klaus Braun: Entschuldigung, mein Sohn. Er hatte heute eine wichtige Prüfung.

■ COMPRENDRE LE DIALOGUE
QUELQUES FORMULES ET EXPRESSIONS

→ **Frau Benz kommt etwas später.** *Madame Benz viendra un peu plus tard.* (littéralement « (...) vient un peu plus tard ») Le futur étant indiqué par le complément de temps **etwas später** *un peu plus tard*, le verbe peut être conjugué au présent.

→ **Vor meinem Studium (...).** *Avant mes études (...).* La construction est au datif (voir Module n°12).

→ **Architektur war schon immer mein Traumberuf.** *L'architecture a toujours été le métier de mes rêves.* (littéralement « Architecture était déjà toujours mon métier de rêves »)

→ **Ich wollte wissen, ob es ein Beruf für mich ist.** *Je voulais savoir si c'était un métier pour moi.* (littéralement « Si ce un métier pour moi est ») Dans une proposition subordonnée, le verbe conjugué se trouve à la fin (voir Module n°15). Notez aussi que le verbe est ici au présent de l'indicatif en allemand et non au passé comme en français.

→ **(...) und habe die Prüfung gemacht.** *(...) et ai passé l'examen.* (littéralement « et ai fait l'examen »)

→ **Ich lerne gern Fremdsprachen.** *J'aime bien apprendre les langues étrangères.* (littéralement « J'apprends volontiers [...] »)

→ Vous noterez que les substantifs **Architektur** *architecture*, **Sport** *sport*, **Musik** *musique* ne prennent pas d'article étant donné qu'il s'agit de noms inquantifiables (comme les langues, Module n°1).

NOTE CULTURELLE

Après **der Kindergarten**, *l'école maternelle*, **die Grundschule**, *l'école primaire* compte 4 années allant de la 1re à la 4e classe, suivies de 6 classes de collège, qui mènent au **Realschulabschluss**, équivalent du *brevet des collèges*. Les 11e et 12e sont les deux dernières années du *lycée*, **das Gymnasium**, avant **das Abitur** *le baccalauréat*. Dans certains établissements, on passe le baccalauréat au bout de la 13e, comme c'était le cas auparavant dans toutes les écoles allemandes. Comparé à l'enseignement français, l'allemand est plus axé sur la pratique que sur la théorie. Les élèves participent beaucoup en cours, font de nombreux travaux appliqués et la note orale représente 30 à 50 % de la note globale dans une matière.

▲ CONJUGAISON
EMPLOI ET FORMATION DU PARFAIT

Le parfait est un temps composé qui correspond au passé composé en français. Il exprime un événement accompli ayant un rapport avec le présent. Il se forme en grande partie avec l'auxiliaire **haben** *avoir* et dans certains cas avec **sein** *être*.
Pour le moment, notez juste que les verbes suivants se construisent avec **sein** *être* :
gehen *aller*, **bleiben** *rester*, **fahren** *aller/rouler* et **um/ziehen** *déménager*.
Nach dem Abitur sind Sie nach England gegangen. *Après le baccalauréat vous êtes allée en Angleterre* ; **Warum sind Sie nicht in Deutschland geblieben?** *Pourquoi n'êtes-vous pas restée en Allemagne ?*

Le participe passé se place en fin de phrase/proposition et se forme comme suit :
• Verbes faibles (= réguliers) : **ge** + radical de l'infinitif + **(e) t** : **mach**en → **ge**mach**t**.
Le **(e)** euphonique est ajouté notamment pour les verbes dont le radical infinitif se termine par **-d** ou **-t** → arbeit**en** → **ge**arbeit**et**.
• Verbes forts (= irréguliers) : **ge** + radical du verbe + **en** : **les**en → **ge**les**en** *lu* ; blei**b**en → **ge**blieb**en** *resté*. Notez que pour certains verbes le radical du verbe est le même qu'à l'infinitif et pour d'autres non. Ces verbes sont à apprendre par cœur.

MAIS ATTENTION !
- Les verbes dont l'infinitif se termine par **-ieren** forment leur participe passé sans **ge-** : stud**ieren** → **studiert** *étudié*.
- Les verbes débutant par une particule inséparable comme **be-** et certains (pas tous !) par **ge-** forment aussi leur participe passé sans **ge-** : **be**ginnen *commencer* → **be**gonnen *commencé* ; **ge**fallen *plaire* → **ge**fallen *plu*… Pour l'instant, ces verbes sont à apprendre par cœur.
- Les verbes débutant par une particule séparable comme **an-** ou **zurück-** forment leur participe passé avec le **ge-** intercalé entre la particule séparable et le verbe : **an/fangen** *commencer* → an**ge**fangen *commencé* ; **zurück/rufen** *rappeler* → zurück**ge**rufen *rappelé*. Là aussi, ces verbes doivent dans un premier temps être appris par cœur. Retenez cette règle simple : les verbes qui changent de voyelle au présent de l'indicatif sont tous des verbes forts, comme **fahren → er fährt → er ist gefahren** ; **geben → er gibt → er hat gegeben**.

• Retenez aussi les verbes suivants :
essen → **ge**g**essen** *mangé* et **sein** → **ge**wesen *été*

LE PRÉTÉRIT DES VERBES *HABEN* ET *SEIN*

Pour décrire des faits et actions dans le passé, l'allemand n'a qu'un seul temps simple : le prétérit. C'est en premier lieu le temps du récit dans la langue écrite, à l'oral on emploie plutôt le parfait. Toutefois, l'emploi du prétérit reste très courant pour certains verbes dont **haben** *avoir* et **sein** *être*.

ich hatte du hattest er/sie/es hatte wir hatten ihr hattet sie/Sie hatten	Exemple : **Gestern hatte ich einen Termin mit Frau Benz.** *Hier, j'avais un rendez-vous avec madame Benz.*
ich war du warst er/sie/es war wir waren ihr wart sie/Sie waren	Exemple : **Die Arbeit war sehr interessant und die Kollegen waren alle nett zu mir.** *Le travail était très intéressant et les collègues étaient tous gentils avec moi.*

◆ EXERCICES

1. COMPLÉTEZ PAR LE PARTICIPE PASSÉ ADÉQUAT : geblieben, gegangen, studiert, gelesen, gearbeitet.

a. Herr Braun hat den Lebenslauf ....

b. Anna ist nach England ....

c. Ich habe Englisch ....

d. Hast du auch in London ....?

e. Sie ist ein Jahr in London... .

2. INDIQUEZ L'INFINITIF DES PARTICIPES PASSÉS SUIVANTS.

a. gegangen → ....

b. gearbeitet → ....

c. gelesen → ....

d. geschrieben → ....

e. angefangen → ....

f. studiert → ....

VOCABULAIRE

zusammen *ensemble*
der Architekt (en) / die Architektin (nen) *l'architecte (homme/femme)*
etwas *quelque chose*
später *plus tard*
   etwas später *un peu plus tard*
das Leben (-) *la vie*
leben *vivre*
der Lebenslauf *le curriculum vitæ*
lesen (er liest) *lire*
   hat gelesen *a lu*
das Abitur *le baccalauréat*
ist gegangen *est allé*
hat begonnen *a commencé*
das Studium *les études*
   vor meinem Studium *avant mes études*
hat gearbeitet *a travaillé*
das Architektenbüro *le bureau d'architectes*
aus/wählen (er wählt ... aus) *choisir*
hat ausgewählt *a choisi*
London *Londres*
der Traum (¨e) *le rêve*
   der Traumberuf (e) *le métier de rêve*
ich wollte wissen, ob ... *je voulais savoir si...*
hat gefallen *a plu*
alle *tous*
nett zu mir *gentil avec moi*
ist geblieben *est resté*
hat studiert *a étudié*
das Zertifikat (e) *le certificat*
die Fremdsprache (n) *la langue étrangère*
letztes Jahr *l'an dernier*
anfangen (er fängt ...an) *commencer*
   hat angefangen *a commencé*
das Hobby (s) *le hobby*
(der) Sport *le sport*
(die) Musik *la musique*

POUR ALLER PLUS LOIN

das Gymnasium (die Gymnasien) *le lycée*
der Schüler (-) / die Schülerin (nen) *l'élève (masculin/féminin)*
der Student (en)/die Studentin (nen) *l'étudiant(e)*
die Universität (en) *l'université*
die Lehre (n) *l'apprentissage*
der Lehrling (e) *l'apprenti*

3. RÉÉCRIVEZ LES PHRASES AU PARFAIT.

Exemple : Er studiert in London. → Er hat in London studiert.

a. Ich lese den Lebenslauf. →..

b. Du arbeitest in Deutschland. → ....

c. Wir fangen an. →...

d. Er bleibt in Berlin. →...

4. ÉCOUTEZ ET COMPLÉTEZ LES PHRASES SUIVANTES.

a. Sie hat in Berlin ....

b. Ich bin nach Paris ....

c. Es hat mir ....

d. Hast du die Prüfung ....

e. Ich habe Italienisch..

12.
UNE JOURNÉE EN SEMAINE

EIN WOCHENTAG

OBJECTIFS

- DÉCRIRE LES GESTES QUOTIDIENS
- DEMANDER L'HEURE ET RÉPONDRE
- PARLER DES VÊTEMENTS ET DES COULEURS

NOTIONS

- LES VERBES PRONOMINAUX
- DEMANDER ET DIRE L'HEURE
- LES PRÉPOSITIONS DE TEMPS *VOR* ET *NACH*

IL EST TARD !

John : Cécile, j'ai besoin de ton conseil. Qu'est-ce que je dois mettre demain ? La chemise bleue ou blanche ?

Cécile : La blanche. Ton exposé est à quelle heure ?

John : À 10 heures, mais avant la conférence, j'ai un rendez-vous avec mon chef. Nous nous rencontrons à 7 h 45.

Cécile : Tu es nerveux ?

John : Non, je suis seulement fatigué. Je vais dormir maintenant. Bonne nuit !

Cécile : Bonne nuit et fais de beaux rêves.

(Le matin suivant)
Cécile : Bonjour John ! Il est six heures et quart. (…) Il est six heures vingt. (…) John, lève-toi ! Il est tard.

John : Comment ? Quelle heure est-il ?

Cécile : Six heures et demie.

John : Six heures et demie ! Il faut encore que je me douche et me lave les cheveux.

Cécile : Dépêche-toi ! (...)

John : Merci pour le café ! Maintenant, je suis en forme pour la journée. Que fais-tu ce soir après ton cours ?

Cécile : Rien, pourquoi ?

John : J'aimerais cuisiner avec toi.

Cécile : Et mon régime ?

John : Ah ton régime !

Cécile : Tu as raison.

John : Salut. À ce soir.

Cécile : Salut. Je me réjouis déjà !

🔊 14   ES IST SPÄT!

John: Cécile, ich brauche deinen Ratschlag. Was soll ich morgen anziehen? Das blaue oder das weiße Hemd?

Cécile: Das weiße. Um wie viel Uhr ist dein Vortrag?

John: Um 10 (zehn) Uhr, aber vor meinem Vortrag habe ich einen Termin mit meinem Chef. Wir treffen uns um 7.45 Uhr (Viertel vor acht).

Cécile: Bist du nervös?

John: Nein, ich bin nur müde. Ich gehe jetzt schlafen. Gute Nacht!

Cécile: Gute Nacht und träum schön.

(Am nächsten Morgen)
Cécile: Guten Morgen John! Es ist 6.15 Uhr (Viertel nach sechs). (…) Es ist 6.20 Uhr (zwanzig nach sechs). (…) John, steh auf! Es ist spät.

John: Wie? Wie spät ist es?

Cécile: 6.30 Uhr (halb sieben).

John: 6.30 Uhr (halb sieben)! Ich muss mich noch duschen und mir die Haare waschen.

Cécile: Beeil dich! (…)

John: Danke für den Kaffee! Jetzt bin ich fit für den Tag. Was machst du heute Abend nach deinem Kurs?

Cécile: Nichts, warum?

John: Ich möchte mit dir kochen.

Cécile: Und meine Diät?

John: Ach deine Diät!

Cécile: Du hast recht.

John: Tschüs. Bis heute Abend.

Cécile: Tschüs. Ich freue mich schon.

COMPRENDRE LE DIALOGUE
QUELQUES FORMULES ET EXPRESSIONS

→ **Träum schön.** *Fais de beaux rêves.* (littéralement « Rêve joliment »)
→ **heute Abend** *ce soir* littéralement « aujourd'hui soir »

NOTE CULTURELLE

Même si les habitudes changent sous l'influence de la mondialisation, les Allemands commencent et terminent généralement leur journée plus tôt que les Français. Dans certaines entreprises et dans certains établissements scolaires, la journée débute à 7 h 30. Le petit déjeuner, plutôt copieux, se prend donc vers 6 h 30 et le dîner, appelé **Abendbrot** littéralement « pain du soir », a souvent lieu entre 18 et 19 heures. Comme l'indique son nom, ce dernier est majoritairement composé de pain accompagné de charcuterie et/ou de fromage.

◆ GRAMMAIRE
LES VERBES PRONOMINAUX

Les verbes pronominaux se construisent avec un pronom réfléchi à l'accusatif ou au datif. Vous remarquerez que les pronoms réfléchis sont les mêmes que les pronoms personnels, sauf à la 3e personne du singulier et du pluriel, et qu'ils se placent derrière le groupe sujet/verbe conjugué.

• pronoms réfléchis à l'accusatif : on les emploie lorsque la phrase/proposition est juste constituée du pronom réfléchi. **Ich dusche mich, du duschst dich, er/sie/es duscht sich, wir duschen uns, ihr duscht euch, sie/Sie duschen sich**.

• pronoms réfléchis au datif : on les emploie lorsque la phrase/proposition comporte déjà un complément d'objet direct. **Ich wasche mir die Haare, du wäschst dir die Haare, er/sie/es wäscht sich die Haare, wir waschen uns die Haare, ihr wascht euch die Haare, sie/Sie waschen sich die Haare** *Je me lave les cheveux*, …

Notez aussi que certains verbes (dits pronominaux réciproques) sont pronominaux seulement au pluriel, comme en français : **wir treffen uns, ihr trefft euch, sie/Sie treffen sich** *nous nous rencontrons,* …

Par ailleurs, un verbe peut être pronominal en français, mais pas en allemand et inversement, comme **auf/stehen** se lever (verbe à particule séparable) : **Steh auf!** Lève-toi ! ou bien **Ich stehe auf.** Je me lève. etc.
Attention : contrairement au français où te/t' devient toi à l'impératif, les pronoms réfléchis ne changent pas en allemand : **Beeil dich !** Dépêche-toi !

DEMANDER ET DIRE L'HEURE

• Pour demander l'heure, on utilise une de ces deux formulations : **Wie spät ist es?** Quelle heure est-il ? (littéralement « Comment tard est-il ? ») ou bien **Wie viel Uhr ist es?** (littéralement « Combien heure est-il ? ») On peut aussi utiliser cette autre question : **Um wie viel Uhr … ?** À quelle heure…? (littéralement « À combien heure ? »)
• Pour répondre, on dit tout simplement : **Es ist … (Uhr)** Il est… heures. **Uhr** s'utilise seulement pour les heures entières : 7 h 00 se dit **sieben Uhr**.
• Pour dire l'heure, on utilise les chiffres/nombres de 1 à 12 pour les heures du matin et de l'après-midi en indiquant d'abord les minutes, puis l'heure.
À noter : **um 7 (sieben) Uhr** signifie à 7 heures et **gegen 7 Uhr** vers 7 heures.
• Jusqu'à vingt, on emploie **nach** après en comptant par rapport à l'heure entamée : 7 h 10 se dit **zehn nach sieben**.
• À partir de 40, on emploie **vor** avant en comptant par rapport à l'heure à venir : 7 h 40 se dit **zwanzig vor acht**.
• **Viertel nach** et **Viertel vor** signifient respectivement et quart et moins le quart. Ainsi, 7 h 15 se dit **Viertel nach sieben** et 7 h 45 se dit **Viertel vor acht**.
• **Halb** correspond à demie, mais ATTENTION, vous devez compter par rapport à l'heure à venir et non par rapport à l'heure entamée : 7 h 30 se dit **halb acht**. Notez aussi **fünf vor halb / fünf nach halb** pour vingt-cinq / moins vingt-cinq : 7 h 25 **fünf vor halb sieben** et 7 h 35 **fünf nach halb sieben**.
• **Mittag** midi et **Mitternacht** minuit ne s'emploient que pour les heures entières (à quelques exceptions près). Pour les heures entamées, vous utiliserez toujours **zwölf** douze : **fünf nach zwölf** midi ou minuit cinq.

Pour indiquer les horaires officiels (trains, vols…), la règle est la même qu'en français. On emploie les chiffres/nombres de 0 à 24, en donnant d'abord l'heure, puis les minutes : **acht Uhr fünfzehn** huit heures quinze, **zwanzig Uhr vierzig** vingt heures quarante. Notez aussi les mots suivants : **die Stunde (n)** l'heure de 60 minutes, **die halbe Stunde** la demi-heure et **die Viertel Stunde** le quart d'heure.

LES PRÉPOSITIONS DE TEMPS *VOR* ET *NACH*

Notez qu'une même préposition peut servir dans différents contextes (lieu, temps…) et comporte plusieurs traductions :
• **vor** employé comme préposition de temps signifie *avant* et nécessite le datif :
Vor meinem Vortrag (…) *Avant mon exposé (…).*
(Pour l'autre emploi de **vor**, voir Module n°14.)
• **nach** employé comme préposition de temps signifie *après* et nécessite le datif :
Nach deinem Kurs (…) *après ton cours (…).*
(Pour l'autre emploi de **nach**, voir Module n°2.)

◆ EXERCICES

1. COMPLÉTEZ PAR LE PRONOM RÉFLÉCHI ADAPTÉ.

a. Ich wasche ....

b. Duschst du .... ?

c. Ich wasche .... die Haare.

d. Die Kinder waschen .... die Haare.

e. Peter und Sabine, beeilt! .... !

2. *SICH FREUEN* « SE RÉJOUIR ». TRADUISEZ LES PHRASES SUIVANTES.

a. Je me réjouis. → ....

b. Tu te réjouis. → ....

c. Il ne se réjouit pas. → ....

d. Les enfants se réjouissent. → ....

e. Nous nous réjouissons aussi. → ....

VOCABULAIRE

brauchen *avoir besoin de*
der Ratschlag (¨e) *le conseil*
Was soll ich ... ? *Que dois-je... ?*
an/ziehen (er zieht ...an) *mettre (un vêtement)*
blau *bleu*
weiß *blanc*
das Hemd (en) *la chemise*
Um wie viel Uhr? *À quelle heure ?*
der Vortrag (¨e) *l'exposé*
um (zehn...) Uhr *à (10...) heures*
vor *avant*
(sich) treffen (er trifft) *(se) rencontrer*
Viertel vor acht *huit heures moins le quart*
nervös *nerveux*
schlafen gehen *aller dormir*
Ich gehe schlafen. *Je vais dormir.*
Gute Nacht! *Bonne nuit !*
träumen *rêver*
Träum schön! *Fais de beaux rêves !*
Viertel/zwanzig nach sechs *six heures et quart/vingt*
auf/stehen (er steht ...auf) *se lever*
spät *tard*
   Es ist spät. *Il est tard.*
   Wie spät ist es? *Quelle heure est-il ?*
halb sieben *six heures et demie*
ich muss *je dois*
sich duschen *se doucher*
sich (die Haare) waschen (er wäscht ...sich) *se laver (les cheveux)*
sich beeilen *se dépêcher*
der Kaffee *le café*
fit *en forme*
heute Abend *ce soir*
die Diät (en) *le régime*
Ach ! *Ah !* (exclamation)
recht haben *avoir raison*
Tschüs! *Salut !*
bis heute Abend *à ce soir*
sich freuen *se réjouir*

POUR ALLER PLUS LOIN
schlafen (er schläft) *dormir*
ins Bett gehen *aller au lit*
Es ist früh. *Il est tôt.*
sich baden *se baigner*
sich die Zähne putzen *se brosser les dents*
die Kleidung *les vêtements*
die Bluse (n) *le chemisier*
die Hose (n) *le pantalon*
der Rock (¨e) *la jupe*
das Kleid (er) *la robe*
der Pulli (s) *le pull*
die Jacke (n) *la veste*
der Schuh (e) *la chaussure*
der Strumpf (¨e) *la chaussette*
der Hut (¨e) *le chapeau*
der Schal (s) *l'écharpe*
der Handschuh (e) *le gant*
die Mütze (n) *le bonnet*

3. TRADUISEZ PAR ÉCRIT CES HORAIRES.

a. Il est deux heures. →..

b. Il est cinq heures vingt. → ....

c. Il est deux heures et demie. →..

d. Il est neuf heures moins dix. →...

e. Il est une heure et quart. →..

4. ÉCOUTEZ, NOTEZ ET LISEZ À HAUTE VOIX LES HEURES. PUIS RÉÉCOUTEZ L'ENREGISTREMENT APRÈS CHAQUE HEURE.

a. Es ist ....

b. Es ist ....

c. Es ist ....

d. Es ist ....

e. Es ist ....

13. LES TÂCHES MÉNAGÈRES

DER HAUSHALT

OBJECTIFS	NOTIONS
• PARLER DES TÂCHES MÉNAGÈRES • NOMMER LA VAISSELLE ET LES APPAREILS ÉLECTROMÉNAGERS	• LES 6 VERBES DE MODALITÉ AU PRÉSENT DE L'INDICATIF • SYNTAXE DE LA PROPOSITION INDÉPENDANTE

VAISSELLE BRISÉE APPORTE FÉLICITÉ !

Cécile : Qu'est-ce que tu as de prévu aujourd'hui ?

John : Je dois d'abord ranger ici. Mon appartement est un chaos.

Cécile : Là, tu as raison. Je t'aide. Qu'est-ce que je peux faire ?

John : Rien ! Tu dois réviser pour ton examen.

Cécile : Pas maintenant, et je veux t'aider. À deux, ça va plus vite.

John : OK ! Veux-tu nettoyer la salle de bains et je range le salon ? Les produits d'entretien sont ici.

Cécile : D'accord ! (…)

Cécile : Voilà, la salle de bains est très propre. Qu'est-ce que je dois faire avec le sac d'ordures ?

John : Laisse-le là !

Cécile : Mince ! Nous devons encore faire la vaisselle.

John : C'est vrai ! J'ai absolument besoin d'un petit lave-vaisselle.

Cécile : D'ailleurs, le technicien pour la machine à laver a téléphoné. Il vient demain vers 11 heures.

John : Heureusement ! J'ai une montagne de linge sale. (…) Merci Cécile. Ça suffit pour aujourd'hui. Puis-je t'inviter au cinéma ? Il y a ce nouveau film…

Cécile : Oh non ! Désolée ! J'ai cassé un verre et une assiette.

John : Ça n'est pas grave. Et « vaisselle brisée apporte félicité » !

SCHERBEN BRINGEN GLÜCK!

Cécile: Was hast du heute vor?

John: Ich muss erstmal hier aufräumen. Meine Wohnung ist ein Chaos.

Cécile: Da hast du recht. Ich helfe dir. Was kann ich machen?

John: Nichts! Du sollst für deine Prüfung lernen.

Cécile: Nicht jetzt, und ich will dir helfen. Zu zweit geht es schneller.

John: Ok! Willst du das Bad putzen und ich räume das Wohnzimmer auf? Die Putzmittel sind hier.

Cécile: In Ordnung! (…)

Cécile: So, das Bad ist sehr sauber. Was soll ich mit der Mülltüte machen?

John: Lass sie da!

Cécile: Mensch! Wir müssen noch das Geschirr abspülen.

John: Stimmt! Ich brauche unbedingt eine kleine Spülmaschine.

Cécile: Übrigens, der Techniker für die Waschmaschine hat angerufen. Er kommt morgen gegen 11 (elf) Uhr.

John: Zum Glück! Ich habe einen Berg von schmutziger Wäsche. (…) Danke Cécile. Es reicht für heute. Darf ich dich ins Kino einladen? Es gibt diesen neuen Film …

Cécile: Oh nein! Tut mir leid! Ich habe ein Glas und einen Teller kaputtgemacht.

John: Das ist nicht schlimm. Und „Scherben bringen Glück« !

■ COMPRENDRE LE DIALOGUE
QUELQUES FORMULES ET EXPRESSIONS

→ **Stimmt!** (langage parlé) *C'est vrai ! / C'est juste !* Il s'agit de la forme elliptique de **Es stimmt!**

→ **Du sollst für deine Prüfung lernen.** *Tu dois réviser pour ton examen.* (littéralement « Tu dois pour ton examen apprendre »)

→ **(…) das Geschirr abspülen** *(…) faire la vaisselle* littéralement « (…) rincer la vaisselle »

→ **(…) von schmutziger Wäsche** *(…) de linge sale.* Exemple de déclinaison d'un groupe nominal sans article (voir Module n°25).

→ **Tut mir leid!** (langage parlé) *Désolé !* est une forme elliptique de **Es tut mir leid.** *Je suis désolé.* (littéralement « Ça fait à moi peine ») Cette tournure idiomatique est à mémoriser.

→ **„Scherben bringen Glück".** *« Vaisselle brisée apporte félicité ».* (littéralement « Débris apportent bonheur »)

NOTE CULTURELLE

L'Allemagne, un pays écolo ? Sans aucun doute ! Vous le remarquerez surtout par le tri des déchets, obligatoire aussi bien dans les foyers que dans les lieux publics. Partout, vous trouverez des poubelles de tri à 3 compartiments. Par ailleurs, les bouteilles sont toujours consignées à 25 centimes, qu'elles soient en plastique ou en verre. Certains trouvent cette loi un peu fastidieuse mais reconnaissent que c'est une question d'habitude. Les chiffres sont encourageants : selon plusieurs sondages, le taux de déchets recyclés atteint 60 % en Allemagne, contre 37 % en France.

◆ GRAMMAIRE
LES 6 VERBES DE MODALITÉ AU PRÉSENT DE L'INDICATIF

Ces verbes ont une conjugaison particulière et se construisent avec un verbe à l'infinitif rejeté en fin de phrase/proposition.
Comme nous le verrons dans certains exemples, l'infinitif peut être sous-entendu. Notez bien les différentes nuances et les conjugaisons au présent.

müssen *devoir* Sens d'un ordre, d'une obligation, « il faut »	sollen *devoir* Sens d'un ordre atténué/conseil, d'une obligation morale au sens large du terme
ich muss, du musst, er/sie/es muss, wir müssen, ihr müsst, sie/Sie müssen	ich soll, du sollst, er/sie/es soll, wir sollen, ihr sollt, sie/Sie sollen
Exemple : **Ich muss erstmal hier aufräumen.** *Je dois d'abord ranger ici./ Il faut que je range ici.* (Tâche que l'interlocuteur s'impose.)	Exemple : **Du sollst für deine Prüfung lernen.** *Tu dois réviser pour ton examen.* (Ordre atténué/appel à une obligation morale.)

wollen *vouloir*	mögen* *souhaiter* Conjugué comme ci-dessous (subjonctif II hypothétique) exprime un souhait et se traduit par *je voudrais / j'aimerais…*
ich will, du willst, er/sie/es will, wir wollen, ihr wollt, sie/Sie wollen	ich möchte, du möchtest, er/sie/es möchte, wir möchten, ihr möchtet, sie/Sie möchten
Exemple : (…) **ich will dir helfen.** *(…) je veux t'aider.*	Exemple : **Ich möchte mit dir kochen.** *J'aimerais cuisiner avec toi.*

*Il s'agit d'un verbe particulier.

dürfen *pouvoir* Sens de « avoir le droit » ou « Puis-je » dans une question	können *pouvoir/savoir*
ich darf, du darfst, er/sie/es darf, wir dürfen, ihr dürft, sie /Sie dürfen	ich kann, du kannst, er/sie/es kann, wir können, ihr könnt, sie/Sie können
Exemples : **Darf ich dich ins Kino einladen?** *Puis-je t'inviter au cinéma ?* **Mit 15 Jahren darfst du keinen Alkohol trinken.** *À 15 ans, tu n'as pas le droit de boire d'alcool.*	Exemple : **Sie können sie auf ihrem Handy anrufen.** *Vous pouvez l'appeler sur son portable.* / **Können Sie Deutsch?** (sous-entendu : **sprechen**) *Parlez-vous allemand ?/ Savez-vous parler l'allemand ?*

SYNTAXE DE LA PROPOSITION INDÉPENDANTE

Dans une proposition indépendante, le verbe conjugué occupe la deuxième place. Si la proposition indépendante commence par un complément adverbial, circonstanciel, etc., le sujet passe derrière le verbe conjugué. Notez bien cette différence qui pose souvent problème aux francophones.

- sujet en tête de proposition : **Ich muss erstmal hier aufräumen.** *Il faut que je range ici.* ; **Ich habe ein Glas und einen Teller kaputtgemacht**. *J'ai cassé un verre et une assiette.*
- complément en tête de proposition : **Da hast du recht.** *Là, tu as raison.* ; **Zu zweit geht es schneller.** *À deux, ça va plus vite.*

⬢ EXERCICES

1. COMPLÉTEZ LES PHRASES AVEC LES VERBES DE MODALITÉ CONJUGUÉS AU PRÉSENT DE L'INDICATIF.

a. Er .... heute arbeiten. (müssen)

b. Peter und Anna .... nicht kommen. (können)

c. Du .... für die Prüfung lernen. (sollen)

d. Die Kinder .... nicht ins Kino gehen. (dürfen)

e. Nein, ich .... nicht. (wollen)

2. TRADUISEZ LES PHRASES SUIVANTES.

a. Il n'a pas le droit. → ....

b. Tu dois travailler. (c'est un ordre) → ....

c. Il doit dormir. (c'est un conseil/ordre atténué) → ....

d. Puis-je vous inviter ? (vouvoiement) → ....

e. Je peux t'aider ? → ....

f. Il voudrait dormir. → ....

3. RELIEZ LE DÉBUT ET LA FIN DE CHAQUE PHRASE.

a. Tut mir • • 1. Ordnung.

b. In • • 2. zweit.

c. Nicht • • 3. Glück.

d. Zum • • 4. leid.

e. Zu • • 5. jetzt.

VOCABULAIRE

Was hast du (heute...) vor? *Qu'as-tu de prévu (aujourd'hui...) ?*
müssen *devoir/falloir*
erstmal *d'abord*
auf/räumen (er räumt ... auf) *ranger*
das Chaos *le chaos*
sollen *devoir (obligation atténuée)*
wollen *vouloir*
nicht jetzt *pas maintenant*
zu zweit *à deux*
schnell, schneller *vite, plus vite*
  Es geht schneller. *Ça va plus vite.*
putzen *nettoyer*
die Putzmittel *les produits d'entretien*
In Ordnung! *D'accord !*
sauber *propre*
die Mülltüte (n) *le sac-poubelle*
lassen (er lässt) *laisser*
Mensch! *Mince !* (exclamation)
das Geschirr *la vaisselle*
das Geschirr ab / spülen (er spült ... ab) *laver la vaisselle*
unbedingt *absolument*
die Spülmaschine (n) *le lave-vaisselle*
der Techniker (-) / die Technikerin (nen) *le technicien*
die Waschmaschine (n) *le lave-linge*
Zum Glück! *Heureusement !*
schmutzig *sale*
die Wäsche *le linge*
der Berg von schmutziger Wäsche *la montagne de linge sale*
Es reicht. *Ça suffit.*
dürfen *pouvoir / avoir le droit*
Darf ich dich (ins Kino...) einladen? *Puis-je t'inviter (au cinéma...) ?*
der Film (e) *le film*
Es tut mir leid. *Je suis désolé.*
das Glas ("er) *le verre*
der Teller (-) *l'assiette*
kaputt *cassé*
kaputt/machen (er macht... kaputt) *casser*
schlimm *grave*
die Scherben (pl.) *les débris/éclats*
Scherben bringen Glück. (exp.) *Vaisselle brisée apporte félicité.*

POUR ALLER PLUS LOIN
der Schwamm ("e) *l'éponge*
der Besen (-) *le balai*
der Staubsauger (-) *l'aspirateur*
der Müll *les déchets*
die Gabel (n) *la fourchette*
das Messer (-) *le couteau*
der Löffel (-) *la cuillère*
das Besteck *les couverts*
die Tasse (n) *la tasse*
der Herd (e) *la cuisinière*
der Backofen (") *le four*
der Kühlschrank ("e) *le réfrigérateur*
die Wäsche waschen *laver le linge*
das Waschpulver *la lessive*

**4. ÉCOUTEZ LES PHRASES UNE PAR UNE ET COMPLÉTEZ-LES PAR LES MOTS SUIVANTS :
Chaos/sauber/putzen/Spülmaschine/ abspülen/ Putzmittel/aufräumen. (ATTENTION AUX INTRUS !)**

15

a. Ich muss hier ....

b. Meine Wohnung ist ein ....

c. Willst du das Bad ....?

d. Die .... sind hier.

e. Ich brauche eine ....

f. Das Bad ist sehr ....

14. L'AMÉNAGEMENT D'UN LOGEMENT

DIE WOHNUNGSEINRICHTUNG

OBJECTIFS

- NOMMER LES MEUBLES
- NOMMER CERTAINS INSTRUMENTS DE MUSIQUE
- DÉSIGNER L'EMPLACEMENT DES OBJETS / D'UNE PERSONNE DANS L'ESPACE

NOTIONS

- ACCUSATIF OU DATIF : LES PRÉPOSITIONS MIXTES
- LES VERBES DE POSITION
- SYNTAXE : ORDRE DES COMPLÉMENTS ACCUSATIF ET DATIF
- LE FUTUR I

LE PIANO

Cécile : Salut John ! Comment était ta leçon de piano ?

John : Génial ! Ça me plaît beaucoup, et je vais acheter un piano.

Cécile : Vraiment ?

John : Oui. Mon professeur m'a conseillé un magasin de musique et j'y vais demain avec Anna. Elle s'y connaît (bien là).

Cécile : C'est une bonne idée. Mais as-tu suffisamment de place pour un piano ? Tu as déjà beaucoup de meubles !

John : Je pourrais le mettre à côté de l'étagère.

Cécile : Oui, mais à côté de l'étagère il y a déjà l'armoire.

John : Je pourrais mettre l'armoire dans l'entrée.

Cécile : Quand même ! Ça ne va pas être un peu étroit dans le séjour ? Surtout quand plusieurs personnes seront assises à table.

John : Mmh…

Cécile : J'ai une idée. Pourquoi ne mets-tu pas la table au milieu, entre le canapé et l'étagère ?

John : Et ?

Cécile : Et le piano vient près du mur.

John : Ça, c'est une solution.

Cécile : Viens ! On le fait maintenant. (…) Voilà.

John : Non, nous devons pousser le fauteuil plus près de la fenêtre et accrocher le tableau au-dessus du canapé. (…) Comme ça, c'est bien.

Cécile : Oui, très bien. Maintenant tu as de la place ! Tu pourrais presque acheter un petit piano à queue.

John : Mon rêve ! Mais pour ça, il faudrait que je gagne au loto.

DAS KLAVIER

Cécile: Hi John! Wie war deine Klavierstunde?

John: Toll! Es macht mir viel Spaß, und ich werde ein Klavier kaufen.

Cécile: Wirklich?

John: Ja. Mein Lehrer hat mir ein Musikgeschäft empfohlen, und ich gehe morgen mit Anna dahin. Sie kennt sich da gut aus.

Cécile: Es ist eine gute Idee. Aber hast du genügend Platz für ein Klavier? Du hast schon viele Möbel!

John: Ich könnte es neben das Regal stellen.

Cécile: Ja, aber neben dem Regal steht schon der Schrank.

John: Ich könnte den Schrank in den Eingang stellen.

Cécile: Trotzdem. Wird es im Wohnzimmer nicht ein bisschen eng? Vor allem, wenn mehrere Personen am Tisch sitzen.

John: Hmm …

Cécile: Ich habe eine Idee. Warum stellst du nicht den Tisch in die Mitte, zwischen das Sofa und das Regal?

John: Und?

Cécile: Und das Klavier kommt an die Wand.

John: Das ist eine Lösung.

Cécile: Komm! Wir machen es jetzt. (…) So.

John: Nein, wir müssen den Sessel mehr ans Fenster schieben und das Bild über das Sofa hängen. (…) So ist gut.

Cécile: Ja, sehr gut. Jetzt hast du Platz! Du könntest fast einen kleinen Flügel kaufen.

John: Mein Traum! Dafür müsste ich aber beim Lotto gewinnen.

■ COMPRENDRE LE DIALOGUE
QUELQUES FORMULES ET EXPRESSIONS

→ **(...) ich gehe morgen mit Anna dahin** *(...) j'y vais demain avec Anna* littéralement « (...) je vais demain avec Anna là-bas »

→ **Sie kennt sich da gut aus.** *Elle s'y connaît bien.* Cette tournure est à mémoriser.

→ **(...) in die Mitte stellen** *(...) mettre au milieu* littéralement « (...) mettre dans le milieu »

→ **Wir machen es jetzt.** *On le fait maintenant.* En allemand, on préfère l'emploi de **wir** *nous*. Le pronom **man** *on* s'emploie pour se référer à un contexte impersonnel ou général.

→ **Vor allem, wenn mehrere Personen am Tisch sitzen.** *Surtout quand plusieurs personnes seront assises à table.* La construction avec **wenn** régit un présent de l'indicatif et non un futur comme en français.

NOTE CULTURELLE

La réputation de l'Allemagne comme nation musicienne se fonde avant tout sur les noms des grands classiques : Bach, Beethoven, Wagner... Mais le pays est aussi un grand promoteur de la musique contemporaine. À Francfort, l'orchestre « Ensemble Modern » présente chaque année quelque 70 nouvelles œuvres. Et au niveau de la pop, le chanteur Herbert Grönemeyer, les groupes Die Toten Hosen, Rammstein ou encore Tokio Hotel, pour ne citer qu'eux, comptent aussi parmi les superstars internationales.

◆ GRAMMAIRE
ACCUSATIF OU DATIF : LES PRÉPOSITIONS MIXTES

an *à/près de*, **auf** *sur*, **hinter** *derrière*, **in** *dans/en*, **neben** *à côté de*, **über** *au-dessus de*, **unter** *sous*, **vor** *devant*, **zwischen** *entre* sont des prépositions spatiales.
Elles sont dites mixtes, car, selon leur contexte, elles régissent l'accusatif ou le datif.

	Accusatif : pour un changement de lieu, un déplacement	Datif : pour le lieu où l'on est, le locatif
Question	Wohin? On s'interroge sur le lieu où l'on va/où l'on met quelque chose. **Wohin könntest du das Klavier stellen?** *Où pourrais-tu mettre le piano ?*	Wo? On s'interroge sur le lieu où l'on est/où se trouve quelque chose. **Wo steht der Schrank?** *Où est l'armoire ?*
Exemples d'utilisation des prépositions	**Ich könnte es neben das Regal stellen.** *Je pourrais le mettre à côté de l'étagère.*	**(...) neben dem Regal steht schon der Schrank.** *(...) à côté de l'étagère se trouve déjà l'armoire.*

LES VERBES DE POSITION

Pour chacune des 4 positions (debout, couché, assis et suspendu), deux verbes sont utilisés : le premier indique la position dans laquelle on se met/met quelque chose et régit l'accusatif, l'autre la position dans laquelle on est/est quelque chose et régit le datif.

	Accusatif : position dans laquelle on se met/ on met quelque chose	Datif : position dans laquelle on est/est quelque chose
Position debout	**stellen** *poser/(se) mettre debout* **Ich könnte es neben das Regal stellen.** *Je pourrais le mettre à côté de l'étagère.*	**stehen** *être posé/mis debout* **Ja, aber neben dem Regal steht schon der Schrank.** *Oui, mais à côté de l'étagère il y a déjà l'armoire.*
Position couchée	**legen** *poser (à plat)/(se) coucher* **Er legt sich aufs Sofa.** *Il se couche sur le canapé.*	**liegen** *être posé (à plat)/couché* **Er liegt auf dem Sofa.** *Il est couché sur le canapé.*
Position assise	**(sich) setzen** *(s')asseoir* **Mehrere Personen setzen sich an den Tisch.** *Plusieurs personnes s'assoient à la table.*	**sitzen** *être assis* **Mehrere Personen sitzen am Tisch.** *Plusieurs personnes sont assises à la table.*
Position suspendue	**hängen** *accrocher/suspendre* **Er hängt das Bild an die Wand.** *Il accroche le tableau au mur.*	**hängen** *être accroché/suspendu* **Das Bild hängt an der Wand.** *Le tableau est accroché au mur.*

SYNTAXE : ORDRE DES COMPLÉMENTS ACCUSATIF ET DATIF

L'ordre des compléments varie selon qu'il s'agit de pronoms personnels ou de groupes nominaux.
• Un pronom personnel précède un groupe nominal quel que soit le cas :
Mein Lehrer hat mir ein Musikgeschäft empfohlen. *Mon professeur m'a conseillé un magasin de musique.*
Mein Lehrer hat es einem Freund empfohlen. *Mon professeur l'a conseillé à un ami.*
• Un groupe nominal datif précède un groupe nominal accusatif :
Ich möchte unseren französischen Kunden diese Mail schicken. *J'aimerais envoyer cet e-mail à nos clients français.*
• Un pronom personnel accusatif précède un pronom personnel datif :
Ich möchte es ihnen schicken. *J'aimerais le leur envoyer.*

▲ CONJUGAISON
LE FUTUR I

Le futur I se traduit en français par le futur simple ou par le futur proche selon le cas. En allemand, c'est un temps composé avec l'auxiliaire **werden** (3ᵉ auxiliaire de la conjugaison allemande). Il se forme ainsi : **werden** au présent de l'indicatif + infinitif du verbe en fin de phrase/proposition.
Présent de l'indicatif de **werden** : **ich werde, du wirst, er/sie/es wird, wir werden, ihr werdet, sie/Sie werden (kaufen)** → exemple : **(…) ich werde ein Klavier kaufen.** *(…) je vais acheter un piano.*
Il sert à exprimer un événement futur. Toutefois, si un complément de la phrase ou le contexte indique qu'il s'agit d'un futur, l'allemand utilisera plutôt le présent de l'indicatif : **Frau Benz kommt etwas später.** *Madame Benz viendra un peu plus tard.*

● EXERCICES

1. ENTOUREZ LA BONNE RÉPONSE.

a. Ich stelle/lege den Schrank in den Eingang.

b. Ich lege/hänge den Mantel in den Schrank.

c. Ich liege/sitze auf dem Stuhl.

d. Ich setze mich/sitze auf den Stuhl.

e. Der Tisch liegt/steht neben dem Schrank.

VOCABULAIRE

das Klavier (e) *le piano*
die Klavierstunde (n) *le cours de piano*
kaufen *acheter*
das Geschäft (e) *le magasin*
  das Musikgeschäft (e) *le magasin de musique*
empfehlen (er empfiehlt) *conseiller*
dahin *là / là-bas / y*
Sie kennt sich da gut aus. *Elle s'y connaît bien.*
genügend *suffisamment*
  (genügend) Platz haben *avoir (suffisamment) de la place*
die Möbel *les meubles*
neben *à côté de*
das Regal *les étagères*
stellen *poser*
stehen *être / se trouver / il y a*
der Schrank (¨e) *l'armoire*
der Eingang (¨e) *l'entrée*
trotzdem *quand même*
ein bisschen *un petit peu*
eng *étroit*
vor allem *avant tout*
wenn *quand*
mehrere Personen *plusieurs personnes*
an *à / près de*
der Tisch (e) *la table*
sitzen *être assis*
  am Tisch sitzen *être assis à table*
die Mitte *le milieu*
  in die Mitte stellen *mettre au milieu*
zwischen *entre*
das Sofa (s) *le canapé*
die Wand (¨e) *le mur* (intérieur)
die Lösung (en) *la solution*
der Sessel (-) *le fauteuil*
das Fenster (-) *la fenêtre*
schieben *pousser*
das Bild (er) *le tableau*
über *au-dessus de*
hängen *accrocher / être accroché*
fast *presque*
der Flügel (-) *le piano à queue*
dafür *pour ça*
gewinnen *gagner*
beim/im Lotto gewinnen *gagner au loto*

POUR ALLER PLUS LOIN

der Stuhl (¨e) *la chaise*
die Lampe (n) *la lampe*
das Bett (en) *le lit*
der Nachttisch (e) *la table de nuit*
der Schreibtisch (e) *le bureau*
die Geige (n) *le violon*
die Gitarre (n) *la guitare*
die Trompete (n) *la trompette*
die Flöte (n) *la flûte*

2. COMPLÉTEZ LES PHRASES PAR LES COMPLÉMENTS D'OBJET ENTRE PARENTHÈSES.

a. Ich schicke .... (einen Brief/meinem Freund)

b. Ich schicke .... (einen Brief/ihm)

c. Ich schicke .... (ihn/meinem Freund)

d. Ich schicke .... (ihn/ihm)

3. COMPLÉTEZ LES PHRASES EN ALLEMAND AVEC LES ARTICLES ET LES VERBES DE POSITION MANQUANTS.

a. Il accroche le tableau au mur.
   → Er .... das Bild an .... Wand.

b. Il met le piano dans le salon.
   → Er .... das Klavier in .... Wohnzimmer.

c. Il est assis sur le canapé.
   → Er .... auf .... Sofa.

d. Les papiers sont posés sur la table.
   → Die Papiere .... auf .... Tisch.

e. La lampe est suspendue au-dessus de la table.
   → Die Lampe .... über .... Tisch.

4. TRADUISEZ PAR ÉCRIT ET LISEZ À HAUTE VOIX. PUIS ÉCOUTEZ L'ENREGISTREMENT APRÈS CHAQUE TRADUCTION.

a. devant la table → ....

b. derrière la table → ....

c. sous la table → ....

d. sur la table → ....

e. à côté de la table → ....

f. entre la table et le piano → ....

15.
UNE INVITATION
EINE EINLADUNG

OBJECTIFS

- **PARLER DES PRÉPARATIFS POUR UNE INVITATION**
- **NOMMER PLUSIEURS ALIMENTS ET BOISSONS**

NOTIONS

- **LA SYNTAXE DE LA PROPOSITION SUBORDONNÉE**
- **LES CONJONCTIONS DE SUBORDINATION *OB* ET *WENN***
- **LA TOURNURE *ICH WÜRDE GERN* « J'AIMERAIS (BIEN) »**

À L'EXAMEN DE CÉCILE !

John : Toutes mes félicitations pour ton examen !
Il faut fêter ça.

Cécile : Absolument ! J'aimerais bien inviter quelques amis demain soir. Ce serait possible ?

John : Oui bien sûr ! Qu'est-ce que tu voudrais faire ?
Un repas, un buffet ?

Cécile : J'aimerais bien faire une fondue bourguignonne.

John : Bonne idée, mais combien d'amis inviterais-tu ?

Cécile : Environ dix.

John : Mais je n'ai qu'un appareil à fondue pour huit personnes.

Cécile : Anna en a un aussi. Je peux lui dire qu'elle l'apporte.

John : Dans ce cas, ce n'est pas un problème.

Cécile : Il faut d'abord que je demande s'ils peuvent venir. (…)
Ils viennent tous et Peter achète des boissons.

John : Super ! Je pourrais faire les sauces, si tu veux.
J'ai quelques bonnes recettes !

Cécile : Très volontiers. Et moi je vais préparer des salades et un dessert. Tu sais quoi ? Je vais faire les courses maintenant. Comme ça demain je pourrai faire la grasse matinée et prendre tranquillement mon petit-déjeuner.

John : Veux-tu que je te conduise au supermarché en voiture ?

Cécile : Ce serait cool !

(Le jour suivant)

John : À l'examen de Cécile !

17 AUF DIE PRÜFUNG VON CÉCILE!

John: Herzlichen Glückwunsch zur bestandenen Prüfung! Das müssen wir feiern.

Cécile: Unbedingt! Ich würde gern morgen Abend ein paar Freunde einladen. Wäre das möglich?

John: Ja klar! Was möchtest du machen? Ein Essen, ein Büffet?

Cécile: Ich würde gern ein Fleischfondue machen.

John: Gute Idee, aber wie viele Freunde würdest du einladen?

Cécile: Ungefähr 10 (zehn).

John: Ich habe aber nur ein Fonduegerät für 8 (acht) Personen.

Cécile: Anna hat auch eins. Ich kann ihr sagen, dass sie es mitbringt.

John: Dann ist es kein Problem.

Cécile: Ich muss erstmal fragen, ob sie kommen können. (…) Sie kommen alle und Peter besorgt die Getränke.

John: Super! Ich könnte die Soßen machen, wenn du möchtest. Ich habe ein paar gute Rezepte!

Cécile: Sehr gern. Und ich werde Salate und einen Nachtisch vorbereiten. Weißt du was? Ich gehe jetzt einkaufen. So kann ich morgen ausschlafen und in Ruhe frühstücken.

John: Willst du, dass ich dich mit dem Auto zum Supermarkt fahre?

Cécile: Das wäre cool!

(Am nächsten Tag)

John: Auf die Prüfung von Cécile!

■ COMPRENDRE LE DIALOGUE
QUELQUES FORMULES ET EXPRESSIONS

→ **Herzlichen Glückwunsch zur bestandenen Prüfung.** *Toutes mes félicitations pour ton examen.* (littéralement « Toutes mes félicitations à le réussi examen »)

→ **Ich gehe jetzt einkaufen.** *Je vais faire les courses maintenant.* L'infinitif **ein/ kaufen** se traduit en français par *faire des courses* et se met en fin de phrase.

→ **Auf die Prüfung von Cécile!** *À l'examen de Cécile !* (littéralement « Sur l'examen de Cécile ! »)

NOTE CULTURELLE

L'Allemagne est le pays avec le plus de variétés de pains et petits pains au monde. Vous en trouverez environ 300 sortes différentes, allant du pain blanc au pain noir. Consommé au petit-déjeuner, le pain constitue surtout la base du repas du soir, l'**Abendbrot**. Autre spécialité allemande : les gâteaux. Il en existe une grande variété et, contrairement à la France, on ne les mange pas en dessert, mais quelques heures après le déjeuner, accompagnés d'un café ou d'un thé. Il s'agit du fameux **Kaffee und Kuchen**, littéralement « café et gâteau ».

◆ GRAMMAIRE
LA SYNTAXE DE LA PROPOSITION SUBORDONNÉE

La proposition subordonnée est introduite par une conjonction de subordination comme **dass** *que*, **wenn** *si/quand*, **ob** *si* (question indirecte), etc. Le verbe conjugué est rejeté en fin de phrase/proposition. Observez bien les exemples qui suivent, où des propositions indépendantes sont transformées en propositions subordonnées. Notez aussi la virgule impérative entre la proposition principale et la subordonnée.

Proposition indépendante	Proposition subordonnée
Ich fahre dich mit dem Auto zum Supermarkt.	**Möchtest du, dass ich dich mit dem Auto zum Supermarkt fahre?** *Veux-tu que je te conduise au supermarché en voiture ?*
Sie können kommen.	**Ich muss erstmal fragen, ob sie kommen können.** *Je dois d'abord demander s'ils peuvent venir.*
Er hat gut gelernt.	**Er sagt, dass er gut gelernt hat.** *Il dit qu'il a bien étudié.*
Sie bringt es mit.	**Ich kann ihr sagen, dass sie es mitbringt*.** *Je peux lui dire qu'elle l'apporte.*

* Dans le cas d'un verbe à particule séparable, comme **mitbringen**, le verbe vient se raccrocher à sa particule.

N.B. Pour la syntaxe de la proposition principale, voir Module n°16.

LES CONJONCTIONS DE SUBORDINATION *OB* ET *WENN*

Elles se traduisent toutes les deux par *si*, mais :
• **ob** exprime une interrogation indirecte qui sous-entend « *ou pas* » et se construit souvent avec les verbes exprimant le doute, l'interrogation comme **fragen, ob** *demander si*, **nicht wissen, ob** *ne pas savoir si,* etc. Exemple : **Ich muss erstmal fragen, ob sie kommen können.** *Il faut d'abord que je demande s'ils peuvent venir.*
• **wenn** exprime une condition : **Ich könnte die Soßen machen, wenn du möchtest.** *Je pourrais faire les sauces si tu veux.*
Par ailleurs, selon le contexte, **wenn** peut aussi signifier *quand*. Exemple : **(…) wenn mehrere Personen am Tisch sitzen.** *(…) quand plusieurs personnes seront assises à table.*

LA TOURNURE *ICH WÜRDE GERN* « J'AIMERAIS (BIEN) »

Cette tournure se construit avec le verbe **werden** au subjonctif II hypothétique (conditionnel présent en français) + **gern** + infinitif rejeté en fin de phrase/proposition et se traduit par *j'aimerais (bien).* Comparé à **ich möchte, ich würde gern** est plus poli, mais l'un s'emploie souvent pour l'autre.
Il se conjugue ainsi : **ich würde, du würdest, er/sie/es würde, wir würden, ihr würdet, sie/Sie würden** + **gern**
Exemple : **Ich würde gern ein Fleischfondue machen.** *J'aimerais bien faire une fondue bourguignonne.*
Et dans une proposition subordonnée, **würde** se place derrière l'infinitif :
Exemple : **Er sagt, dass du gern ein Fleischfondue machen würdest.** *Il dit que tu aimerais bien faire une fondue bourguignonne.*

● EXERCICES

1. COMPLÉTEZ LES TRADUCTIONS SUIVANTES.

a. Il demande si elle vient. → Er fragt, ob ....

b. Il demande si elle vient demain. → Er fragt, ob ....

c. Il demande si elle peut* venir. → Er fragt, ob ....

d. Il demande si elle peut* venir demain. → Er fragt, ob ....

* Employer können.

2. TRANSFORMEZ LES PHRASES SUIVANTES EN PROPOSITIONS SUBORDONNÉES.

Exemple : Er hat morgen Zeit. → Er sagt, dass er morgen Zeit hat.

a. Er arbeitet morgen nicht. → Er sagt, dass ....

b. Cécile macht ein Fondueessen. → Er sagt, dass ....

c. Anna hat einen Termin mit Klaus Braun. → Er sagt, dass ....

d. Cécile ruft ihre Freunde an. → Er sagt, dass ....

e. Cécile möchte ihre Freunde einladen. → Er sagt, dass ....

3. COMPLÉTEZ LES PHRASES PAR LES VERBES SUIVANTS : feiern/kaufen/sagen/ vorbereiten/machen/einladen/fahren/lernen. (ATTENTION AUX INTRUS !)

a. Ich würde gern ein paar Freunde ....

b. Er würde gern ein Fleischfondue ....

c. Ihr würdet gern einen Nachtisch ....

d. Wir würden gern ein Klavier ....

e. Sie würden gern Deutsch ....

f. Du würdest gern nach Berlin ....

VOCABULAIRE

Herzlichen Glückwunsch (zu) ...
  Toutes mes félicitations (pour) ...
bestanden *réussi (un examen)*
feiern *fêter/célébrer*
unbedingt *absolument*
ich würde gern *j'aimerais bien*
morgen Abend *demain soir*
ein/laden (er lädt ... ein) *inviter*
Wäre das ...?/Das wäre ...
  Ce serait...? / Ce serait...
möglich *possible*
Ja, klar! *Oui, bien sûr!*
das Essen *le repas / la nourriture*
essen (er isst) *manger*
das Büffet (s) *le buffet*
das Fleischfondue *la fondue bourguignonne*
ungefähr *environ*
der Fonduegerät (e) *l'appareil à fondue*
eins (en) ... *un*
mit/bringen (er bringt ... mit) *apporter*
kein Problem *pas de problème*
ob *si*
besorgen *procurer*
das Getränk (e) *la boisson*
die Soße (n) *la sauce*
das Rezept (e) *la recette*
der Salat (e) *la salade*
der Nachtisch (e) *le dessert*
vor/bereiten (er bereitet ... vor) *préparer*
ein/kaufen gehen *aller faire des courses*
aus/schlafen (er schläft ... aus) *faire la grasse matinée*
in Ruhe *tranquillement*
frühstücken *petit déjeuner*
der Supermarkt *le supermarché*
das Auto (s) *la voiture*
cool *cool*

POUR ALLER PLUS LOIN

die Einladung (en) *l'invitation*
die Party (s)/die Feier (n) *la fête*
trinken *boire*
das Fleisch *la viande*
der Fisch *le poisson*
das Gemüse *les légumes*
das Obst / die Früchte *les fruits*
das Ei (er) *l'œuf*
der Käse *le fromage*
der Reis *le riz*
die Nudeln *les pâtes*
der Kuchen (-) *le gâteau*
das Brot *le pain*
die Butter *le beurre*
die Marmelade *la confiture*
der Honig *le miel*
der Wein *le vin*
das Bier *la bière*
das Wasser *l'eau*
der Saft (¨e) *le jus*
die Milch *le lait*

4. ÉCOUTEZ, NOTEZ ET LISEZ À HAUTE VOIX UNE PAR UNE LES PHRASES ENREGISTRÉES. PUIS RÉÉCOUTEZ L'ENREGISTREMENT APRÈS CHAQUE PHRASE.

a. ....

b. ....

c. ....

d. ....

e. ....

f. ....

g. ....

RÉVISION

Vous voici à la fin de la partie II. Avant d'aller plus loin, n'hésitez pas à revoir les points conseillés ci-dessous : ils sont la base de la grammaire allemande :
- emploi et déclinaison du nominatif (Modules n°2, n°3 et n°4), de l'accusatif (Modules n°6 et n°7), du datif (Modules n°9 et n°10) et des exceptions (Module n°10) ;
- prépositions mixtes (Module n°14) ;
- syntaxe de la proposition indépendante (Module n°13) ;
- genre et pluriel des noms (Modules n° 3 et 4).

Bien que partielle, cette dernière règle permet de définir l'article et la marque plurielle d'un certain nombre de noms.

III

EN

VILLE

16.
UN ITINÉRAIRE
EINE WEGBESCHREIBUNG

OBJECTIFS

- DÉCRIRE UN ITINÉRAIRE
- ÉNUMÉRER PLUSIEURS LIEUX PRINCIPAUX D'UNE VILLE

NOTIONS

- LE DÉTERMINANT DÉMONSTRATIF *DIESER, DIESE, DIESES, DIESE*
- LES PRONOMS INDÉFINIS *JEMAND* ET *NIEMAND*
- LA SYNTAXE DE LA PROPOSITION PRINCIPALE
- LES PRÉPOSITIONS CONTRACTÉES

LES FEMMES ET LE SENS DE L'ORIENTATION !

Sabine : Où sommes-nous donc ? Sur la page Internet il est écrit : « 5 minutes à pied de la gare. Allez tout droit jusqu'au cinéma, prenez ensuite la deuxième rue à gauche, puis la première à droite. Traversez le pont et après l'église, à gauche, se trouve la place Mozart. » Nous avons pourtant pris ce chemin ?

Petra : Hmm !

Sabine : Je vais demander à quelqu'un. Pardon !

Passant : Oui ?

Sabine : Nous cherchons la place Mozart.

Passant : Elle se trouve de l'autre côté de la gare, près de la mairie.

Sabine : De l'autre côté de la gare ? Et comment s'appelle cette place-ci ?

Passant : C'est la place Schiller. Vous avez pris la mauvaise sortie. Quand vous êtes dans la gare, vous devez prendre la sortie direction « Vieille Ville ».

Sabine : Maintenant je comprends ! Nous cherchons déjà depuis une demi-heure.

Passant : Venez avec moi ! Je vais aussi dans cette direction. D'où venez-vous ?

Sabine : De Vienne. (…)

Passant : Vous voyez cette pancarte bleue où est écrit « piscine » et « hôpital » ?

Sabine : Oui.

Passant : 20 mètres plus loin à droite se trouve la place Mozart.

Sabine : Merci beaucoup. Au revoir ! (…) Salut John !

John : Salut Sabine ! Salut Petra ! Où étiez-vous ?

Sabine : Et bien, nous nous sommes perdues.

John : Les femmes et le sens de l'orientation !

🔊 18 FRAUEN UND ORIENTIERUNGSSINN!

Sabine: Wo sind wir bloß? Auf der Webseite steht: „5 Minuten zu Fuß vom Bahnhof. Gehen Sie geradeaus bis zum Kino, nehmen Sie dann die zweite Straße links, dann die erste rechts. Überqueren Sie die Brücke und nach der Kirche links liegt der Mozartplatz." Wir sind doch diesen Weg gegangen?

Petra: Hmm!

Sabine: Ich frage jemanden. Entschuldigung!

Fußgänger: Ja?

Sabine: Wir suchen den Mozartplatz.

Fußgänger: Er liegt auf der anderen Seite vom Bahnhof, neben dem Rathaus.

Sabine: Auf der anderen Seite vom Bahnhof? Und wie heißt dieser Platz hier?

Fußgänger: Das ist der Schillerplatz. Sie haben den falschen Ausgang genommen. Wenn Sie im Bahnhof sind, müssen Sie den Ausgang Richtung Altstadt nehmen.

Sabine: Jetzt verstehe ich! Wir suchen schon seit einer halben Stunde.

Fußgänger: Kommen Sie mit mir! Ich gehe auch in diese Richtung. Woher kommen Sie?

Sabine: Aus Wien. (…)

Fußgänger: Sehen Sie dieses blaue Schild, wo Schwimmbad und Krankenhaus steht?

Sabine: Ja.

Fußgänger: 20 Meter weiter rechts liegt der Mozartplatz.

Sabine: Vielen Dank! Auf Wiedersehen. (…) Hi John!

John: Hi Sabine! Hi Petra! Wo wart ihr?

Sabine: Na ja, wir haben uns verlaufen.

John: Frauen und Orientierungssinn!

■ COMPRENDRE LE DIALOGUE
QUELQUES FORMULES ET EXPRESSIONS

→ Notez que dans le contexte d'une indication écrite, le verbe **stehen** se traduit par *est écrit* : **Auf der Webseite steht (…)** *Sur la page Internet est écrit (…).* **(…) das blaue Schild, wo Schwimmbad und Krankenhaus steht.** *(…) la pancarte bleue où est écrit « piscine » et « hôpital ».*

→ **zu Fuß** *à pied.* Cette tournure est à mémoriser.

→ **Wir sind doch diesen Weg gegangen?** *Nous avons pourtant pris ce chemin ? prendre ce chemin* se traduit par **diesen Weg gehen** littéralement « aller ce chemin ».

→ **Er liegt auf der anderen Seite.** *Il se trouve de l'autre côté.* Notez deux points dans cette phrase : **liegen** se traduit dans ce contexte par *se trouver*, **auf der anderen Seite** signifie littéralement « sur l'autre côté »

→ **dieser Platz hier** *cette place-ci* littéralement « cette place ici ».

→ **Frauen und Orientierungssinn!** *Les femmes et le sens de l'orientation !* La formulation allemande se construit sans article.

NOTE CULTURELLE

L'allemand est particulièrement perméable à l'intrusion de mots anglais comme *Hi!* ou *Hey!* Dans certains cas, essentiellement pour les verbes, les mots anglais sont insérés dans la structure grammaticale allemande. On parle alors du **Denglisch** (contraction des mots **Deutsch** et **Englisch**).

Par exemple, *to email* est un verbe anglais qui signifie *écrire un mail*. Vous entendrez de plus en plus la phrase **Ich habe dir gestern geemailt** au lieu de **Ich habe dir gestern eine E-Mail geschrieben.** *Je t'ai écrit un e-mail hier.* Le verbe *to email* suit la règle des participes passés en allemand : **ge-** + radical du verbe + **t** ! La prononciation reste anglaise.

◆ GRAMMAIRE
LE DÉTERMINANT DÉMONSTRATIF *DIESER, DIESE, DIESES, DIESE*

Il suit la même déclinaison que **der**, **die**, **das** et les marques de l'adjectif épithète sont les mêmes que dans un groupe nominal avec **der**, **die**, **das**.

	Masculin	Féminin	Neutre	Pluriel
Nominatif	dieser junge Mann	diese junge Frau	dieses junge Kind	diese jungen Kinder
Accusatif	diesen jungen Mann	diese junge Frau	dieses junge Kind	diese jungen Kinder
Datif	diesem jungen Mann	dieser jungen Frau	diesem jungen Kind	diesen jungen Kindern

Voici des exemples extraits du dialogue :
- masculin accusatif : **Wir sind doch diesen Weg gegangen?** *Nous avons pourtant pris ce chemin ?*
- masculin nominatif : **Und wie heißt dieser Platz hier?** *Et comment s'appelle cette place-là (ici) ?*
- neutre accusatif : **Sehen Sie dieses blaue Schild?** *Vous voyez cette pancarte bleue ?*
- féminin accusatif : **Ich gehe auch in diese Richtung.** *Je vais aussi dans cette direction.*

LES PRONOMS INDÉFINIS *JEMAND* ET *NIEMAND*

Nominatif	jemand	niemand
Accusatif	jemanden/jemand	niemanden/niemand
Datif	jemandem/jemand	niemandem/niemand

Notez cette particularité : **jemand** *quelqu'un* peut être décliné ou non : **Ich frage jemanden** (ou **jemand**). *Je demande à quelqu'un.*
Cette règle vaut également pour **niemand** *personne* : **Ich habe niemanden** (ou **niemand**) **gefragt.** *Je n'ai demandé à personne.* littéralement « J'ai demandé à personne ». *Ne* ne se traduit pas.
Souvenez-vous que **fragen** *demander* est suivi de l'accusatif.

LA SYNTAXE DE LA PROPOSITION PRINCIPALE

La proposition principale peut soit être placée avant, soit après la proposition subordonnée.
• Placée avant la proposition subordonnée, son verbe conjugué occupe la 2e position comme dans une proposition indépendante.
Ich könnte die Soßen machen, wenn du möchtest. *Je pourrais faire les sauces si tu veux.*

• Placée après la proposition subordonnée, son verbe conjugué vient se placer en tête de la proposition principale, devant le sujet.
Wenn Sie im Bahnhof sind, müssen Sie den Ausgang Richtung Altstadt nehmen. *Quand vous êtes dans la gare, vous devez prendre la sortie direction « Vieille Ville ».*
Wenn Sie die Autobahn nehmen, machen Sie einen Umweg. *Si vous prenez l'autoroute, vous faites un détour.*

LES PRÉPOSITIONS CONTRACTÉES

Comme nous avons déjà vu, la préposition peut quelquefois se contracter avec l'article défini. Voici plusieurs exemples. Analysons-les !
- **von + dem → vom** : **5 Minuten zu Fuß vom Bahnhof.** *5 minutes à pied de la gare.*
- **bis zu + dem → bis zum** : **bis zum Kino** *jusqu'au cinéma*
- **an + dem → am** : **am Strand in Sydney** *à la plage à Sydney*
- **in + dem → im** : **wenn Sie im Bahnhof sind** *quand vous êtes dans la gare*
- **bis zu + der → bis zur** : **bis zur Deutschprüfung warten** *attendre jusqu'à l'examen d'allemand.*

● EXERCICES

1. REMPLACEZ L'ARTICLE DÉFINI PAR LE DÉTERMINANT DÉMONSTRATIF.

Exemple : die Straße *la rue* → diese Straße *cette rue*

a. der Platz → ....

b. das Kino → ....

c. in der Straße → ....

d. den Ausgang → ....

e. auf dem Schild → ....

VOCABULAIRE

bloß *donc* (dans certaines tournures idiomatiques)
Wo sind wir bloß?
Où sommes-nous donc ?
steht *est écrit* (pour des inscriptions)
Auf der Webseite steht ...
Sur la page Internet est écrit...
wo Schwimmbad ... steht
où est écrit piscine...
(5 Minuten) zu Fuß *(5 minutes) à pied*
der Bahnhof (¨e) *la gare*
geradeaus (gehen) *(aller) tout droit*
bis zu *jusqu'à*
das Kino (s) *le cinéma*
die zweite Straße links *la deuxième rue à gauche*
die erste rechts *la première à droite*
überqueren *traverser*
die Brücke (n) *le pont*
die Kirche (n) *l'église*
liegen *se trouver* (dans le contexte d'un lieu)
der Platz (¨e) *la place*
einen Weg gehen *prendre un chemin*
Wir sind doch diesen Weg gegangen? *Nous avons pourtant pris ce chemin ?*
jemand *quelqu'un*
die Seite (n) *côté*
auf der anderen Seite liegen *se trouver de l'autre côté*
das Rathaus (¨er) *la mairie*
falsch *mauvais, faux*
die Richtung (en) *la direction*
die Altstadt *la vieille ville*
das Schild (er) *la pancarte*
das Schwimmbad (¨er) *la piscine*
das Krankenhaus (¨er) *l'hôpital*
(20 Meter) weiter *(20 mètres) plus loin*
sich verlaufen *se perdre*
die Orientierung *l'orientation*
Frauen und Orientierungssinn *Les femmes et le sens de l'orientation* (exp.)

POUR ALLER PLUS LOIN

das Theater (-) *le théâtre*
das Stadtzentrum *le centre-ville*
die Bibliothek (en) *la bibliothèque*
das Stadion (die Stadien) *le stade*
das Viertel (-) *le quartier*
der Vorort (e) *la banlieue*
im Vorort/in der Stadt wohnen *vivre en banlieue/en ville*

2. TRADUISEZ LES PHRASES SUIVANTES EN EMPLOYANT LA FORME VARIABLE ET INVARIABLE DE jemand ET niemand. (N'OUBLIEZ PAS QUE « NE » NE SE TRADUIT PAS !).

a. Demandes-tu à quelqu'un ? → ....

b. Je (ne) demande à personne. → ....

c. Connaissez-vous quelqu'un ? (tutoiement pluriel) → ....

d. Nous (ne) connaissons personne. → ....

e. Je le dis à personne littéralement « Je dis ça à personne » → ....

f. Personne ne vient. →..

3. TRADUISEZ LES PHRASES SUIVANTES.

a. Pardon, je cherche le cinéma.

→ ....

b. Allez tout droit jusqu'à l'église.

→..

c. Prenez la première rue à droite.

→..

d. Puis la deuxième à gauche.

→..

e. C'est à 10 minutes à pied.

→..

4. ÉCOUTEZ ET TERMINEZ CES PHRASES.

a. Nehmen Sie die erste Straße ....

b. Nehmen Sie die zweite ....

c. Gehen Sie geradeaus bis zum ....

d. Gehen Sie .... bis zur ....

e. Dann die ....

f. Ich gehe auch in ....

17. LES TRANSPORTS URBAINS

DIE STADTVERKEHRSMITTEL

OBJECTIFS

- PARLER DES DIFFÉRENTS MOYENS DE TRANSPORT
- DÉCRIRE UN ITINÉRAIRE EN TRAIN, MÉTRO ET BUS

NOTIONS

- LE COMPARATIF DE SUPÉRIORITÉ
- PRÉTÉRIT DU VERBE *WISSEN*
- VERBES À PARTICULE SÉPARABLE

PEUT-ÊTRE AURONS-NOUS DE LA CHANCE !

John : Mauvaise nouvelle ! Le garage m'a appelé. La réparation de la voiture va durer plus longtemps que prévu, et elle va aussi être plus chère.

Cécile : Combien ?

John : 300 euros ou plus.

Cécile : 300 euros ! Ça, c'est une… une facture… Comment dit-on en allemand ?

John : Une facture salée.

Cécile : Oui, une facture salée !

John : Et comment ! Et comment allons-nous au concert maintenant ?

Cécile : Nous pouvons y aller en RER.

John : En RER ?

Cécile : Oui. Nous prenons d'abord le métro, nous changeons à « Place-du-Marché » et prenons le RER.

John : Quelle ligne ?

Cécile : La ligne 5.

John : Et où descendons-nous ?

Cécile : Au terminus.

John : C'est trop loin. Cela fait presque 40 minutes à pied jusqu'à la salle de concert.

Cécile : Ça, je ne savais pas. Ou bien nous prenons la ligne 3 jusqu'à la place d'Octobre.

John : C'est encore plus loin.

Cécile : Dans ce cas, c'est mieux avec le bus.

John : Le problème est le retour. Je ne sais pas jusqu'à quelle heure circulent les bus.

Cécile : Laisse-nous regarder sur Internet… Voici les horaires de bus ! C'est quel bus ? Et quel arrêt ?

John : C'est le bus direction « Stade », et l'arrêt de bus s'appelle « Place-de-la-Musique ».

Cécile : Ouh ! Le trajet dure longtemps, presque une heure. Et le dernier bus est à minuit dix.

John : Ça va être juste.

Cécile : Dommage !

John : Allez viens ! Nous y allons quand même. Peut-être aurons-nous de la chance et trouverons-nous un covoiturage pour le retour.

Cécile : Super, j'arrive !

(Ferme la porte.)

John : Mince ! On a laissé la clé dans l'appartement !

19 VIELLEICHT HABEN WIR GLÜCK!

John: Schlechte Nachricht! Die Autowerkstatt hat mich angerufen. Die Autoreparatur wird länger dauern als geplant, und sie wird auch teurer sein.

Cécile: Wie viel?

John: 300 (dreihundert) Euro oder mehr.

Cécile: 300 (dreihundert) Euro! Das ist eine … eine Rechnung … Wie sagt man auf Deutsch?

John: Eine saftige Rechnung.

Cécile: Ja, eine saftige Rechnung!

John: Und wie! Und wie kommen wir jetzt zum Konzert?

Cécile: Wir können mit der S-Bahn fahren.

John: Mit der S-Bahn?

Cécile: Ja. Wir nehmen zuerst die U-Bahn, steigen am Marktplatz um und nehmen da die S-Bahn.

John: Welche Linie?

Cécile: Die Linie 5.

John: Und wo steigen wir aus?

Cécile: An der Endstation.

John: Es ist zu weit. Es sind fast 40 (vierzig) Minuten zu Fuß bis zur Konzerthalle.

Cécile: Das wusste ich nicht. Oder wir fahren mit der Linie 3 bis zum Oktoberplatz.

John: Das ist noch weiter.

Cécile: Dann ist es besser mit dem Bus.

John: Das Problem ist die Rückfahrt. Ich weiß nicht, bis wie viel Uhr die Busse fahren.

Cécile: Lass uns mal im Internet schauen... Hier sind die Busfahrpläne! Welcher Bus ist das? Und welche Haltestelle?

John: Das ist der Bus Richtung Stadion, und die Haltestelle heißt Musikplatz.

Cécile: Uff! Die Fahrt dauert lange, fast eine Stunde. Und der letzte Bus ist um 00.10 Uhr (null Uhr zehn).

John: Das wird knapp.

Cécile: Schade!

John: Ach komm! Wir gehen trotzdem dahin. Vielleicht haben wir Glück und finden für die Rückfahrt eine MFG.

Cécile: Super, ich komme!

(Macht die Tür zu.)

John: Verdammt! Wir haben den Schlüssel in der Wohnung gelassen!

■ COMPRENDRE LE DIALOGUE
QUELQUES FORMULES ET EXPRESSIONS

- → **eine saftige Rechnung** *une facture salée* littéralement « une juteuse facture » Cette tournure relève du langage parlé.
- → **Und wie kommen wir jetzt zum Konzert?** *Et comment allons-nous au concert maintenant ?* Mémorisez bien cette tournure : **Wie komme ich/kommst du/etc.?** *Comment vais-je (me rendre)/vas-tu (te rendre)/etc. ?*
- → **Wir können mit der S-Bahn fahren.** *Nous pouvons y aller en RER.* (littéralement « Nous pouvons avec le RER rouler »)
- → **(…) wir fahren mit der Linie 3** *(…) nous prenons la ligne 3* littéralement « (…) nous roulons avec la ligne 3 »
- → **(…) bis wie viel Uhr die Busse fahren.** *(…) jusqu'à quelle heure circulent les bus.* Notez que *circuler* se traduit par **fahren**.
- → **Ach komm!** *Allez viens !* Cette tournure est à mémoriser.
- → **Wir gehen trotzdem dahin.** *Nous y allons quand même.* (littéralement « Nous allons quand même là-bas »)

NOTE CULTURELLE

Le terme **U-Bahn** vient de **Untergrundbahn** *train souterrain* et correspond au métro. Le terme **S-Bahn**, quant à lui, vient de **Stadtschnellbahn** *train rapide urbain* et désigne le réseau express régional en Allemagne, Autriche et Suisse alémanique. **Die Straßenbahn** *le tram* est un moyen de transport très répandu, tout comme le bus, le taxi ou le *covoiturage* **die MFG (Mitfahrgelegenheit)**. Réservé autrefois aux plus jeunes voyageurs, le covoiturage est de nos jours un moyen de transport alternatif, utilisé tout autant que les autres.

◆ GRAMMAIRE
LE COMPARATIF DE SUPÉRIORITÉ

ADJECTIF ATTRIBUT OU ADVERBE

Le comparatif de supériorité permet de comparer deux (groupes de) personnes/choses. Il se forme avec l'adjectif attribut/adverbe + la terminaison **er**. De nombreux adjectifs/adverbes (mais pas tous) prennent un Umlaut sur le **a**, **o** ou **u**.
Notez aussi que **als** correspond à *que*.

Adjectif	Comparatif	Exemples
lang long/longtemps	**länger** plus long/plus longtemps	**Die Autoreparatur wird länger dauern als geplant (…)** La réparation de la voiture va durer plus longtemps que prévu (…).
weit loin	**weiter** plus loin	**Das ist noch weiter.** C'est encore plus loin.

Particularités phonétiques et irrégularités

gut bien	**besser** mieux	**Dann ist es besser mit dem Bus.** Dans ce cas, c'est mieux avec le bus.
hoch haut	**höher** plus haut	**Der Mount Everest ist höher als der Mont Blanc.** Le Mont Everest est plus haut que le Mont Blanc.
teuer cher	**teurer** plus cher	**(…) und sie wird auch teurer sein.** (…) et elle va aussi être plus chère.
viel beaucoup	**mehr** plus	**300 (dreihundert) Euro oder mehr.** Trois cents euros ou plus.

ADJECTIF ÉPITHÈTE

Il suit la même règle que l'adjectif attribut, mais il prend la terminaison propre à l'adjectif épithète. Il suit aussi les mêmes irrégularités.

länger plus long	**Er macht eine längere Pause.** Il fait une pause plus longue.
besser meilleur	**Das ist ein besseres Buch.** C'est un meilleur livre.

▲ CONJUGAISON
PRÉTRIT DU VERBE *WISSEN*

Comme pour **haben** avoir et **sein** être, l'emploi du prétérit est usuel pour **wissen** savoir : **ich wusste, du wusstest, er/sie/es wusste, wir wussten, ihr wusstet, sie/Sie wussten** je savais… **Das wusste ich nicht.** Ça, je ne savais pas.

LES VERBES À PARTICULES SÉPARABLES

Les particules séparables ont généralement une signification :
- **ein-** signifie *monter/entrer* : **ein/steigen** *monter* (dans le bus, dans le train…) ;
- **um-** signifie *changer* : **um/steigen** *changer (*de bus, de train…) ;
- **aus-** signifie *sortir/terminer* : **aus/steigen** *descendre* (du bus, du train…).
Voici quelques exemples au présent de l'indicatif et au parfait. Par la même occasion, refaisons un point sur la place de la particule.

1. À un temps simple, comme le présent, la particule séparable est rejetée à la fin de la phrase/proposition :
- **Er steigt gleich in den Bus ein.** *Il monte tout de suite dans le bus.*
- **Wir steigen am Marktplatz um.** *Nous changeons à « Place-du-Marché ».*

Dans une proposition subordonnée, le verbe conjugué se rattache à la particule :
- **Er sagt, dass er hier aussteigt.** *Il dit qu'il descend ici.*

2. À un temps composé avec un participe passé, comme le parfait, la particule séparable se met en tête du participe passé :
- **Er ist in den Bus eingestiegen.** *Il est monté dans le bus.*
- **Er ist am Marktplatz umgestiegen.** *Il a changé à « Place-du-Marché ».*
- **Er sagt, dass er zu früh ausgestiegen ist.** *Il dit qu'il est descendu trop tôt.*

⬢ EXERCICES

1. METTEZ LES ADJECTIFS AU COMPARATIF DE SUPÉRIORITÉ.
(* SIGNIFIE QUE L'ADJECTIF NE PREND PAS DE UMLAUT SUR A, O OU U.)

a. schön → ....
b. schlecht → ....
c. groß → ....
d. klein → ....
e. schlank* → ....
f. hoch → ....
g. gut → ....

VOCABULAIRE

schlecht *mauvais*
die Autowerkstatt ("en) *le garage*
die Autoreparatur (en)
   la réparation de la voiture
lang → länger *longtemps → plus longtemps*
dauern *durer*
geplant *prévu*
teuer → teurer *cher → plus cher*
   (teurer) als *(plus cher) que*
viel → mehr *beaucoup → plus*
die Rechnung (en) *la facture*
Wie sagt man auf Deutsch?
   Comment dit-on en allemand ?
eine saftige Rechnung *une facture salée*
kommen *venir, aller/se rendre (dans un lieu)*
das Konzert (e) *le concert*
Wie kommen wir zum Konzert?
   Comment allons-nous au concert ?
die S-Bahn *train rapide régional (contraction de **Schnell-Bahn**)*
mit der S-Bahn, dem Bus ... fahren
   aller en train, en bus...
die U-Bahn *le métro (contraction de **Untergrund-Bahn**)*
um/steigen (er steigt ... um)
   changer (de train, bus...)
die Linie (n) *la ligne*
Welche Linie? *Quelle ligne ?*
aus/steigen (er steigt ... aus)
   descendre (du train, bus...)
die Endstation *le terminus*

weit → weiter *loin → plus loin*
die Konzerthalle (n) *la salle de concert*
Das wusste ich nicht.
   Ça, je ne savais pas.
gut → besser *bien → mieux*
der Bus (se) *le bus*
die Rückfahrt (en) *le retour*
Lass uns mal (im Internet) schauen! *Laisse-nous regarder (sur Internet !)*
der Busfahrplan ("e) *les horaires (de bus)*
die Haltestelle (n) *l'arrêt*
fast *presque*
Das wird knapp. *Ça va être juste.*
Schade! *Dommage !*
Ach komm! *Allez viens !*
dahin *là-bas*
Glück haben *avoir de la chance*
die MFG (Mitfahrgelegenheit)
   le covoiturage
Verdammt! *Mince !*
der Schlüssel (-) *la clé*

POUR ALLER PLUS LOIN

die Bahn (en) *le train*
die Straßenbahn (en) *le tram*
die Bus-, Straßenbahnlinie (n) etc. *la ligne de bus, tram etc.*
das Taxi (s) *le taxi*
die Hinfahrt (en) *l'aller*
die Fahrkarte (n) *le billet*
ein/steigen (er steigt ... ein)
   monter (dans le train, bus...)

2. METTEZ LES PHRASES AU PRÉSENT DE L'INDICATIF.

a. Ich bin hier ausgestiegen.

   → ....

b. Er ist am Markplatz umgestiegen.

   → ....

c. Wo sind Sie eingestiegen?

   → ....

d. Ich weiß, dass er am Marktplatz eingestiegen ist.

   → ....

3. COMPLÉTEZ LES PHRASES AVEC LES MOTS SUIVANTS ET SELON LE DIALOGUE : fahrt, Autoreparatur, zu Fuß, Rückfahrt, fahren.

a. Wir können mit dem Bus ....

b. Die .... dauert lange.

c. Die .... wird länger dauern als geplant.

d. Das Problem ist die ....

e. Es sind 40 Minuten ....

4. ÉCOUTEZ, ÉCRIVEZ ET RÉPÉTEZ CHAQUE PHRASE À HAUTE VOIX. PUIS RÉÉCOUTEZ L'ENREGISTREMENT APRÈS CHAQUE PHRASE.

a. ....

b. ....

c. ....

d. ....

18.
EN VOITURE

MIT DEM AUTO

OBJECTIFS	**NOTIONS**
• DEMANDER SON CHEMIN EN VOITURE ET RÉPONDRE • ÉNUMÉRER QUELQUES TERMES SPÉCIFIQUES À LA CIRCULATION	• EXPRIMER LE GOÛT ET LA PRÉFÉRENCE • EXPRIMER L'HYPOTHÈSE AVEC *WENN* (1re PARTIE) • L'EMPLOI DES VERBES *GEHEN, FAHREN ET SICH VERLAUFEN/ SICH VERFAHREN*

MERCI POUR LE RENSEIGNEMENT !

Anna : Le plein s'il vous plaît. Une question : comment se rend-on au parc des expositions ?

Pompiste : Vous préférez passer par l'autoroute ou par le centre-ville ?

Anna : Je ne sais pas. Qu'est-ce qui va plus vite ?

Pompiste : Difficile à dire. Si vous passez par la ville, vous aurez peut-être un embouteillage. Si vous prenez l'autoroute, vous faites un détour.

Anna : Dans ce cas, je préfère passer par la ville. J'aime bien découvrir de nouveaux endroits. Et à cette heure-ci, il n'y a normalement pas beaucoup de circulation.

Pompiste : Ça, on ne sait jamais. Surtout aujourd'hui car le métro fait grève.

Anna : Ah bon ! Mmh... Je passe quand même par la ville.

Pompiste : Donc, vous roulez toujours tout droit jusqu'au croisement. Au croisement vous tournez à droite dans la rue des Alpes et après le feu encore à droite dans la rue de la Vallée. Vous verrez c'est une très belle rue avec beaucoup de cafés.
Là, vous continuez toujours tout droit jusqu'à une grande place et à partir de là c'est indiqué.

Anna : Savez-vous si on peut se garer à côté du parc des expositions ?

Pompiste : Oui, mais c'est mieux si vous vous garez près de la place. Il y a là un grand parking, et de là vous prenez la navette jusqu'au salon. Elle circule toutes les 15 minutes et elle est gratuite.

Anna : Merci beaucoup pour le renseignement.

Pompiste : De rien.

Anna : Au revoir.

Pompiste : Au revoir… Stop, c'est dans l'autre direction !

🔊 20 VIELEN DANK FÜR DIE AUSKUNFT!

Anna: Volltanken bitte. Eine Frage. Wie kommt man zum Messegelände?

Tankwart: Fahren Sie lieber über die Autobahn oder durch die Innenstadt?

Anna: Ich weiß es nicht. Was geht schneller?

Tankwart: Schwer zu sagen. Wenn Sie durch die Stadt fahren, kommen Sie vielleicht in einen Stau. Wenn Sie die Autobahn nehmen, machen Sie einen Umweg.

Anna: Dann fahre ich lieber durch die Stadt. Ich entdecke gern neue Orte. Und um die Uhrzeit gibt es normalerweise nicht viel Verkehr.

Tankwart: Das weiß man nie. Vor allem heute, weil die U-Bahn streikt.

Anna: Ach so! Mmh... Ich fahre trotzdem durch die Stadt.

Tankwart: Also, Sie fahren immer geradeaus bis zur Kreuzung. An der Kreuzung biegen Sie rechts in die Alpenstraße ab und nach der Ampel wieder rechts in die Talstraße. Sie werden sehen, es ist eine sehr schöne Straße mit vielen Cafés. Da fahren Sie immer geradeaus bis zu einem großen Platz, und von da aus ist es ausgeschildert.

Anna: Wissen Sie, ob man neben dem Messegelände parken kann?

Tankwart: Ja, aber es ist besser, wenn Sie an dem Platz parken. Es gibt da ein großes Parkhaus, und von da aus nehmen Sie den Shuttle bis zur Messe. Er fährt alle 15 Minuten und ist gratis.

Anna: Vielen Dank für die Auskunft.

Tankwart: Bitte.

Anna: Auf Wiedersehen.

Tankwart: Auf Wiedersehen ... Halt, es ist in die andere Richtung!

■ COMPRENDRE LE DIALOGUE
QUELQUES FORMULES ET EXPRESSIONS

→ **Volltanken bitte.** *Le plein s'il vous plaît.* **Tanken** signifie *prendre de l'essence* et **volltanken** signifie littéralement « plein prendre de l'essence ».

→ **Fahren Sie lieber über die Autobahn oder durch die Innenstadt?** *Vous préférez passer par l'autoroute ou par le centre-ville ? Passer par l'autoroute* se traduit par **über die Autobahn fahren**, *passer par le centre-ville* par **durch die Innenstadt fahren**.

→ **Ich weiß es nicht.** *Je ne sais pas.* (littéralement « Je sais le/ça pas »)

→ **(…) kommen Sie vielleicht in einen Stau.** *(…) vous aurez peut-être un embouteillage* littéralement « (…) venez peut-être dans un embouteillage. »

→ **Ach so!** littéralement « Ah bon ! » Cette exclamation est fréquente en allemand.

→ **(…) wenn Sie an diesem Platz parken.** *(…) si vous vous garez à cette place.* Attention : **parken** n'est pas pronominal, contrairement à *se garer*.

NOTE CULTURELLE

Il est presque vrai que les autoroutes allemandes n'ont aucune limitation de vitesse. Il existe en effet de grandes portions d'autoroute où la vitesse est illimitée, mais pour certains tronçons, des vitesses maximales sont à respecter. Il est bon de savoir qu'en cas d'accident, les assurances allemandes peuvent refuser le paiement intégral des indemnités si elles considèrent que vous ne rouliez pas dans des conditions adaptées, c'est-à-dire, si vous rouliez… trop vite !

◆ GRAMMAIRE
EXPRIMER LE GOÛT ET LA PRÉFÉRENCE

Le goût et la préférence s'expriment à l'aide de **gern**, **lieber**, **am liebsten**. Cette forme grammaticale n'a pas d'équivalent en français. Voici les trois formes :
- verbe conjugué + **gern** s'emploie pour dire que l'on aime (bien) faire quelque chose. Exemple : **Ich entdecke gern neue Orte.** *J'aime (bien) découvrir de nouveaux endroits.*
- verbe conjugué + **lieber** s'emploie pour dire que l'on préfère faire une chose plutôt qu'une autre. Exemple : **Dann fahre ich lieber durch die Stadt.** *Dans ce cas, je préfère passer par la ville.* Sous-entendu : *que par l'autoroute.*
- verbe conjugué + **am liebsten** s'emploie pour dire que l'on préfère faire quelque chose plutôt que plusieurs autres.

Exemple : **Ich fahre am liebsten durch die Stadt/Am liebsten fahre ich durch die Stadt.** *Je préfère passer par la ville.* Sous-entendu : *que par l'autoroute et la nationale*, par exemple.
Prenons un autre exemple pour mieux différencier **lieber** de **am liebsten** :
- pour dire que l'on préfère le bus à un autre moyen de transport (métro par exemple), on dit : **Ich nehme lieber den Bus.** *Je préfère prendre le bus* ;
- quand on préfère le bus à plusieurs autres moyens de transport (train, métro, etc.), on dit : **Ich nehme am liebsten den Bus/Am liebsten nehme ich den Bus.** *Je préfère prendre le bus.* Vous observerez les deux constructions possibles avec **am liebsten**. Placé en tête de phrase, on accentue encore plus la préférence.

▲ CONJUGAISON
EXPRIMER L'HYPOTHÈSE AVEC *WENN* (1ʳᵉ PARTIE)

Wenn *si* traduit l'hypothèse et introduit une proposition subordonnée. Si la condition est réalisable, la proposition principale et la proposition subordonnée sont au présent :
- **Wenn Sie durch die Stadt fahren, kommen Sie vielleicht in einen Stau.** *Si vous passez par la ville, vous aurez peut-être un bouchon.*
- **Wenn Sie die Autobahn nehmen, machen Sie einen Umweg.** *Si vous prenez l'autoroute, vous faites un détour.*

Souvenez-vous aussi que lorsque la phrase commence par la proposition subordonnée, le verbe conjugué de la proposition principale passe devant le sujet.

L'EMPLOI DES VERBES *GEHEN*, *FAHREN* ET *SICH VERLAUFEN/ SICH VERFAHREN*

Leur emploi dépend du mode de déplacement. Notez que le français ne rend pas ces nuances.
- Pour aller à pied, on emploie le verbe **gehen**. Exemple : **Gehen Sie geradeaus bis zum Kino, (…)** *Allez tout droit jusqu'au cinéma, (…)* ;
- Pour aller avec un véhicule, on emploie le verbe **fahren**. Exemple : **Sie fahren immer geradeaus bis zur Kreuzung.** *Vous allez toujours tout droit jusqu'au croisement* ;
- Pour se perdre, pour un piéton, on emploie **sich verlaufen**. Exemple : **Na ja, wir haben uns verlaufen.** *Et bien, nous nous sommes perdues* ;
- Pour se perdre, pour une personne motorisée, on emploie **sich verfahren**. Exemple : **Wir haben uns verfahren.** *Nous nous sommes perdues.*

N.B. **sich verlaufen** et **sich verfahren** étant des verbes à particule inséparable (il s'agit de la particule **ver-**), le participe passé se forme sans **ge-**. Par ailleurs, pour ces deux verbes, l'infinitif et le participe passé sont identiques. Cela concerne aussi d'autres verbes et est indépendant de la particule.

● EXERCICES

1. COMPLÉTEZ LES PHRASES PAR gern, lieber OU am liebsten.

a. Ich arbeite .... in der Bibliothek. *J'aime bien travailler à la bibliothèque.*

b. Was essen Sie .... ? Eis, Kuchen oder Schokolade? *Que préférez-vous manger ? De la glace, du gâteau ou du chocolat ?*

c. .... esse ich Schokolade. *Je préfère manger du chocolat.* (Réponse à la question ci-dessus.)

d. Trinken Sie .... Kaffee oder Tee? *Préférez-vous boire du café ou du thé ?*

e. Ich komme .... heute als morgen. *Je préfère venir aujourd'hui que demain.*

2. CONJUGUEZ AU PRÉSENT LES VERBES INDIQUÉS ENTRE PARENTHÈSES.

a. Wenn ich Zeit .... (haben), ... (kommen) ich.

b. Wenn er Geld .... (haben), ... (kaufen) er ein neues Auto.

c. Es .... (gehen) schneller, wenn du über die Autobahn .... (fahren).

d. Wenn ich .... (können), ... ich dich .... (anrufen).

3. TRADUISEZ LES PHRASES SUIVANTES.

a. Le plein s'il vous plaît ! → ....

b. Puis vous tournez à gauche dans la Rheinstraße. → ....

c. Vous roulez jusqu'au croisement. → ....

d. Vous roulez toujours tout droit. → ....

e. Le bus circule toutes les 10 minutes. → ....

VOCABULAIRE

volltanken *faire le plein*
das Messegelände (-) *le parc des expositions*
die Autobahn (en) *l'autoroute*
  Fahren Sie lieber ...? *Vous préférez passer... ?*
  über die Autobahn fahren *passer par l'autoroute*
die Innenstadt ("e) *le centre-ville*
durch die Stadt fahren *passer par la ville*
Was geht schneller? *Qu'est-ce qui va plus vite ?*
schwer *difficile*
Schwer zu sagen. *Difficile à dire.*
der Stau *l'embouteillage*
  in einen Stau kommen *être pris dans un embouteillage*
der Umweg (e) *le détour*
  einen Umweg machen *faire un détour*
entdecken *découvrir*
  Ich entdecke gern ... *J'aime découvrir...*
der Ort (e) *l'endroit*
um die Uhrzeit *à cette heure-ci*
normalerweise *normalement*
der Verkehr *la circulation*
niemals /nie *(contraction fréquente) jamais*
Das weiß man nie. *Ça, on ne sait jamais.*
vor allem *surtout*
streiken *faire la grève*
Ach so! *Ah bon !*
also *donc, alors*
die Kreuzung (en) *le croisement*
ab/biegen (er biegt ... ab) *tourner*
die Ampel (n) *le feu de circulation*
Sie werden sehen. *Vous verrez.*
das Café (s) *le café (établissement)*
von da aus *à partir de là*
ausgeschildert *indiqué*
parken *se garer*
das Parkhaus ("er) *le parking*
der ou **das Shuttle (s)** *la navette*
  alle 15 Minuten fahren *circuler toutes les 15 minutes*
gratis *gratuit*
die Auskunft ("e) *le renseignement*
Halt! *Stop ! Attendez !*

POUR ALLER PLUS LOIN

tanken *prendre de l'essence*
die Tankstelle (n) *la pompe à essence*
die Autobahneinfahrt/ Autobahnausfahrt (en) *l'entrée/ la sortie d'autoroute*
der Parkplatz ("e) *la place (de parking)*
an/halten (er hält ...an) *s'arrêter (avec un véhicule)*

4. ÉCOUTEZ ET COMPLÉTEZ LES PHRASES SUIVANTES, PUIS LISEZ-LES À HAUTE VOIX UNE PAR UNE. RÉÉCOUTEZ ENSUITE L'ENREGISTREMENT APRÈS CHAQUE PHRASE.

a. Biegen Sie .... in die Mozartstraße ab!

b. .... Sie .... in die Alpenstraße ab!

c. .... Sie immer .... !

d. .... ich zur Autobahn?

e. Wo kann ich .... ?

f. Nach der Ampel gibt es ....

19.
LES COURSES

DIE EINKÄUFE

OBJECTIFS	NOTIONS
• DÉSIGNER LES MAGASINS • NOMMER LES FRUITS/LÉGUMES ET DONNER LES POIDS/QUANTITÉS • COMPRENDRE ET EMPLOYER CERTAINES TOURNURES SPÉCIFIQUES AUX ACHATS	• LES PRONOMS INDÉFINIS *ALLES*, *NICHTS* ET *WAS* • LE CONDITIONNEL PRÉSENT • EXPRIMER L'HYPOTHÈSE AVEC *WENN* (2ᵉ PARTIE)

LE RÉGIME ANANAS

John : Bonjour !

Vendeuse : Bonjour jeune homme. De si bonne heure au marché.

John : Aujourd'hui, c'est moi qui fais les courses. Je dois encore aller au supermarché, à la boulangerie, à la teinturerie et après le match commence.

Vendeuse : Ça ne va pas être facile pour les Allemands.

John : Ils joueraient certainement mieux s'ils avaient un autre gardien de but.

Vendeuse : Oui, beaucoup mieux ! Et sinon, qu'est-ce que ce sera pour vous ?

John : Un kilo d'oranges, une livre de fraises, 4 pommes et un kilo de raisin rouge s'il vous plaît.

Vendeuse : Je vous conseillerais le vert. Il est meilleur. Goûtez donc !

John : Mmh… Délicieux.

Vendeuse : Je vous donne un kilo de raisin vert ?

John : Oui, s'il vous plaît. J'aimerais aussi des légumes. Des tomates, des courgettes, des oignons, des aubergines et un litre d'huile d'olive.

Vendeuse : Qu'est-ce qu'il y a au menu ?

John : De la ratatouille.

Vendeuse : Ah, bien ! Il vous faudra autre chose ?

John : Non, ce sera tout.

Vendeuse : Ça fait en tout 25,15 euros.

John : Voilà !

Vendeuse : Auriez-vous 15 centimes ?

John : Non, je n'ai malheureusement pas de monnaie.

Vendeuse : Ça ne fait rien. Je vous rends 24,85 euros.

John : Attendez ! J'ai aussi besoin de 6 ananas.

Vendeuse : 6 ananas ?

John : Oui, ma colocatrice commence demain son régime ananas.

Vendeuse : Un régime ananas ! Ce serait bien [quelque chose] pour moi !

21   DIE ANANASDIÄT

John: Guten Morgen!

Verkäuferin: Guten Morgen junger Mann. So früh schon auf dem Markt.

John: Heute gehe ich einkaufen. Ich muss noch zum Supermarkt, zur Bäckerei, zur Reinigung gehen, und dann beginnt das Spiel.

Verkäuferin: Es wird nicht einfach für die Deutschen.

John: Sie würden bestimmt besser spielen, wenn sie einen anderen Torwart hätten.

Verkäuferin: Ja, viel besser! Und sonst, was darf es für Sie sein?

John: Ein Kilo Orangen, ein Pfund Erdbeeren, 4 (vier) Äpfel und ein Kilo von den roten Weintrauben bitte.

Verkäuferin: Ich würde Ihnen die grünen empfehlen. Die schmecken besser. Probieren Sie mal!

John: Mmh … Lecker.

Verkäuferin: Gebe ich Ihnen ein Kilo von den grünen Weintrauben?

John: Ja, bitte. Ich möchte auch Gemüse. Tomaten, Zucchini, Zwiebeln, Auberginen und einen Liter Olivenöl.

Verkäuferin: Was gibt es zu essen?

John: Ratatouille.

Verkäuferin: Ah, schön! Sonst noch etwas?

John: Nein, das ist alles.

Verkäuferin: Das macht zusammen 25,15 Euro (fünfundzwanzig Euro fünfzehn).

John: Hier bitte sehr!

Verkäuferin: Hätten Sie 15 (fünfzehn) Cent?

John: Nein, ich habe leider kein Kleingeld.

Verkäuferin: Das macht nichts. Sie bekommen 24,85 Euro (vierundzwanzig Euro fünfundachtzig) zurück.

John: Halt! Ich brauche auch 6 (sechs) Ananas.

Verkäuferin: 6 (sechs) Ananas?

John: Ja, meine Mitbewohnerin beginnt morgen mit ihrer Ananasdiät.

Verkäuferin: Eine Ananasdiät! Das wäre doch auch was für mich!

COMPRENDRE LE DIALOGUE
QUELQUES FORMULES ET EXPRESSIONS

→ **Guten Morgen junger Mann.** *Bonjour jeune homme.* Notez juste qu'il s'agit de la déclinaison d'un groupe nominal sans article (voir Module n°25).
→ **So früh schon auf dem Markt.** *De si bonne heure au marché.* (littéralement « Si tôt déjà sur le marché. »)
→ **Heute gehe ich einkaufen.** *Aujourd'hui, c'est moi qui fais les courses.* Faire les courses se traduit par **einkaufen gehen**.
→ **Was darf es für Sie sein?** *Qu'est-ce que ce sera pour vous ?* Cette tournure idiomatique est à mémoriser.
→ **die Weintrauben** est un nom pluriel.
→ **Die schmecken besser.** *Il est meilleur.* **Gut/besser schmecken** s'emploie pour le goût et se traduit par *être bon/meilleur*.
→ **Probieren Sie mal!** *Goûtez donc !* (littéralement « Goûtez une fois ! »)
→ **zu essen** *au menu* littéralement « à manger »
→ **Das ist alles.** *Ce sera tout.* (littéralement « C'est tout »)
→ **Hier bitte sehr!** *S'il vous plaît !* (littéralement « Voici s'il vous plaît ! ») Se dit lorsque vous tendez quelque chose à quelqu'un.
→ **Sie bekommen 24,85 Euro zurück.** *Je vous rends 24,85 euros.* (littéralement « Vous recevez 24,85 euros en retour »)
→ **Das wäre doch auch was für mich!** *Ce serait bien [quelque chose] pour moi !* Cette tournure est à mémoriser.

NOTE CULTURELLE

Les magasins sont en général ouverts de 9 à 20 heures, certains jusqu'à 22 heures, voire plus tard dans les gares. Par contre, les petits commerces ferment généralement à 18 h 30 en semaine et à 14 heures le samedi. Certains dimanches, les grands magasins ont des horaires d'ouverture exceptionnels.

◆ GRAMMAIRE
LES PRONOMS INDÉFINIS

Les pronoms indéfinis **alles** *tout*, **nichts** *rien* et **etwas** *quelque chose* sont invariables. Mémorisez-les bien car vous les emploierez souvent :
- **Das ist alles.** *Ce sera tout.*
- **Das macht nichts.** *Ça ne fait rien.*

- **Er braucht etwas.** *Il a besoin de quelque chose.*
La construction **noch etwas** *autre chose* signifie littéralement « encore quelque chose » : **Sonst noch etwas?** *Il vous faudra autre chose ?*

▲ CONJUGAISON
LE CONDITIONNEL PRÉSENT

Le conditionnel présent correspond en allemand au subjonctif II hypothétique, qui se construit de deux manières :

• LA FORME COMPOSÉE
Elle s'emploie de nos jours pour la majorité des verbes et se forme avec l'auxiliaire **werden** au subjonctif II hypothétique + infinitif en fin de phrase/proposition.
Subjonctif II hypothétique de **werden** : **ich würde, du würdest, er/sie/es würde, wir würden, ihr würdet, sie/Sie würden.**
Exemples : **Sie würden bestimmt besser spielen wenn …** *Ils joueraient certainement mieux si…* **Ich würde Ihnen die grünen empfehlen.** *Je vous conseillerais le vert.*

• LA FORME SIMPLE
Elle s'emploie aujourd'hui pour un nombre limité de verbes, dont :
- **sein** *être*, qui se conjugue ainsi : **ich wäre, du wärst, er/sie/es wäre, wir wären, ihr wärt, sie/Sie wären.**
Exemple : **Das wäre auch was für mich!** *Ce serait bien [quelque chose] pour moi !*
- **haben** *avoir*, qui se conjugue ainsi : **ich hätte, du hättest, er/sie/es hätte, wir hätten, ihr hättet, sie/Sie hätten.**
Exemple : **Hätten Sie 15 Cent?** *Auriez-vous 15 centimes ?*
- **können** *pouvoir*, qui se conjugue ainsi : **ich könnte, du könntest, er/sie/es könnte, wir könnten, ihr könntet, sie/Sie könnten.**
Exemple : **Könnten Sie mir bitte helfen?** *Pourriez-vous m'aider s'il vous plaît ?*
- **mögen** *désirer/aimer*, qui se conjugue ainsi : **ich möchte, du möchtest, er/sie/es möchte, wir möchten, ihr möchtet, sie/Sie möchten.**
Exemple : **Ich möchte auch Gemüse.** *J'aimerais aussi des légumes.*
- **müssen**… *devoir/falloir*, qui se conjugue ainsi : **ich müsste, du müsstest, er/sie/es müsste, wir müssten, ihr müsstet, sie/Sie müssten.**
Exemple : **Dafür müsste ich beim Lotto gewinnen.** *Pour cela, il faudrait que je gagne au loto.*

EXPRIMER L'HYPOTHÈSE AVEC *WENN* (2ᵉ PARTIE)

Si la condition est posée comme une hypothèse, la proposition principale et la subordonnée sont au conditionnel présent (subjonctif II hypothétique). Attention à cette différence par rapport au français :
Sie würden bestimmt besser spielen, wenn sie einen anderen Torwart hätten. *Ils joueraient certainement mieux s'ils avaient un autre gardien de but.* (littéralement « Ils joueraient certainement mieux s'ils auraient un autre gardien de but. »)

La phrase peut aussi commencer par la proposition subordonnée ; souvenez-vous que, dans ce cas, le verbe conjugué de la proposition principale passe devant le sujet :
Wenn sie einen anderen Torwart hätten, würden sie bestimmt besser spielen. *S'ils avaient un autre gardien de but, ils joueraient certainement mieux.* (littéralement « S'ils auraient un autre gardien de but, ils joueraient certainement mieux. »)

⬢ EXERCICES

1. INVERSEZ L'ORDRE DES PROPOSITIONS.

a. Wenn ich Zeit hätte, würde ich kommen.

→ ....

b. Es wäre super, wenn die Deutschen gewinnen würden.

→ ....

c. Er würde nach Berlin fliegen, wenn er mehr Geld hätte.

→ ....

d. Wenn wir besser Deutsch könnten, würden wir in Berlin arbeiten.

→ ....

VOCABULAIRE

der Markt ("e) *le marché*
   auf dem Markt *au marché*
die Bäckerei (en) *la boulangerie*
die Reinigung (en) *la teinturerie*
das Spiel (e) *le jeu, le match*
einfach *facile*
spielen *jouer*
der Torwart (e) *le gardien de but*
sonst *sinon*
Was darf es für Sie sein? *Qu'est-ce que ce sera pour vous ?*
   1, 2 ... Kilo *1, 2... kilo(s)*
die Orange (n) *l'orange*
das Pfund *la livre* (pas de pluriel)
die Erdbeere (n) *la fraise*
der Apfel ("e) *la pomme*
die Weintrauben (Pl.) *le raisin*
schmecken gut/besser *être bon/meilleur* (aliment)
probieren *goûter, essayer*
   Probieren Sie mal! *Goûtez donc !*
lecker *bon, savoureux* (pour un plat)
(das) Gemüse *les légumes*
   (au singulier en allemand)
die Tomate (n) *la tomate*
die Zucchini (s) *la courgette*
die Zwiebel (n) *l'oignon*
die Aubergine (n) *l'aubergine*
der Liter (-) *le litre*
das Olivenöl *l'huile d'olive*
Was gibt es zu essen? *Qu'est-ce qu'il y a au menu ?*
die Ratatouille *la ratatouille*
Schön! *Bien !* (dans ce contexte)

Sonst noch etwas? *Il vous faudra autre chose ?*
Das ist alles *Ce sera tout.*
Das macht zusammen xx Euro *Ça fait en tout xx euros.* (pas de pluriel avec un nombre : 24 Euro).
1, 2 ... Euro (-) *1, 2... euro(s)*
Hier bitte sehr! *Voilà !*
der Cent (-) *le centime*
das Kleingeld *la (petite) monnaie*
bekommen *recevoir*
   Sie bekommen xx Euro zurück. *Je vous dois xx euros.*
die Ananas (-) *l'ananas*
Das wäre doch auch was für mich! *Ce serait bien pour moi !*

POUR ALLER PLUS LOIN

die Fleischerei (en) *la boucherie*
der Schuster (-) *le cordonnier*
der Frisör (e) *le coiffeur*
das Modegeschäft (e) *le magasin de vêtements*
das Schuhgeschäft (e) *le magasin de chaussures*
die Buchhandlung (en) *la librairie*
das Obst (pas de pluriel)**/die Früchte** *les fruits*
die Birne (n) *la poire*
die Banane (n) *la banane*
die Mandarine (n) *la mandarine*
die Karotte (n) *la carotte*
die Kartoffel (n) *la pomme de terre*
die Bohne (n) *le haricot vert*
der Salat (e) *la salade*
das Öl (e) *l'huile*

2. METTEZ LES VERBES AU SUBJONCTIF II HYPOTHÉTIQUE EN EMPLOYANT LA FORME COMPOSÉE OU SIMPLE SELON L'USAGE.

a. du bist → ....
b. er geht → ....
c. wir müssen → ....
d. ihr sagt → ....
e. sie versucht → ....
f. ich habe → ....

3. COMPLÉTEZ LES PHRASES AVEC LES MOTS SUIVANTS (ATTENTION AUX INTRUS !) : Hier/ Äpfel/mit/zurück/ Reinigung/macht/Kleingeld/für.

a. Was darf es .... Sie sein?
b. 1 kg .... und 1 Pfund Weintrauben.
c. Das .... zusammen 5 Euro.
d. .... bitte sehr!
e. Ich habe leider kein ....
f. Sie bekommen 20 Euro ....

4. TRADUISEZ LES PHRASES UNE PAR UNE PAR ÉCRIT ET LISEZ-LES À HAUTE VOIX PUIS ÉCOUTEZ L'ENREGISTREMENT APRÈS CHAQUE PHRASE.

a. Je voudrais un kilo de pommes.

→ ....

b. Je dois aller à la boulangerie.

→ ....

c. J'ai besoin de légumes.

→ ....

d. Ce sera tout !

→ ....

e. Ça fait en tout 15 euros.

→ ....

20.
DANS UN GRAND MAGASIN

IM WARENHAUS

OBJECTIFS

- COMPRENDRE OU EMPLOYER CERTAINES TOURNURES SPÉCIFIQUES À L'ACHAT D'UN VÊTEMENT, DE CHAUSSURES
- CONNAÎTRE LES COULEURS

NOTIONS

- EMPLOI ET FORMATION DU SUPERLATIF
- LA TOURNURE *WAS FÜR EIN*
- INTRODUCTION AUX VERBES SUIVIS D'UNE PRÉPOSITION

UNE FOIS N'EST PAS COUTUME

Anna : Écoute ! Je suis dans le nouveau grand magasin, au rayon chaussures. Il y a jusqu'à 60 % de rabais. Viens donc ! Je t'attends. Je t'entends mal. Rappelle-moi. *(parle avec le vendeur)* Pourriez-vous m'aider s'il vous plaît ?

Vendeur : Oui. Que puis-je faire pour vous ?

Anna : Je cherche des chaussures, mais (je ne) trouve rien dans ma taille.

Vendeur : Quel genre de chaussures cherchez-vous ?

Anna : Des chaussures de sport comme ces modèles-là. Je trouve que les rouges sont les plus belles, mais les vertes et les bleues me plaisent aussi.

Vendeur : Quelle pointure faites-vous ?

Anna : 38.

Vendeur : En rouge, il ne me reste malheureusement plus rien. Mais j'ai un modèle semblable. Souhaitez-vous l'essayer ?

Anna : Oui, volontiers. (…) Je préfère les rouges. Elles sont aussi les plus confortables. Combien coûtent-elles ?

Vendeur : 28 euros. Ce sont les moins chères.

Anna : Super ! Je les prends.

Vendeur : Vous désirez autre chose ?

Anna : Je cherche un chemisier.

Vendeur : Quel genre de chemisier ?

Anna : Pour un mariage.

Vendeur : Vous trouverez ça au rayon femmes au premier étage.

Anna : Combien coûtent ces sandalettes ? Je ne les avais pas vues.

Vendeur : 22 euros. Souhaitez-vous les essayer ?

Anna : Mmh, non merci.

Vendeur : Si vous voulez bien me suivre jusqu'à la caisse. Comment souhaitez-vous payer ?

Anna : En liquide… Pardon, je vais quand même essayer les sandalettes. (…)

Vendeur : Elles vous vont très bien.

Anna : Je les prends aussi. C'est la première fois que j'achète autant.

Vendeur : Une fois n'est pas coutume, surtout pendant les soldes.

22 EINMAL IST KEINMAL

Anna: Hör zu! Ich bin im neuen Warenhaus, in der Schuhabteilung. Es gibt bis zu 60 % (sechzig Prozent) Rabatt. Komm doch! Ich warte auf dich. Ich höre dich schlecht. Ruf mich zurück! *(spricht mit dem Verkäufer)* Könnten Sie mir bitte helfen?

Verkäufer: Ja. Wie kann ich Ihnen helfen?

Anna: Ich suche Schuhe, finde aber nichts in meiner Größe.

Verkäufer: Was für Schuhe suchen Sie?

Anna: Sportschuhe wie diese Modelle hier. Am schönsten finde ich die roten, aber die grünen und die blauen gefallen mir auch.

Verkäufer: Welche Schuhgröße haben Sie?

Anna: 38 (achtunddreißig).

Verkäufer: In Rot ist leider schon alles weg. Ich habe aber ein ähnliches Modell. Möchten Sie es anprobieren?

Anna: Ja gern. (…) Am besten gefallen mir die roten. Sie sind auch am bequemsten. Wie teuer sind sie?

Verkäufer: 28 (achtundzwanzig) Euro. Es sind die billigsten.

Anna: Super! Ich nehme sie.

Verkäufer: Sonst noch etwas?

Anna: Ich suche eine Bluse.

Verkäufer: Was für eine Bluse?

Anna: Für eine Hochzeit.

Verkäufer: Das finden Sie in der Damenabteilung im ersten Stock.

Anna: Wie viel kosten diese Sandalen? Die hatte ich nicht gesehen.

Verkäufer: 22 (zweiundzwanzig) Euro. Möchten Sie sie anprobieren?

Anna: Mmh, nein danke.

Verkäufer: Würden Sie mir bitte zur Kasse folgen. Wie möchten Sie zahlen?

Anna: Bar … Entschuldigung, ich werde doch die Sandalen anprobieren. (…)

Verkäufer: Sie stehen Ihnen sehr gut.

Anna: Ich nehme sie auch. Es ist das erste Mal, dass ich so viel kaufe.

Verkäufer: Einmal ist keinmal, vor allem beim Ausverkauf.

■ COMPRENDRE LE DIALOGUE
QUELQUES FORMULES ET EXPRESSIONS

→ **Wie kann ich Ihnen helfen?** *Que puis-je faire pour vous ?* (littéralement « Comment puis-je vous aider ? »)

→ **Welche Schuhgröße haben Sie?** *Quelle pointure faites-vous ?* (littéralement « Quelle pointure avez-vous ? »)

→ **in der Schuhabteilung** *au rayon chaussures* littéralement « dans le rayon de chaussures »

→ **in meiner Größe** *à ma taille* littéralement « dans ma taille »

→ **In Rot ist leider schon alles weg.** *En rouge, il n'y a malheureusement plus rien.* (littéralement « En rouge est malheureusement déjà tout parti. ») *Il n'y a plus rien* se traduit par **Alles ist schon weg.** *Tout est déjà parti.*

→ **wie teuer ist (sind)** *combien coûte(nt)* littéralement « comment cher »

→ **Würden Sie mir bitte zur Kasse folgen?** *Voudriez-vous bien me suivre jusqu'à la caisse ?* Cette tournure idiomatique est à mémoriser.

→ **Sie stehen Ihnen sehr gut.** *Elles vous vont très bien.* Cette tournure idiomatique est à mémoriser.

→ **beim Ausverkauf** *pendant les soldes*. En allemand, **der Ausverkauf** est un nom masculin singulier.

→ **Einmal ist keinmal** (exp.). *Une fois n'est pas coutume.* (littéralement « Une fois est aucune fois. »)

NOTE CULTURELLE

Depuis le 1er janvier 2005, les dates des soldes sont libres en Allemagne et les boutiques peuvent écouler leurs stocks quand elles veulent. Attention néanmoins si vous voulez acheter des vêtements, car les tailles sont différentes : un 38 français correspond à un 36 allemand, un 40 français à un 38 allemand et ainsi de suite.

◆ GRAMMAIRE

EMPLOI ET FORMATION DU SUPERLATIF

ADJECTIF ATTRIBUT OU ADVERBE

On emploie le superlatif pour comparer trois (groupes de) personnes/choses et il se forme en : **am** + adjectif/adverbe + terminaison **-sten**. Souvenez-vous que lorsque la comparaison porte sur deux (groupes de) personnes/choses, on emploie le comparatif de supériorité (voir Module n°17). Par ailleurs, les adjectifs prenant un Umlaut sur le **a**, **o**, **u** au comparatif de supériorité le prennent aussi au superlatif. En français, le superlatif peut se traduire par *le/la/les plus*, *celui/ceux/celle(s) que je préfère (le plus)* ou *je préfère* sans différencier comparatif de supériorité et superlatif.

schön *beau*	**am schönsten** *le plus beau* Exemple : **Am schönsten finde ich die roten ...** *Je trouve que les rouges sont les plus belles (...). / Je préfère les rouges (...).*
bequem *confortable*	**am bequemsten** *le plus confortable* Exemple : **Sie sind auch am bequemsten.** *Ce sont aussi les plus confortables.*

La comparaison dans les exemples ci-dessus porte sur trois paires de chaussures : les rouges, vertes et bleues.

Notez aussi les irrégularités suivantes :

gut *bien*	**am besten** *le mieux* Exemple : **Am besten gefallen mir die roten.** *Je préfère les rouges/Les rouges me plaisent le plus.* (littéralement « Au mieux plaisent à moi les rouges »)
hoch *haut*	**am höchsten** *le plus haut*
nah *proche*	**am nächsten** *le plus proche*
viel *beaucoup*	**am meisten** *le plus*

ADJECTIF ÉPITHÈTE

Il se forme comme suit : adjectif + **st** + terminaison de l'adjectif épithète. Notez aussi que les adjectifs avec Umlaut et les irrégularités sont les mêmes que pour l'adjectif attribut. **Es sind die billigsten/besten Schuhe.** *Ce sont les chaussures les moins chères/plus belles.* La terminaison **-en** correspond ici au nominatif pluriel.

LA TOURNURE *WAS FÜR EIN*

Was für ein correspond à *quel genre/quelle sorte de* et se décline ainsi :

	Masculin	Féminin	Neutre	Pluriel
Nominatif	**was für ein** Exemple : **Was für ein Hut ist das?** *Quel genre de chapeau est-ce ?*	**was für eine**	**was für ein**	**was für**
Accusatif	**was für einen** Exemple : **Was für einen Hut suchst du?** *Quel genre de chapeau cherches-tu ?*	**was für eine**	**was für ein**	**was für**
Datif	**was für einem**	**was für einer**	**was für einem**	**was für**

Attention ! Ici, **für** n'a pas la valeur d'une préposition et la déclinaison de **was für ein** dépend de la fonction de son groupe nominal dans la phrase.

INTRODUCTION AUX VERBES SUIVIS D'UNE PRÉPOSITION

Certains verbes se construisent avec une préposition et sont suivis de l'accusatif ou du datif, comme par exemple **auf jemanden/etwas warten** + accusatif *attendre quelqu'un/quelque chose* : **Ich warte auf dich.** *Je t'attends.*
Notez aussi les verbes suivants :
- **an jemanden/etwas denken** + accusatif *penser à quelqu'un/quelque chose* : **Ich denke an dich.** *Je pense à toi* ;
- **sich an jemanden/etwas erinnern** + accusatif *se souvenir de quelqu'un/quelque chose* : **Ich erinnere mich nicht mehr an den Titel.** *Je ne me souviens plus du titre* ;
- **sich auf etwas freuen** + accusatif *se réjouir de quelque chose à venir* : **Er freut sich auf deinen Besuch.** *Il se réjouit de ta visite.* La visite n'a pas encore eu lieu ;
- **sich über etwas freuen** + accusatif *se réjouir de quelque chose de présent ou passé* : **Er hat sich über deinen Besuch gefreut.** *Il s'est réjoui de ta visite.* La visite est en cours ou bien terminée ;
- **jemandem zu etwas gratulieren** + datif *féliciter quelqu'un pour quelque chose* : **Ich gratuliere dir zum Geburtstag.** *Joyeux anniversaire.* (littéralement « Je te félicite à l'anniversaire »)

● EXERCICES

1. COMPLÉTEZ LES PHRASES EN METTANT L'ADJECTIF ENTRE PARENTHÈSES AU SUPERLATIF.

Adjectif attribut

a. Wo ist es am ....? (schön)

b. Was ist am ....? Der Bus, der Zug oder die U-Bahn? (billig)

c. Er hat am .... gegessen. (viel)

d. Am .... geht es mit dem Auto. (schnell)

VOCABULAIRE

zu/hören (er hört ... zu) *écouter*
das Warenhaus (¨er) *le grand magasin*
die Abteilung (en) *le rayon*
die Schuhabteilung (en) *le rayon chaussures*
% (Prozent) Rabatt *% de rabais*
auf jemanden/etwas warten *attendre quelqu'un/quelque chose*
Wie kann ich Ihnen helfen? *Que puis-je faire pour vous ?*
die Größe (n) *la taille*
Was für (ein) ... ? *Quel genre de... ?*
der Sportschuh (e) *la chaussure de sport*
wie *comme*
das Modell (e) *le modèle*
am schönsten *le/la/les plus beau(x)/belle(s)*
die Schuhgröße (n) *la pointure*
Welche Schuhgröße haben Sie? *Quelle pointure faites-vous ?*
in Rot *en rouge*
Alles ist schon weg. *Il ne reste malheureusement rien.*
ähnlich *semblable*
an/probieren (er probiert ... an) *essayer (un vêtement ou des chaussures)*
am besten gefallen mir *je préfère (le plus)*
bequem *confortable*
am bequemsten *le/la/les plus confortable(s)*
Wie teuer ist (sind)? *Combien coûte(nt) ?*
billig *bon marché*
die Bluse (n) *le chemisier*
die Hochzeit (en) *le mariage*
die Damenabteilung (en) *le rayon femmes*
der Stock *l'étage* **(im ersten Stock** *au premier étage)*
kosten *coûter*
die Sandale (n) *la sandalette*
Würden Sie mir bitte bis zur Kasse folgen? *Si vous voulez bien me suivre jusqu'à la caisse.*
zahlen *payer* **(bar** *en liquide)*
jemandem gut stehen *bien aller à quelqu'un*
Sie stehen Ihnen sehr gut. *Elles vous vont très bien.*
der Ausverkauf *les soldes*
beim Ausverkauf *pendant les soldes*
das erste Mal *la première fois*
Einmal ist keinmal (exp.). *Une fois n'est pas coutume.*

POUR ALLER PLUS LOIN

blau *bleu*
braun *marron*
gelb *jaune*
grau *gris*
lila *violet*
orange *orange*
schwarz *noir*
weiß *blanc*

Adjectif épithète

e. Sie hat die .... Schuhe. (schön)

f. Sind das die .... Schuhe? (teuer)

g. Kennst du das .... Hotel in München? (billig)

h. Wir waren im .... Restaurant? (gut)

2. COMPLÉTEZ LES PHRASES PAR was für ein (-)/was für. LE GENRE OU LE NOMBRE DES SUBSTANTIFS EST INDIQUÉ ENTRE PARENTHÈSES.

a. .... Auto (N) ist das.

b. .... Wagen (M) hast du?

c. Mit .... Wagen (M) bist du 280 km/h gefahren?

d. .... Schuhe (Pl.) soll ich anziehen?

3. RELIEZ LES QUESTIONS AUX RÉPONSES CORRESPONDANTES.

Exemple : Wie kann ich Ihnen helfen? .... Ich suche Schuhe.

a. Was für Schuhe suchen Sie?   •   •   A. Sportschuhe

b. Welche Schuhgröße haben Sie?   •   •   B. Ja, gern.

c. Wie möchten Sie zahlen?   •   •   C. 38.

d. Möchten Sie sie anprobieren?   •   •   D. Bar.

4. ÉCOUTEZ ET COMPLÉTEZ LES PHRASES PAR ÉCRIT AVEC LES MOTS SUIVANTS : Schuhe/ Schuhabteilung/Ausverkauf/Stock/Damenabteilung/Rabatt/Bluse/Modell/ Warenhaus/ Größe. (ATTENTION AUX INTRUS !)

a. Ich bin im neuen ....

b. Ich bin in der ....

c. Es gibt bis zu 60 % ....

d. Ich finde nichts in meiner ....

e. Ich würde gern dieses .... anprobieren.

21.
LES BANQUES ET ADMINISTRATIONS
DIE BANKEN UND BEHÖRDEN

OBJECTIFS

- DÉSIGNER DIFFÉRENTS ÉTABLISSEMENTS/ ADMINISTRATIONS
- PARLER DE CERTAINES DÉMARCHES À LA BANQUE ET À LA POSTE

NOTIONS

- EMPLOI ET FORMATION DES INFINITIVES AVEC *ZU* OU *UM ZU*
- LA TOURNURE *ZUM ... MAL*
- LE PRÉTÉRIT DES VERBES DE MODALITÉ

IL FAUT QUE J'AILLE TOUT DE SUITE À LA POLICE !

Cécile : Salut John ! J'ai une bonne nouvelle. Mon amie nous prête son appartement à Berlin.

John : OK !

Cécile : Qu'est-ce qui se passe ?

John : Je suis enrhumé et fatigué.

Cécile : Pourquoi ne restes-tu pas au lit ?

John : Je ne peux pas. Je dois aller chercher une lettre recommandée à la poste. C'est urgent.

Cécile : Je peux le faire pour toi. Il faut aussi que j'aille à la poste afin d'envoyer un petit paquet et d'acheter des timbres.

John : Mais je voulais aussi aller à la banque pour retirer de l'argent. Hier, je n'ai pas pu le faire car le distributeur était hors service.

Cécile : Oui, je sais. Pour la troisième fois en un mois… À ta place, je resterais au lit.

John : Oui, tu as raison.

Cécile : Donne-moi juste ta carte d'identité et le justificatif. Et n'oublie pas de signer le justificatif.

John : Oui, bien sûr… As-tu vu mon portefeuille ?

Cécile : Non.

John : Normalement il est toujours posé ici. (…) C'est pas vrai ! Mon portefeuille a disparu avec tous mes papiers et ma [la] carte de crédit.

Cécile : Réfléchis ! Quand l'as-tu utilisé pour la dernière fois ?

John : Hier pour aller en discothèque.

Cécile : Peut-être l'as-tu perdu là ou on te l'a volé ?

John : Perdu ou volé, il faut que j'aille tout de suite à la police. Dommage pour la journée de repos !

23 ICH MUSS SOFORT ZUR POLIZEI!

Cécile: Hi John! Ich habe eine gute Nachricht. Meine Freundin leiht uns ihre Wohnung in Berlin.

John: OK!

Cécile: Was ist los?

John: Ich bin erkältet und müde.

Cécile: Warum bleibst du nicht im Bett?

John: Ich kann nicht. Ich muss zur Post gehen, um einen Einschreibebrief abzuholen. Es ist dringend.

Cécile: Ich kann es für dich machen. Ich muss auch zur Post, um ein Päckchen abzuschicken und Briefmarken zu kaufen.

John: Ich wollte aber auch zur Bank gehen, um Geld abzuheben. Gestern konnte ich das nicht machen, weil der Bankautomat außer Betrieb war.

Cécile: Ja, ich weiß. Zum dritten Mal in einem Monat … An deiner Stelle würde ich im Bett bleiben.

John: Ja, du hast recht.

Cécile: Gib mir nur deinen Ausweis und den Beleg. Und vergiss nicht, den Beleg zu unterschreiben.

John: Ja, klar … Hast du meinen Geldbeutel gesehen?

Cécile: Nein.

John: Normalerweise liegt er immer hier. (…) Das darf doch nicht wahr sein! Mein Geldbeutel ist weg mit meinen ganzen Papieren und der Kreditkarte.

Cécile: Überleg mal! Wann hast du ihn zum letzten Mal benutzt?

John: Gestern, um in die Disko zu gehen.

Cécile: Vielleicht hast du ihn da verloren, oder man hat ihn dir gestohlen?

John: Verloren oder gestohlen, ich muss sofort zur Polizei. Schade um den Ruhetag!

■ COMPRENDRE LE DIALOGUE
QUELQUES FORMULES ET EXPRESSIONS

→ **Warum bleibst du nicht im Bett?** *Pourquoi ne restes-tu pas au lit ?* (littéralement « Pourquoi ne restes-tu pas dans le lit ? »)

→ **Das darf doch nicht wahr sein!** *C'est pas vrai !* Tournure idiomatique.

→ **Mein Geldbeutel ist weg (…)** *Mon portefeuille a disparu (…)* (littéralement « Mon portefeuille est parti (…) »)

→ **mit meinen ganzen Papieren** *avec tous mes papiers* littéralement « avec mes entiers papiers »

→ **Schade um …!** *Dommage pour… !* Tournure idiomatique à mémoriser.

NOTE CULTURELLE

De façon générale, en Allemagne, les cartes de crédit sont beaucoup moins utilisées qu'en France. Vous pouvez payer par carte bancaire dans les boutiques de vêtements, dans les hôtels et dans les restaurants de catégorie supérieure, même si certains établissements n'acceptent pas toutes les cartes bancaires. Comme en France, les distributeurs automatiques de billets sont utilisables 24 heures sur 24, mais certains ne prennent pas la carte Visa.

◆ GRAMMAIRE
EMPLOI ET FORMATION DES INFINITIVES AVEC *ZU* ET *UM … ZU*

L'allemand emploie fréquemment la construction infinitive. Il en existe plusieurs types, dont :

• La proposition infinitive introduite par **zu** :
En français, elle correspond à une infinitive introduite par *à/de*.
- **zu** se place directement devant l'infinitif qui est rejeté en fin de phrase.
Exemple : **Und vergiss nicht, den Beleg zu unterschreiben.** *Et n'oublie pas de signer le justificatif.*
- Dans le cas d'un verbe à particule séparable, **zu** se place entre la particule et le verbe :
Vergiss nicht, deine Schwester anzurufen. *N'oublie pas d'appeler ta sœur.*
Attention ! L'infinitif n'est pas précédé de **zu** après les verbes de modalité et après certains autres verbes, dont **gehen** : **Ich muss zur Post gehen**, (…) *Il faut que j'aille à la poste* ; **Ich gehe jetzt einkaufen.** *Je vais faire les courses maintenant.*

Notez que ces mêmes verbes en français se construisent dans la grande majorité des cas également sans à/de.
Par ailleurs, la proposition principale est généralement séparée de la proposition infinitive par une virgule, sauf si cette dernière n'a pas de complément. Exemple : **Und vergiss nicht zu unterschreiben.** *Et n'oublie pas de signer.*

• **La proposition infinitive introduite par um ... zu** :
En français, elle correspond à une infinitive introduite par *afin de/pour*.
- la place de **zu** est la même que dans l'infinitive introduite par **zu**, devant l'infinitif ou entre la particule et le verbe.
- **um** se place devant le(s) complément(s) et s'il n'y a pas de complément devant **zu**, la phrase se forme ainsi : **Ich muss auch zur Post, um ein Päckchen abzuschicken und Briefmarken zu kaufen.** *Il faut aussi que j'aille à la poste, afin d'envoyer un paquet et d'acheter des timbres* ; **Ich bleibe im Büro, um zu arbeiten.** *Je reste au bureau pour travailler.*
N.B. Le sujet sous-entendu de l'infinitive doit être le même que celui de la principale.

LA TOURNURE *ZUM ... MAL*

Notez cette tournure souvent employée : **zum** + nombre ordinal + **Mal**

zum ersten/zweiten/dritten ... Mal *pour la première/deuxième/troisième... fois*	Zum dritten Mal in einem Monat. *Pour la troisième fois en un mois.*
zum letzten Mal *pour la dernière fois*	Wann hast du ihn zum letzten Mal benutzt? *Quand l'as-tu utilisé pour la dernière fois ?*

▲ CONJUGAISON
LE PRÉTÉRIT DES VERBES DE MODALITÉ

Comme pour les verbes **haben** *avoir* et **sein** *être*, le prétérit reste très courant pour les verbes de modalité. (Souvenez-vous que pour de nombreux autres verbes, le prétérit est remplacé à l'oral par le parfait.) **Mögen** *bien aimer, désirer* est, quant à lui, un verbe particulier que nous n'aborderons pas ici.

Ils se conjuguent comme suit :

sollen *devoir*	**ich sollte, du solltest, er/sie/es sollte, wir sollten, ihr solltet, sie/Sie sollten**	**Ich sollte ihm helfen.** *Je devais l'aider.*
wollen *vouloir*	**ich wollte, du wolltest, er/sie/es wollte, wir wollten, ihr wolltet, sie/Sie wollten**	**Ich wollte aber auch zur Bank gehen, um Geld abzuheben.** *Mais je voulais aussi aller à la banque pour retirer de l'argent.*
können *pouvoir*	**ich konnte, du konntest, er/sie/es konnte, wir konnten, ihr konntet, sie/Sie konnten**	**Gestern konnte ich das nicht machen, weil der Bankautomat außer Betrieb war.** *Hier, je n'ai pas pu le faire car le distributeur était hors service.*
müssen *devoir/falloir*	**ich musste, du musstest, er/sie/es musste, wir mussten, ihr musstet, sie/Sie mussten**	**Ich musste früh los.** *Il fallait que je parte tôt.*
dürfen *avoir le droit*	**ich durfte, du durftest, er/sie/es durfte, wir durften, ihr durftet, sie/Sie durften**	**Früher durfte man hier rauchen.** *Avant, on avait le droit de fumer ici.*

● EXERCICES

1. FAITES DES PHRASES INFINITIVES COMME DANS LES EXEMPLES.

Exemple 1 : Kauf bitte Brot! *Achète du pain s'il te plaît !*
→ Vergiss bitte nicht, Brot zu kaufen! *N'oublie pas d'acheter du pain s'il te plaît !*

a. Unterschreib(e) bitte den Beleg! → Vergiss bitte nicht, ...

b. Hilf deinem Bruder! → Vergiss bitte nicht, ...

c. Rufen Sie ihn bitte an! → Vergessen Sie bitte nicht, ...

d. Unterschreiben Sie bitte den Brief! → Vergessen Sie bitte nicht, ...

VOCABULAIRE

leihen *prêter*
erkältet *enrhumé*
im Bett bleiben *rester au lit*
dringend *urgent*
die Post *la poste*
um ... zu ... *afin de/pour* (+ infinitive)
der Einschreibebrief (e) *la lettre recommandée*
ab/holen (er holt ... ab) *aller/ passer chercher*
das Päckchen (-) *le petit paquet*
ab/schicken (er schickt ... ab) *envoyer*
die Briefmarke (n) *le timbre*
die Bank (en) *la banque*
das Geld *l'argent*
Geld ab/heben (er hebt Geld ab) *retirer de l'argent*
der Bankautomat (en) *le distributeur automatique*
außer Betrieb *hors service*
zum dritten/letzten Mal *pour la troisième/dernière fois*
in einem Monat *en/dans un mois*
die Stelle (n) *la place/l'emplacement*
an deiner Stelle *à ta place*
der Beleg (e) *le justificatif*
zu *de/à* (+ infinitive)
unterschreiben *signer*
der Geldbeutel (-) *le portefeuille*
normalerweise *normalement*
Das darf doch nicht wahr sein! *C'est pas vrai !*
weg sein *avoir disparu* (dans ce contexte)
meine ganzen Papiere *tous mes papiers*
die Kreditkarte (n) *la carte de crédit*
überlegen *réfléchir*
  Überleg mal! *Réfléchis !/ Réfléchis donc !*
benutzen *utiliser*
die Disko (s)/die Diskothek (en) *la discothèque*
in die Disko gehen *aller en discothèque*
verlieren/verloren *perdre/perdu*
stehlen (er stiehlt)/gestohlen *voler/volé* (sens de « dérober »)
die Polizei *la police*
  zur Post, Bank, Polizei ... gehen *aller à la poste, à la banque, à la police...*
der Ruhetag (e) *le jour de repos*
Schade um den Ruhetag! *Dommage pour le jour de repos !*

POUR ALLER PLUS LOIN

die Post *le courrier*
der Brief (e) *la lettre*
das Paket (e) *le colis*
die Unterschrift (en) *la signature*
die Botschaft (en) *l'ambassade*
das Konsulat (e) *le consulat*

Exemple 2 : Ich komme. *Je viens.* Ich helfe dir. *Je t'aide.*
→ Ich komme, um dir zu helfen. *Je viens pour t'aider.*

e. Ich komme. Ich arbeite mit dir. → Ich komme, ...

f. Ich komme. Ich helfe dir für die Übersetzung. → Ich komme, ...

g. Wir fahren nach Berlin. Wir besuchen unseren Bruder. → Wir fahren nach Berlin, ...

h. Sie bleibt in Berlin. Sie macht ein Praktikum. → Sie bleibt in Berlin, ...

2. COMPLÉTEZ LES PHRASES PAR LES VERBES DE MODALITÉ (ENTRE PARENTHÈSES) AU PRÉTÉRIT.

a. Er .... zur Bank gehen. (müssen)

b. .... ihr viel arbeiten? (müssen)

c. Mit 16 Jahren .... wir nicht in die Disko gehen. (dürfen)

d. Er .... nicht. (wollen)

e. Sie .... nicht früher kommen. (können) (3ᵉ personne du pluriel)

3. TRADUISEZ LES PHRASES SUIVANTES EN COMMENÇANT PAR ICH MUSS *Je dois*.

a. Je dois aller à la police. → ....

b. Je dois aller à la banque. → ....

c. Je dois retirer de l'argent. → ....

d. Je dois acheter des timbres. → ....

4. ÉCOUTEZ ET COMPLÉTEZ LES PHRASES UNE PAR UNE PAR LES MOTS SUIVANTS (ATTENTION AUX INTRUS !) : Polizei/Bank/Post/Bankautomat/Päckchen/Geld/Rathaus/Briefmarken/Einschreibebrief.

a. Ich muss zur .... gehen.

b. Ich muss zur Post gehen, um .... zu kaufen.

c. Ich muss zur Post gehen, um ein .... abzuschicken.

d. Ich muss zur .... gehen.

e. Ich muss zur Bank gehen, um .... abzuheben.

22.
CHEZ LE MÉDECIN

BEIM ARZT

OBJECTIFS

- NOMMER LES DIFFÉRENTES PARTIES DU CORPS
- DÉSIGNER CERTAINES MALADIES/BLESSURES
- MAÎTRISER CERTAINS TERMES ET TOURNURES POUR UNE VISITE MÉDICALE

NOTIONS

- TOURNURES DE PHRASES AU DATIF
- LES VERBES SUBSTANTIVÉS
- LA PROPOSITION SUBORDONNÉE AVEC *DAMIT*
- LE PARFAIT : EMPLOI DES AUXILIAIRES *HABEN* ET *SEIN*

OÙ AVEZ-VOUS MAL ?

<u>Assistante</u> : Madame Fischer. Vous venez pour la première fois en consultation chez le docteur Müller ?

<u>Anna</u> : Oui.

<u>Assistante</u> : Pourriez-vous s'il vous plaît remplir ce formulaire au sujet des maladies et allergies ? Et j'ai (aussi) besoin de votre carte d'assuré.

<u>Anna</u> : Voici ma carte. (...)

<u>Médecin</u> : Où avez-vous mal ?

<u>Anna</u> : J'ai mal à la cheville.

<u>Médecin</u> : Quand et comment vous êtes-vous blessée ?

<u>Anna</u> : C'était ce matin. J'ai couru vers le bus et en montant j'ai raté une marche. J'ai glissé et je suis tombée.

<u>Médecin</u> : Aviez-vous tout de suite des douleurs ?

<u>Anna</u> : Non, d'abord je pouvais marcher, les douleurs ont commencé plus tard. Je suis même restée une heure au bureau et j'ai travaillé.

<u>Médecin</u> : Oui, la cheville est enflée. Nous devons faire une radio du pied. Sinon tout va bien ?

<u>Anna</u> : Oui.

<u>Médecin</u> : Attendez ici. J'appelle l'aide-soignant afin qu'il vous amène à la radio. (…) Heureusement, ce n'est qu'une entorse. Nous allons vous mettre un bandage et nous nous revoyons dans deux semaines.

<u>Anna</u> : Combien de temps vais-je garder le bandage ?

<u>Médecin</u> : Ça, je pourrai seulement vous le dire à notre prochain rendez-vous.

<u>Anna</u> : Dommage, je voulais faire une randonnée dans dix jours.

<u>Médecin</u> : Ce n'est que partie remise.

WAS TUT IHNEN WEH?

Assistentin: Frau Fischer. Kommen Sie zum ersten Mal in die Sprechstunde von Doktor Müller?

Anna: Ja.

Assistentin: Könnten Sie bitte diesen Fragebogen über Krankheiten und Allergien ausfüllen? Und ich brauche Ihre Versicherungskarte.

Anna: Hier ist meine Karte. (…)

Arzt: Was tut Ihnen weh?

Anna: Mir tut der Knöchel weh.

Arzt: Wann und wie haben Sie sich verletzt?

Anna: Es war heute Morgen. Ich bin zum Bus gerannt und habe beim Einsteigen eine Stufe übersehen. Ich bin ausgerutscht und hingefallen.

Arzt: Hatten Sie sofort Schmerzen?

Anna: Nein, zuerst konnte ich noch gehen, die Schmerzen haben später begonnen. Ich bin sogar eine Stunde im Büro geblieben und habe gearbeitet.

Arzt: Ja, der Knöchel ist angeschwollen. Wir müssen den Fuß röntgen. Sonst ist alles in Ordnung?

Anna: Ja.

Arzt: Warten Sie hier. Ich rufe den Krankenpfleger, damit er Sie zum Röntgen bringt. (…) Zum Glück ist es nur eine Verstauchung. Wir werden Ihnen einen Verband anlegen und wir sehen uns in zwei Wochen wieder.

Anna: Wie lange werde ich den Verband behalten?

Arzt: Das kann ich Ihnen erst bei unserem nächsten Termin sagen.

Anna: Schade, ich wollte in zehn Tagen eine Wanderung machen.

Arzt: Aufgeschoben ist nicht aufgehoben.

■ COMPRENDRE LE DIALOGUE
QUELQUES FORMULES ET EXPRESSIONS

→ **Kommen Sie zum ersten Mal in die Sprechstunde von Doktor Müller?** *Vous venez pour la première fois en consultation chez le docteur Müller ?* (littéralement « Venez-vous pour la première fois dans la consultation du docteur Müller ? »)

→ **(...) diesen Fragebogen über Krankheiten (...) ausfüllen** (...) *remplir ce questionnaire au sujet des maladies (...)* littéralement « (...) sur des maladies (...) »

→ **heute Morgen** *ce matin* littéralement « aujourd'hui matin »

→ **Ich (...) habe beim Einsteigen eine Stufe übersehen.** *(...) en montant j'ai raté une marche.* (littéralement « je n'ai pas vu »)

→ **Ich bin sogar eine Stunde im Büro geblieben.** *Je suis même restée une heure au bureau.* **Im Büro bleiben** *rester au bureau* (littéralement « rester dans le bureau »)

→ **Sonst ist alles in Ordnung?** *Mais sinon tout va bien ?* **Alles ist in Ordnung** signifie *tout va bien* (littéralement « tout est en ordre »)

→ **wie lange** *combien de temps* littéralement « comment longtemps »

→ **Aufgeschoben ist nicht aufgehoben.** *Ce n'est que partie remise.* Cette expression idiomatique signifie (littéralement « Repousser n'est pas annuler »)

NOTE CULTURELLE

La couverture maladie est assurée par des caisses de santé publiques et privées. Les caisses publiques assurent la très grande majorité des Allemands et couvrent, à quelques prestations annexes près, les mêmes soins. La cotisation est prélevée directement sur le salaire, comme en France. Pour certains soins (dentaires, optiques, etc.), les caisses de santé publique n'offrent pas de protections optimales, les Allemands doivent alors souscrire à une complémentaire santé pour combler ces carences. Les caisses maladies privées sont réservées aux personnes ayant un certain niveau de salaire (environ 50 000 euros par an) ainsi qu'aux indépendants, quels que soient leurs revenus.

GRAMMAIRE
TOURNURES DE PHRASES AU DATIF

En allemand, il existe plusieurs constructions de phrases au datif. Il s'agit là de particularités de la langue qui se traduisent en français par des périphrases.
Was tut Ihnen weh? Mir tut der Knöchel weh. *Où avez-vous mal ? J'ai mal à la cheville* (littéralement « Qu'est-ce qui fait à vous mal ? À moi fait la cheville mal »)

Parmi les constructions au datif, la plus connue est certainement la suivante : **Wie geht es dir/Ihnen?** *Comment vas-tu/allez-vous ?* (littéralement « Comment va ça à toi/à vous ? ») **(Mir geht es) Gut, danke. Und dir/Ihnen?** *(Je vais) Bien, merci. Et toi/vous ?* (littéralement « (À moi va ça) Bien, merci. Et à toi/à vous ? »)

Notez aussi les exemples suivants : **Ist dir/Ihnen kalt oder warm?** *As-tu / Avez-vous froid ou chaud ?* (littéralement « Est à toi/à vous froid ou chaud ? ») **Mir ist kalt. Mir ist warm.** *J'ai froid. J'ai chaud.* (littéralement « À moi est froid. À moi est chaud »)

LES VERBES SUBSTANTIVÉS

De nombreux verbes à l'infinitif peuvent être utilisés comme substantifs. Ils prennent donc une majuscule, sont toujours neutres et n'ont pas de pluriel. Ils se traduisent en français par un nom, un infinitif ou un gérondif.

beim Einsteigen *en montant* est dérivé du verbe **ein/steigen** *monter dans le bus, le train…*

zum Röntgen *à la radio* est issu du verbe **röntgen** *radiographier.*

ein Essen *un repas* est issu du verbe **essen** *manger.*

LA PROPOSITION SUBORDONNÉE AVEC *DAMIT*

Damit est une conjonction de subordination qui exprime la cause, la finalité. Elle s'emploie à la place de **um … zu …** lorsque les sujets sont différents.

Ich rufe den Krankenpfleger, damit er Sie zum Röntgen bringt. *J'appelle l'aide-soignant afin qu'il vous amène à la radio.*

▲ CONJUGAISON
LE PARFAIT : EMPLOI DES AUXILIAIRES *HABEN* ET *SEIN*

Le parfait se construit avec l'auxiliaire **haben** ou **sein**.

Se conjuguent avec **haben** la majorité des verbes :

- les verbes suivis d'un complément d'objet accusatif : **Ich (…) habe beim Einsteigen eine Stufe übersehen.** *En montant j'ai raté une marche.* Notez que **übersehen** signifie *ne pas voir* ;

- les verbes qui marquent un état, une position ou un processus qui dure : **Ich habe gearbeitet.** *J'ai travaillé* ;

- les verbes pronominaux, à la différence du français : **Wann und wie haben Sie sich verletzt?** *Quand et comment vous êtes vous blessée ?*

Se conjuguent avec **sein** :
- les verbes qui marquent un changement d'état/de lieu ou un mouvement et ne régissant pas de complément d'objet accusatif : **Ich bin zum Bus gerannt (…) Ich bin ausgerutscht und hingefallen.** *J'ai couru vers le bus (…) J'ai glissé et je suis tombée.* / **Ich bin mit Anna ins Schwimmbad gegangen.** *Je suis allée à la piscine avec Anna* ;
- **bleiben** et **sein** bien qu'ils marquent un état : **Ich bin sogar eine Stunde bei der Arbeit geblieben (…)** *Je suis même restée une heure au bureau (…).*

Pour certains verbes, il n'est pas toujours évident de distinguer entre état ou changement d'état comme **an/fangen** et **beginnen** *commencer*, et **aufhören** *arrêter*. Ils sont considérés comme des verbes d'état et se conjuguent avec **haben (…) die Schmerzen haben später begonnen.** *(…) les douleurs ont commencé plus tard.*

● EXERCICES

1. TRADUISEZ LES PHRASES SUIVANTES.

Exemple : *J'ai chaud.* Mir ist warm.

a. J'ai froid. → ....
b. Elle a chaud. → ....
c. Nous avons froid. → ....
d. Il a chaud. → ....
e. Avez-vous froid ? (vouvoiement) → ....
f. As-tu chaud ? → ....

2. COMPLÉTEZ LES PHRASES AVEC LES AUXILIAIRES haben OU sein.

a. Er .... ausgerutscht.
b. .... ihr gut gearbeitet?
c. .... du dich verletzt?
d. Wir .... zum Bus gerannt.
e. Ich .... eine Stufe übersehen.

VOCABULAIRE

die Sprechstunde (n) *la consultation*
  in die Sprechstunde kommen *venir en consultation*
der Doktor (en) *le docteur*
der Fragebogen (¨) *le questionnaire*
die Krankheit (en) *la maladie*
die Allergie (n) *l'allergie*
ausfüllen *remplir* (un questionnaire, des papiers)
die Versicherungskarte (n) *la carte d'assuré*
weh tun *faire mal*
der Knöchel (-) *la cheville*
Was tut Ihnen weh? *Où avez-vous mal ?*
Mir tut der Knöchel weh. *J'ai mal à la cheville.*
sich verletzen/hat sich verletzt *se blesser/s'est blessé*
heute Morgen *ce matin*
rennen/ist gerannt *courir/a couru*
beim Einsteigen *en montant* (dans le bus, le train…)
die Stufe (n) *la marche*
übersehen *ne pas voir/rater* (dans ce cas)
aus/rutschen (rutscht … aus)/ist ausgerutscht *glisser/a glissé*
hin/fallen (fällt … hin)/ist hingefallen *tomber/est tombé*
der Schmerz (en) *la douleur*
sogar *même*
angeschwollen *enflé*
der Fuß (¨e) *le pied*
röntgen *radiographier*
der Krankenpfleger (-) *l'aide-soignant*
damit *afin que*
zum Röntgen *à la radio*
bringen *amener*
die Verstauchung (en) *la foulure*
der Verband (¨e) *le bandage*
einen Verband an/legen (er legt … an) *mettre un bandage*
wie lange *combien de temps*
behalten (er behält) *garder*
erst *seulement* (temporel)
bei *lors* (dans certains cas)
die Wanderung (en) *la randonnée*
Aufgeschoben ist nicht aufgehoben. (exp.) *Ce n'est que partie remise.*

POUR ALLER PLUS LOIN

die Versicherung (en) *l'assurance*
die Karte (n) *la carte*
die Krankenschwester (n) *l'infirmière*
das Bein (e) *la jambe*
der Arm (e) *le bras*
die Hand (¨e) *la main*
der Finger (-) *le doigt*
die Schulter (n) *l'épaule*
der Rücken *le dos*
der Bauch *le ventre*
der Hals *le cou*
der Kopf *la tête*
der Bruch (¨e) *la fracture*

3. COMPLÉTEZ LES PHRASES AVEC LES MOTS SUIVANTS (ATTENTION AUX INTRUS !) :
röntgen /Krankheiten/Fragebogen /Verband/weh /Schmerzen /Sprechstunde.

a. Kommen Sie zum ersten Mal in die ....

b. Könnten Sie bitte diesen .... ausfüllen?

c. Wir müssen den Fuß..

d. Was tut Ihnen ....?

e. Hatten Sie sofort ....?

4. ÉCOUTEZ CES PHRASES. COCHEZ *RICHTIG* SI CETTE AFFIRMATION EST JUSTE PAR RAPPORT AU DIALOGUE OU *FALSCH* SI ELLE EST FAUSSE.

	RICHTIG	FALSCH
a.		
b.		
c.		
d.		
e.		

23.
LES MONUMENTS ET LES LIEUX TOURISTIQUES

DIE SEHENSWÜRDIGKEITEN

OBJECTIFS	NOTIONS

- ÉNUMÉRER LES MONUMENTS/ LIEUX TOURISTIQUES À VISITER
- PARLER DE LA MÉTÉO
- LES SAISONS

- LES NOMS COMPOSÉS
- LES PRÉPOSITIONS DE TEMPS

LE MUSÉE DU MUR

John : Bonjour Cécile ! Bien dormi ?

Cécile : Oh, petit-déjeuner au lit. Ça, c'est gentil. Quelle heure est-il ?

John : 11 h 30.

Cécile : Déjà !

John : Oui. Que voudrais-tu faire aujourd'hui ?

Cécile : Quel temps fait-il ?

John : Mieux qu'hier. C'est encore nuageux, mais il ne pleut pas et il ne fait pas froid.

Cécile : Nous pourrions faire une promenade et l'après-midi aller à la tour de télévision ou au musée du Mur de Berlin.

John : Je préfère aller au musée du Mur qu'à la tour de télévision. Si tu veux, nous monterons ce soir dans la tour de télévision et verrons Berlin de nuit.

Cécile : C'est une super idée.

John : Tu connais les horaires d'ouverture du musée ?

Cécile : C'est ouvert jusqu'à 22 heures.

John : Parfait. Nous pourrions donc aussi aller au marché aux puces.

Cécile : OK. Je suis prête dans 10 minutes. Au fait, Anna m'a écrit. Elle est blessée.

John : Je sais, et je lui ai déjà dit que nous ferons la randonnée au printemps.

(Au musée du mur)

Cécile : Deux tickets d'entrée s'il vous plaît. Y a-t-il une réduction pour étudiants ?

Caissier : Oui, combien de tickets étudiants souhaitez-vous ?

Cécile : Un et un normal, s'il vous plaît.

Caissier : Puis-je voir votre carte d'étudiant ?

Cécile : Oui… Je ne l'ai pas sur moi.

Caissier : Et bien. Sans carte d'étudiant, il n'y a pas de réduction normalement. Mais pour une jolie fille…

DAS MAUERMUSEUM

John: Guten Morgen Cécile! Gut geschlafen?

Cécile: Oh, Frühstück am Bett. Das ist aber nett. Wie spät ist es?

John: Halb zwölf.

Cécile: Schon!

John: Ja. Was möchtest du heute machen?

Cécile: Wie ist das Wetter?

John: Besser als gestern. Es ist noch bewölkt, aber es regnet nicht und es ist nicht kalt.

Cécile: Wir könnten einen Spaziergang machen und am Nachmittag auf den Fernsehturm oder ins Mauermuseum gehen.

John: Ich gehe lieber ins Mauermuseum als auf den Fernsehturm. Wenn du willst, gehen wir am Abend auf den Fernsehturm und sehen Berlin bei Nacht.

Cécile: Das ist eine tolle Idee.

John: Kennst du die Öffnungszeiten vom Museum?

Cécile: Es hat bis 22 Uhr auf.

John: Perfekt. Wir könnten also auch auf den Flohmarkt gehen.

Cécile: OK. Ich bin in 10 Minuten bereit. Übrigens! Anna hat mir geschrieben. Sie ist verletzt.

John: Ich weiß, und ich habe ihr schon gesagt, dass wir die Wanderung im Frühling machen werden.

(Am Mauermuseum)

Cécile: Zwei Eintrittskarten bitte. Gibt es eine Ermäßigung für Studenten?

Kassierer: Ja, wie viele Studentenkarten möchten Sie?

Cécile: Eine und eine normale, bitte.

Kassierer: Darf ich bitte Ihren Studentenausweis sehen?

Cécile: Ja … Ich habe ihn nicht dabei.

Kassierer: Na ja. Ohne Studentenausweis gibt es normalerweise keine Ermäßigung. Aber bei einem hübschen Mädchen …

■ COMPRENDRE LE DIALOGUE
QUELQUES FORMULES ET EXPRESSIONS

→ **Das ist aber nett.** *Ça, c'est gentil.* (littéralement « Ça est mais gentil »)
→ **Wie ist das Wetter?** *Quel temps fait-il ?* (littéralement « Comment est le temps ? »)
→ **Es hat bis 22 Uhr auf.** *C'est ouvert jusqu'à 22 heures.* Cette tournure idiomatique est à mémoriser.
→ **auf den Fernsehturm gehen** *monter dans la tour de télévision* littéralement « aller sur la tour de télévision »
→ **auf den Flohmarkt gehen** *aller au marché aux puces* littéralement « aller sur le marché aux puces »
→ **bei einem hübschen Mädchen** *pour une jolie fille* littéralement « chez une jolie fille »

NOTE CULTURELLE

Pendant vingt-sept ans, de 1961 à 1989, le mur de Berlin a séparé la ville en deux. Une partie appartenait à la RDA (République Démocratique d'Allemagne) – également appelée Allemagne de l'Est et dépendante de l'URSS sous régime communiste –, l'autre partie était rattachée à la RFA (République Fédérale d'Allemagne) ou Allemagne de l'Ouest avec son régime capitaliste. Le **Mauermuseum**, ouvert en 1962, abrite une exposition permanente sur l'histoire de la division de Berlin et de nombreuses thématiques apparentées : on apprend beaucoup sur la sécurité d'État de la RDA, l'opposition au régime, la résistance, puis la chute du Mur le 9 novembre 1989. Encore aujourd'hui, il est difficile de connaître le nombre de victimes parmi ceux qui ont tenté de fuir à l'Ouest : certaines sources parlent de 130 morts et des associations en décomptent plutôt 1 000.

◆ GRAMMAIRE
LES NOMS COMPOSÉS

Les noms composés représentent une des particularités de l'allemand et sont généralement constitués de deux mots. Le genre et le pluriel sont fournis par le dernier terme.
- un adjectif/adverbe + un substantif :

früh + das Stück *tôt + le morceau* : **das Frühstück** *le petit-déjeuner* littéralement « le tôt morceau »

- deux substantifs :

die Mauer + das Museum *le mur + le musée* : **das Mauermuseum** *le musée du Mur.*

- un préposition + un substantif :
vor + **der Name** *avant* + *le nom* : **der Vorname** *le prénom* littéralement « l'avant-nom »
- un verbe + un substantif :
essen + **der Raum** *manger* + *la salle* : **der Essraum** *le réfectoire*.

Quelquefois, le premier terme est légèrement modifié pour des raisons phonétiques : il peut donc subir l'ajout d'un **s** ou la suppression d'un **e** ou **-en** (voir ci-dessus). Il n'existe pas vraiment de règle à ce sujet. Autres exemples : **der Eintritt** + **die Karte** *l'entrée* + *le ticket* → **die Eintrittskarte** *le ticket d'entrée* ; **die Schule** + **der Direktor** *l'école* + *le directeur* → **der Schuldirektor** *le directeur d'école*.

LES PRÉPOSITIONS DE TEMPS

Dans plusieurs cas, l'expression du temps est indiquée par un complément de temps avec préposition. Notez bien les constructions suivantes. La plupart d'entre elles ont été abordées au fil de ces leçons :
• **um** + heure *à*
Wir treffen uns um 7.45 Uhr (Viertel vor acht). *Nous nous rencontrons à 7 h 45.*
• **am (= an dem)** + jours/moments de la journée/date (Cette préposition ne se traduit pas ou, dans certains cas, elle trouve son équivalent dans l'article défini.)
Am Montag kann ich nicht. *Lundi, je ne peux pas.*
Und am 5. Dezember? *Et le 5 décembre ?*
Wir könnten am Nachmittag auf den Fernsehturm gehen. *Nous pourrions monter (dans) l'après-midi dans la tour de télévision.*
Mais **die Nacht** *la nuit* se construit avec **in** *dans* + **der** *la* au datif
Wir sind in der Nacht angekommen. *Nous sommes arrivés la nuit.*
• **im (= in dem)** + mois/saisons *en/au*
Er kommt im Juni. *Il vient en juin.*
(…) dass wir die Wanderung im Frühling machen werden. *(…) que nous ferons la randonnée au printemps.*
• **(von …) bis** + heures/jours de la semaine/mois *(de…) jusqu'à/en*
Es hat (von 9 Uhr) bis 22 Uhr auf. *C'est ouvert (de 9 heures) jusqu'à 22 heures.*
Es hat (von Montag) bis Freitag auf. *C'est ouvert (du lundi) jusqu'au vendredi.*
Er ist (von März) bis Juni weg. *Il est parti (de mars) jusqu'en juin.*
• **(vom …) bis zum** + dates *jusqu'au*
Wir haben (vom zwanzigsten November) bis zum ersten Dezember eine Messe.
Nous avons un salon (du 20 novembre) jusqu'au 1er décembre.

EXERCICES

1. COMPLÉTEZ PAR UNE PRÉPOSITION DE TEMPS.

a. .... Morgen *le matin*

b. .... 20 Uhr *à 20 heures*

c. .... April *en avril*

d. .... Montag *jusqu'à lundi*

e. .... zweiten *Mai jusqu'au 2 mai*

f. .... Donnerstag *le jeudi*

2. FORMEZ DES MOTS COMPOSÉS EN VOUS BASANT SUR LES EXEMPLES.

Exemple : die Mauer *mur* + das Museum *musée*
→ das Mauermuseum *musée du mur*

a. die Kunst *l'art* + das Museum → .... *musée d'art*

Exemple : vor *avant* + der Name *nom* → der Vorname *prénom*

b. nach *après* + der Name *nom* → .... *le nom de famille*

Exemple : der Eintritt *l'entrée* + die Karte *la carte*
→ die Eintrittskarte *le ticket d'entrée*

c. der Eintritt *l'entrée* + der Preis *le prix* → .... *le prix d'entrée*

Exemple : der Student *l'étudiant* + die Karte *le ticket*
→ die Studentenkarte *le ticket étudiant*

d. der Student *l'étudiant* + die Reise *le voyage* → .... *voyage d'étudiant*

3. COMPLÉTEZ LES PHRASES SUIVANTES AVEC CES MOTS : Flohmarkt/Studentenausweis/Museum/Öffnungszeiten/Wetter/Fernsehturm/Ermäßigung/Spaziergang. (ATTENTION AUX INTRUS !)

a. Wir könnten einen .... machen.

b. Ich gehe lieber ins ....

c. Gehen wir auf den .... ? Ich möchte Berlin bei Nacht sehen.

d. Kennst du die .... vom Museum?

e. Wir könnten auf den .... gehen.

f. Gibt es eine .... für Studenten?

VOCABULAIRE

das Wetter *le temps*
  Wie ist das Wetter?
  Quel temps fait-il ?
bewölkt *nuageux*
es regnet *il pleut*
kalt *froid*
  Es ist (nicht) kalt. *Il (ne) fait (pas) froid.*
der Spaziergang ("e) *la promenade*
der Fernsehturm ("e) *la tour de télévision*
auf den Fernsehturm gehen *monter dans la tour de télévision*
die Mauer (n)/Berliner Mauer *le Mur/Mur de Berlin*
das Museum (die Museen) *le musée*
ins Museum/Mauermuseum gehen *aller au musée/ au musée du Mur*
am Nachmittag/am Abend *l'après-midi/le soir*
sehen (er sieht) *voir*
Berlin bei Nacht *Berlin la nuit* (proche de la formule anglaise : **« by night »**)
Das ist eine tolle Idee. *C'est une super idée.*
die Öffnungszeiten *les horaires d'ouverture*
Es hat ... auf. *C'est ouvert.*

der Flohmarkt *le marché aux puces*
  auf den Flohmarkt gehen *aller au marché aux puces*
der Frühling *le printemps*
  im Frühling *au printemps*
die Eintrittskarte (n) *le ticket d'entrée*
die Ermäßigung (en) *la réduction*
die Studentenkarte (n) *le ticket étudiant*
normal *normal*
der Studentenausweis (e) *la carte étudiant*
bei einem hübschen Mädchen *pour une jolie fille* (dans ce contexte)

POUR ALLER PLUS LOIN
Es ist warm *Il fait chaud*
Die Sonne scheint. *Le soleil brille.*
Es schneit. *Il neige.*
der Sommer *l'été*
der Herbst *l'automne*
der Winter *l'hiver*
Es hat ... zu. *C'est fermé.*
der Eintritt (e) *l'entrée*
das Theater (-) *le théâtre*
die Oper (die Opernhäuser) *l'opéra*
der Dom (e) *la cathédrale*

4. ÉCOUTEZ LES PHRASES. COCHEZ *RICHTIG* SI CETTE AFFIRMATION EST JUSTE PAR RAPPORT AU DIALOGUE OU *FALSCH* SI ELLE EST FAUSSE.

25

	RICHTIG	FALSCH
a.		
b.		
c.		
d.		
e.		

RÉVISION

Comme vous avez pu le constater, la syntaxe allemande est très complexe. Nous y reviendrons par la suite, mais afin de consolider les bases vues jusqu'ici, revoyez les points suivants :
- syntaxe de la proposition indépendante, Module n°13 ;
- ordre des compléments, Module n°14 ;
- syntaxe de la proposition subordonnée, Module n°15 ;
- syntaxe de la proposition principale, Module n°16.

IV
LES
LOISIRS

24.
LES HOBBYS

DIE HOBBYS

OBJECTIFS

- PARLER DE SON TEMPS LIBRE/ DE SES ACTIVITÉS
- EXPRIMER LA FRÉQUENCE

NOTIONS

- LES PRONOMS INDÉFINIS À L'ACCUSATIF *EINEN/EINE/EINS* ; *KEINEN/KEINE/KEINS*
- L'EMPLOI DE *VIEL/VIELE*
- LES TOURNURES AVEC *MAL / PRO*

ON NE VIT PAS POUR TRAVAILLER. ON TRAVAILLE POUR VIVRE !

Anna : Bravo ! Tu as fait beaucoup de progrès.

John : Merci !

Anna : Combien de fois par semaine joues-tu du piano ?

John : Trois ou quatre fois par semaine.

Anna : Super !

John : Et toi ?

Anna : En ce moment très peu. Deux fois par mois peut-être.

John : Comme c'est dommage !

Anna : Je sais. Depuis que j'ai commencé mon nouveau projet, je n'ai pas beaucoup de temps pour mes passions.

John : En Australie, les loisirs sont très importants, surtout le sport.

Anna : Tu as raison. Il faut aussi que je fasse plus de sport. Peut-être peux-tu me donner quelques conseils ?

John : Bien sûr. Qu'est-ce que tu aimes bien faire ?

Anna : Courir, nager, jouer au tennis. Connais-tu un bon club de tennis ?

John : Je n'en connais pas mais je vais demander à une collègue de travail qui joue souvent au tennis. Elle en connaît sûrement un. Et pourquoi ne viens-tu pas nager avec Cécile et moi ? Notre piscine est ouverte jusqu'à 22 heures.

Anna : Pour moi, elle est trop loin.

John : Oui, je comprends. Et chez toi dans le quartier, il n'y en a pas ?

Anna : Si, mais elle ferme à 19 heures. Excuse-moi, c'est mon chef. Il faut que j'y aille.

John : Pas de problème, mais n'oublie pas. On ne vit pas pour travailler. On travaille pour vivre.

26 MAN LEBT NICHT, UM ZU ARBEITEN. MAN ARBEITET, UM ZU LEBEN!

Anna: Bravo! Du hast viele Fortschritte gemacht.

John: Danke!

Anna: Wie oft pro Woche spielst du Klavier?

John: Drei- oder viermal pro Woche.

Anna: Super!

John: Und du?

Anna: Im Moment sehr wenig. Zweimal pro Monat vielleicht.

John: Wie schade!

Anna: Ich weiß. Seitdem ich mit meinem neuen Projekt angefangen habe, habe ich nicht viel Zeit für meine Hobbys.

John: In Australien ist Freizeit sehr wichtig, vor allem Sport.

Anna: Du hast recht. Ich muss auch mehr Sport machen. Kannst du mir vielleicht ein paar Tipps geben?

John: Klar. Was machst du denn gern?

Anna: Laufen, schwimmen, Tennis spielen. Kennst du einen guten Tennisverein?

John: Ich kenne keinen, aber ich werde eine Arbeitskollegin fragen, die oft Tennis spielt. Sie kennt bestimmt einen.
Und warum kommst du nicht mit Cécile und mir schwimmen? Unser Schwimmbad hat bis 22 (zweiundzwanzig) Uhr auf.

Anna: Für mich ist es zu weit.

John: Ja, ich verstehe. Und bei dir im Viertel gibt es keins?

Anna: Doch, aber es schließt um 19 (neunzehn) Uhr. Entschuldigung, mein Chef. Ich muss los.

John: Kein Problem, aber vergiss nicht. Man lebt nicht, um zu arbeiten. Man arbeitet, um zu leben.

■ COMPRENDRE LE DIALOGUE
QUELQUES FORMULES ET EXPRESSIONS

→ **Wie oft pro Woche spielst du Klavier?** *Combien de fois par semaine joues-tu du piano ?* **Wie oft** *combien de fois* littéralement « comment souvent »
→ **Wie schade!** *Comme c'est dommage !* (littéralement « Comme dommage ! »)
→ **Was machst du denn gern?** *Qu'est-ce que tu aimes bien faire ?* Notez juste que **denn** *donc* s'emploie assez fréquemment dans une question. Il exprime l'insistance, l'intérêt, l'impatience de l'interlocuteur.
→ **In Australien ist Freizeit sehr wichtig (…)** *En Australie, les loisirs sont très importants (…)* **Die Freizeit** *les loisirs*, littéralement « le libre temps ». En allemand, ce terme est un nom féminin singulier.
→ **(…) die oft Tennis spielt** est une proposition relative et le verbe conjugué est rejeté à la fin comme dans une proposition subordonnée. Par ailleurs, *jouer au tennis, jouer du piano, etc.* se traduit en allemand par le verbe **spielen** + nom sans préposition, ni article : **Tennis spielen, Klavier spielen**, etc.

NOTE CULTURELLE

L'Allemagne : pays de sportifs ? À priori oui, car le nombre d'Allemands inscrits dans un club de sport est beaucoup plus élevé qu'en France : deux fois plus selon certains chiffres. Et pourtant, au quotidien, les Allemands sont plutôt sédentaires. Ce phénomène, constaté dans d'autres pays, touche toutes les tranches d'âge. Une étude allemande démontre que les enfants d'aujourd'hui auraient perdu en agilité et en aptitude motrice par rapport aux enfants d'il y a deux décennies.

◆ GRAMMAIRE

LES PRONOMS INDÉFINIS À L'ACCUSATIF : *EINEN/EINE/EINS* ; *KEINEN/KEINE/KEINS*

	Masculin	Féminin	Neutre	Pluriel
Accusatif	ein**en**/kein**en**	ein**e**/kein**e**	ein**s**/kein**s**	welch**e**/kein**e**

N.B. Ces pronoms indéfinis se déclinent aussi aux autres cas, mais ce paragraphe se limite à leur emploi à l'accusatif.

Ils remplacent un groupe nominal accusatif construit avec l'article indéfini **einen** etc. ou la négation **keinen**, etc. et se traduisent en français par *(en… un/une)* ou *(en… pas)/aucun(e)*. Vous remarquerez qu'ils se déclinent comme l'article indéfini ou la négation **kein** (voir Modules n°6 et n°7), sauf au neutre (ajout du **-s**) et au pluriel (**welche**).

• masculin accusatif : **Kennst du einen guten Tennisverein?** *Connais-tu un bon club de tennis ?* **Ich kenne keinen (…)** *Je n'en connais pas (…)* / **Sie kennt bestimmt einen.** *Elle en connaît sûrement un.* **Keinen** et **einen** se réfèrent à **einen Tennisverein** *un club de tennis.*

• neutre accusatif : **Und bei dir im Viertel gibt es keins?** *Et chez toi, dans le quartier, il n'y en a pas ?* **Keins** se réfère ici à **kein Schwimmbad** *pas de piscine.*

• pluriel : **Hast du Sportschuhe?** *As-tu des chaussures de sport ?* **Ja, ich habe welche./Nein, ich habe keine.** *Oui, j'en ai./Non, je n'en ai pas.*

L'EMPLOI DE *VIEL* ET *VIELE*

• **Viel** *beaucoup de* s'utilise avec des notions abstraites/indénombrables au singulier comme **Zeit** *temps*, **Arbeit** *travail*, etc. et il est invariable.
Exemple : **Ich habe nicht viel Zeit für meine Hobbys.** *Je n'ai pas beaucoup de temps pour mes hobbys.*

• **Viele** *beaucoup de* s'emploie avec des dénombrables au pluriel : **viele Fortschritte** *beaucoup de progrès*, etc. et se décline comme suit :
- nominatif : **Viele Kinder sind gekommen.** *Beaucoup d'enfants sont venus.*
- accusatif : **Du hast viele Fortschritte gemacht.** *Tu as fait beaucoup de progrès.*
- datif : **Ich habe vielen Freunden geschrieben.** *J'ai écrit à beaucoup d'amis.*

LES TOURNURES AVEC *MAL*/*PRO*

Ces tournures permettent d'exprimer la fréquence et se construisent comme suit :
• nombre cardinal + **mal** : **zweimal, zehnmal …** *deux fois, dix fois…*
Mais dans **einmal** *une fois*, **eins** perd son **s**.
• **pro** *par* + **Stunde** *heure*/**Tag** *jour*/**Woche** *semaine*/**Monat** *mois.*
Drei oder viermal pro Woche. *Trois ou quatre fois par semaine.*
Zweimal pro Monat vielleicht. *Deux fois par mois peut-être.*

EXERCICES

1. COMPLÉTEZ LES PHRASES AVEC LE PRONOM INDÉFINI *EINEN/KEINEN*.

a. Hast du ein Klavier? Ja, ich habe ....

b. Hat er eine Gitarre? Nein, er hat ....

c. Hast du warme Schuhe? Nein, ich habe leider ....

d. Ich kenne keine gute Sprachschule, aber Peter kennt bestimmt ....

2. COMPLÉTEZ LES PHRASES PAR *VIEL, VIELE* OU *VIELEN*.

a. Ich habe .... Arbeit.

b. Ich esse .... Früchte.

c. .... Spaß in Berlin!

d. Er kommt mit .... Freunden.

e. Wir haben .... Freunde in Berlin.

f. Das ist .... Geld.

3. LISEZ CES PHRASES. COCHEZ *RICHTIG* SI L'AFFIRMATION EST JUSTE PAR RAPPORT AU DIALOGUE OU *FALSCH* SI ELLE EST FAUSSE.

	RICHTIG	FALSCH
a. Anna arbeitet nicht viel.		
b. In Australien ist Freizeit wichtig.		
c. John und Cécile gehen ins Schwimmbad.		
d. Das Schwimmbad hat bis 21 Uhr auf.		
e. Anna sucht einen Tennisverein.		

VOCABULAIRE

der Fortschritt (e) *le progrès*
wie oft *combien de fois*
dreimal, viermal ... *trois fois, quatre fois...*
pro (Woche/Monat) *par (semaine/mois)*
Klavier spielen *jouer du piano*
im Moment *en ce moment*
wenig *peu*
Wie schade! *Comme c'est dommage !*
seitdem *depuis que*
(die) Freizeit *le temps libre/les loisirs*
Sport machen *faire du sport*
der Tipp (s) *le conseil* (langage parlé)
einen Tipp geben *donner un conseil*
laufen (er läuft) *courir*
schwimmen *nager*
Tennis spielen *jouer au tennis*
der Verein (e) *le club/l'association*
der Tennisverein (e) *le club de tennis*
der Arbeitskollege (n)/ die Arbeitskollegin (nen) *le/la collègue de travail*
bestimmt *certainement*
das Schwimmbad ("er) *la piscine*
das Viertel (-) *le quartier*
bei dir im Viertel *chez toi dans le quartier*
schließen *fermer*

POUR ALLER PLUS LOIN

Geige/Gitarre ... spielen *jouer du violon/de la guitare, etc.*
Karten/Schach etc. spielen *jouer aux cartes/aux échecs, etc.*
Fußball, Basketball spielen *jouer au foot, au basket*
Ski laufen *faire du ski*
lesen (er liest) *lire*
singen *chanter*
tanzen *danser*
zeichnen und malen *dessiner et peindre*

4. I) COMPLÉTEZ LES PHRASES AVEC LES MOTS SUIVANTS : Schwimmbad/Woche/Sport/ Tennisverein/Fortschritte.

II) LISEZ-LES À HAUTE VOIX ET ÉCOUTEZ L'ENREGISTREMENT APRÈS CHAQUE PHRASE.

a. John hat viele .... gemacht.

b. Er übt drei- oder viermal pro ....

c. Anna muss mehr .... machen.

d. Die Arbeitskollegin kennt bestimmt einen ....

e. Das .... schließt um 19 Uhr.

25. RÉSERVER UN VOYAGE

EINE REISE RESERVIEREN

OBJECTIFS

- POSER DES QUESTIONS ET RÉPONDRE AU SUJET DE L'ORGANISATION D'UN VOYAGE
- MAÎTRISER PLUSIEURS TERMES CONCERNANT LA RÉSERVATION D'UN VOL

NOTIONS

- LA DÉCLINAISON D'UN GROUPE NOMINAL SANS ARTICLE
- LES PRONOMS INTERROGATIFS FORMÉS AVEC *WIE*

CE FICHU ORDINATEUR !

John : Es-tu déjà allée à Dresde ?

Cécile : Non, et toi ?

John : Oui ! L'an dernier, mais juste pour [un jour] une journée. Aurais-tu envie vendredi prochain d'aller à Dresde ?

Cécile : Bien sûr, si ce n'est pas trop cher.

John : Un ami d'Anna travaille dans un petit hôtel dans le centre-ville. Il nous ferait un prix spécial : une chambre double avec douche 35 euros la nuit.

Cécile : Combien de nuits ?

John : Trois.

Cécile : OK ! On cherche un vol. *(Branche l'ordinateur)* L'ordinateur est si lent.

John : Je sais…

Cécile : Enfin !… Vols pas chers… Vol aller à 8 heures et vol retour à 14 heures.

John : 14 heures ! C'est trop tôt !

Cécile : Là, il y a un meilleur vol : vol aller à 7 heures et vol retour à 22 heures.

John : Combien coûte le billet [le vol] ?

Cécile : 39 euros.

John : Cool !

Cécile : Je réserve ?

John : Oui, bien sûr !

Cécile : Ça ne marche pas.

John : Clique sur réservation.

Cécile : Non, ça ne marche pas.

John : Ce fichu ordinateur !

Cécile : Maintenant ça marche ! De combien de bagages avons-nous besoin ?

John : Deux petites valises suffisent. Qu'en penses-tu ?

Cécile : Oui. Je réserve les sièges ?

John : Oui, c'est mieux.

Cécile : J'ai besoin de ton numéro de passeport… Qu'est-ce qui se passe avec l'ordinateur ?

John : Panne de courant !

Cécile : Non !

27 — DIESER VERDAMMTE COMPUTER!

John: Warst du schon mal in Dresden?

Cécile: Nein, und du?

John: Ja! Letztes Jahr, aber nur für einen Tag. Hättest du Lust, nächsten Freitag nach Dresden zu fliegen?

Cécile: Klar, wenn es nicht zu teuer ist.

John: Ein Freund von Anna arbeitet in einem kleinen Hotel im Stadtzentrum. Er würde uns einen Sonderpreis machen: ein Doppelzimmer mit Dusche 35 (fünfunddreißig) Euro die Nacht.

Cécile: Wie viele Nächte?

John: Drei.

Cécile: OK! Lass uns einen Flug suchen. !
(Macht den Computer an)
Der Computer ist so langsam.

John: Ich weiß …

Cécile: Endlich! … Billigflüge … Hinflug 8 (acht) Uhr und Rückflug 14 (vierzehn) Uhr.

John: 14 (vierzehn) Uhr! Das ist zu früh.

Cécile: Da gibt es einen besseren Flug. Hinflug 7 (sieben) Uhr und Rückflug 22 (zweiundzwanzig) Uhr.

John: Wie viel kostet der Flug?

Cécile: 39 (neununddreißig) Euro.

John: Cool!

Cécile: Soll ich reservieren?

John: Ja, klar!

Cécile: Das geht nicht.

John: Klick auf Reservierung.

Cécile: Nein, das geht nicht.

John: Dieser verdammte Computer!

Cécile: Jetzt geht's! Wie viel Gepäck brauchen wir?

John: Zwei kleine Koffer reichen. Oder was denkst du?

Cécile: Ja. Soll ich die Sitzplätze reservieren?

John: Ja, das ist besser.

Cécile: Ich brauche deine Passnummer … Was ist mit dem Computer los?

John: Stromausfall!

Cécile: Nein!

■ COMPRENDRE LE DIALOGUE
QUELQUES FORMULES ET EXPRESSIONS

→ **Warst du schon mal in Dresden?** *Es-tu déjà allée à Dresde ?* (littéralement « Étais-tu déjà une fois à Dresde ? ») C'est du langage parlé.
→ **Dieser verdammte Computer!** *Ce fichu ordinateur !* Notez que ce genre d'exclamation, sans verbe et sans préposition, est au nominatif.
→ **Soll ich reservieren?** *Je réserve ?* Lorsque l'on demande l'avis d'autrui, on emploie souvent la tournure **Soll ich ... ?** *Dois-je... ?*
→ **Oder was denkst du?** *Qu'en penses-tu ?* (littéralement « (Ou) que penses-tu ? »)

NOTE CULTURELLE

Malgré un recul du nombre de visiteurs annuel, l'Allemagne demeure la destination favorite des Allemands. Parmi leurs préférences figurent la Bavière, la Forêt-Noire, la région du lac de Constance, les plages et les îles de la mer Baltique et du Nord, la vallée de l'Elbe, pour ne citer que ces exemples. Viennent ensuite plusieurs pays européens, avec en tête l'Italie et l'Espagne, suivies de l'Autriche, de la France et de la Turquie.

◆ GRAMMAIRE
LA DÉCLINAISON D'UN GROUPE NOMINAL SANS ARTICLE

Le groupe nominal se construit quelquefois sans article et l'adjectif épithète, s'il y en a un, se décline comme suit.

	Masculin	Féminin	Neutre	Pluriel
Nominatif	jung**er** Mann	jung**e** Frau	lieb**es** Kind	lieb**e** Kinder
Accusatif	jung**en** Mann	jung**e** Frau	lieb**es** Kind	lieb**e** Kinder
Datif	jung**em** Mann	jung**er** Frau	lieb**em** Kind	lieb**en** Kindern

Ce genre de construction s'emploie, entre autres, dans les cas suivants :

• Certaines tournures exclamatives : **Guten Morgen junger Mann!** *Bonjour, jeune homme !* Là aussi, vous noterez l'emploi du nominatif comme pour **Dieser verdammte Computer!** *Ce fichu ordinateur !*

• Tournures temporelles avec **letzt-** *dernier* et **nächst-** *prochain* : **Letztes Jahr, aber (…)** *L'an dernier mais (…)*/**Hättest du Lust, nächsten Freitag (…)** *Aurais-tu envie vendredi prochain (…) ?* Ces tournures nécessitent l'accusatif. Souvenez-vous que **das Jahr** *l'année* est neutre, donc **letztes Jahr** et **(der) Freitag** *(le) vendredi* masculin, donc **nächsten Freitag**.

• Groupes nominaux avec un nombre cardinal : **Zwei kleine Koffer reichen** (nominatif pluriel) *Deux petites valises suffisent.*
• Pluriel de l'article indéfini (pas de *des* comme en français) : **Haben Sie Kinder?** *Avez-vous des enfants ?* **Es sind junge Eltern** (nominatif pluriel) *Ce sont de jeunes parents.*
• Tournures avec des indénombrables : **Vielleicht haben wir Glück!** *Peut-être aurons-nous de la chance !* **Es ist höchste Zeit** (nominatif féminin) *Il est grand temps.*

LES PRONOMS INTERROGATIFS CONSTRUITS AVEC *WIE*

Plusieurs pronoms interrogatifs se construisent avec **wie** *comment*. Voici un récapitulatif des pronoms interrogatifs étudiés jusqu'ici :
• **wie viel** (+ nom singulier)/**wie viele** (+ nom pluriel) *combien de*. **Viel** au singulier est invariable, **viele** employé au pluriel se décline comme un adjectif épithète d'un groupe nominal sans article. **Wie viel Gepäck brauchen wir?** *De combien de bagages avons-nous besoin ?* **Wie viele Freunde würdest du einladen?** *Combien d'amis inviterais-tu ?* (accusatif) **Mit wie vielen Personen?** *Avec combien de personnes ?* (datif)
• **wie alt** *quel âge* : **Wie alt sind sie?** *Quel âge ont-ils ?*
• **um/bis wie viel Uhr** *(jusqu')à quelle heure* : **Um wie viel Uhr ist dein Vortrag?** *À quelle heure est ton exposé ?* **Bis wie viel Uhr fahren die Busse?** *Jusqu'à quelle heure circulent les bus ?*
• **wie spät/wie viel Uhr** *quelle heure* : **Wie spät/wie viel Uhr ist es?** *Quelle heure est-il ?*
• **wie teuer ist (sind)/wie viel kostet (kosten)** *combien coûte(nt)* : **Wie teuer sind sie?** *Combien coûtent-elles ?* **Wie viel kostet der Flug?** *Combien coûte le vol ?*
• **wie lang(e)** (avec ou sans **e**) *combien de temps* : **Wie lange werde ich den Verband behalten?** *Combien de temps vais-je garder le bandage ?*
• **wie oft** *combien de fois* : **Wie oft pro Woche spielst du Klavier?** *Combien de fois par semaine joues-tu du piano ?*

● EXERCICES

1. SOULIGNEZ LA TERMINAISON DE L'ADJECTIF, INDIQUEZ LE CAS, LE GENRE ET JUSTIFIEZ L'ABSENCE D'ARTICLE.

Exemple : Hallo junge Frau! *junge* féminin nominatif/exclamation.

a. Liebes Kind! Cher enfant ! → ....

b. Lieber Peter! Cher Peter ! → ....

c. Er nimmt drei kleine Koffer mit. Il prend trois petites valises. → ....

d. Ich komme mit großer Freude. Je viens avec grand plaisir. → ....

e. Er hat neue Schuhe. Il a de nouvelles chaussures. → ....

2. ENTOUREZ LE PRONOM INTERROGATIF ADAPTÉ.

a. Wie viel/Wie oft/Wie lange kostet es? – 15 Euro.

b. Wie oft/Wie spät/Wie viel ist es? – 9 Uhr.

c. Wie viele/Wie teuer/Wie lange war er in Berlin? – Eine Woche.

d. Wie viele/Wie viel Uhr/Wie lange Koffer hast du? – Drei.

e. Wie lange/Wie viel/Wie oft gehst du schwimmen? – Dreimal pro Woche.

3. I) LISEZ LES RÉPONSES : Um zweiundzwanzig Uhr./ Im Stadtzentrum. /Stromausfall !/Ein Freund von Anna./Ein Doppelzimmer mit Dusche.

II) RETROUVEZ LA RÉPONSE ADAPTÉE POUR CHACUNE DES QUESTIONS CI-DESSOUS.

a. Wer arbeitet in einem Hotel in Dresden? ....

b. Was für ein Zimmer haben John und Cécile? ....

c. Um wie viel Uhr ist der Rückflug? ....

d. Was ist los? ....

e. Wo liegt das Hotel? ....

VOCABULAIRE

Warst du schon mal … ? *Es-tu déjà allé(e)… ?*
letztes Jahr *l'année dernière*
Lust haben *avoir envie*
Hättest du Lust (nach Dresden zu fliegen)? *Aurais-tu envie (d'aller à Dresde) ?*
nächsten Freitag *vendredi prochain*
fliegen *voler*
das Hotel (s) *l'hôtel*
das Stadtzentrum *le centre-ville*
er würde (…) machen *il ferait*
der Preis (e) *le prix*
der Sonderpreis (e) *la promotion*
das Doppelzimmer (-) *la chambre double*
die Nacht (¨e) *la nuit*
die Dusche (n) *la douche*
wie viel (+ nom au singulier) **wie viele** (+ nom au pluriel) *combien de*
der Flug (¨e) *le vol*
langsam *lent/lentement*
der Billigflug (¨e) *le vol low-cost [pas cher]*
der Hin- und Rückflug (¨e) *le vol aller et retour*
kosten *coûter*
reservieren *réserver*
Soll ich reservieren? *Je réserve ?*
klar *bien sûr*
klicken *cliquer*
die Reservierung (en) *la réservation*
Das geht nicht! *Ça ne marche/fonctionne pas !*
verdammt *fichu*
Dieser verdammte Computer! *Ce fichu ordinateur !*
Jetzt geht's! *Maintenant, ça marche !*
das Gepäck (singulier) *les bagages*
der Koffer (-) *la valise*
der Sitzplatz (¨e) *la place assise*
die Passnummer (n) *le numéro de passeport*
der Strom *le courant* (électrique)
der Stromausfall *la panne de courant*

POUR ALLER PLUS LOIN
landen *atterrir*
der Flughafen (¨) *l'aéroport*
das Handgepäck *le bagage à main*
das Flugticket (s) *le billet d'avion*
die Bordkarte (n) *la carte d'embarquement*
die Passkontrolle *le contrôle des passeports*
ein/checken (er checkt … ein) *enregistrer*

4. ÉCOUTEZ LES PHRASES UNE PAR UNE ET COCHEZ *RICHTIG* SI L'AFFIRMATION EST JUSTE PAR RAPPORT AU DIALOGUE OU *FALSCH* SI ELLE EST FAUSSE.

27

	RICHTIG	FALSCH
a.		
b.		
c.		
d.		

26.
À L'HÔTEL

IM HOTEL

OBJECTIFS	NOTIONS
• NOMMER PLUSIEURS HÉBERGEMENTS • MAÎTRISER CERTAINS TERMES ET TOURNURES POUR PROCÉDER À L'ENREGISTREMENT À L'HÔTEL	• LES CONJONCTIONS *DENN* ET *WEIL* • LES CONJONCTIONS DE COORDINATION *UND* ET *ODER* • LES CONJONCTIONS DE COORDINATION *ABER* ET *SONDERN*

PLUTÔT UNE AUBERGE DE JEUNESSE QUE CET HÔTEL !

John : Nous ne devons pas aller à droite mais à gauche.

Cécile : [Tu es] sûr ?

John : Oui, c'est écrit ici.

(À l'hôtel)
Bonjour, nous avons réservé une chambre au nom de Cook, John Cook.

Réceptionniste : John Cook ?… Je n'ai pas de réservation à ce nom.

John : Et au nom de Uwe Maier ? Il travaille ici.

Réceptionniste : Monsieur Maier ne travaille plus chez nous.

John : Ah bon…

Réceptionniste : Avez-vous une confirmation de réservation ?

John : Non, Monsieur Maier…

Réceptionniste : Mais il ne travaille plus chez nous.

John : Alors…

Réceptionniste : Pardon, les autres clients attendent.

John : Avez-vous encore une chambre double libre pour trois nuits ?

Réceptionniste : J'ai encore une chambre double libre, mais sans douche.

John : Combien coûte la nuit ?

Réceptionniste : Sans petit déjeuner, 48 euros.

John : C'est cher !

Réceptionniste : Vous êtes dans le centre.

John : Mmh, nous la prenons.

Réceptionniste : J'aurais besoin de vos cartes d'identité ou [de vos] passeports s'il vous plaît.

John : Voici !

Réceptionniste : Merci. Vous devez attendre un peu car la chambre n'est pas encore prête.

John : Où sont les toilettes ?

Réceptionniste : En haut. Les toilettes en bas sont cassées. L'escalier est au fond à gauche, l'ascenseur ne fonctionne pas. (…)

John : Comment trouves-tu l'hôtel ?

Cécile : Moyen. Et toi ?

John : Eh bien… dans les toilettes il y a des cafards.

Cécile : Des cafards !

Réceptionniste : Monsieur Cook, votre chambre est prête.

John : Qu'est-ce qu'on fait ?

Cécile : Plutôt une auberge de jeunesse que cet hôtel !

28 LIEBER EINE JUGENDHERBERGE ALS DIESES HOTEL!

John: Wir müssen nicht nach rechts, sondern nach links.

Cécile: Sicher?

John: Ja, hier steht es.

(Im Hotel)
Guten Tag, wir haben ein Zimmer auf den Namen Cook reserviert, John Cook.

Empfang: John Cook? … Ich habe keine Reservierung auf diesen Namen.

John: Und auf den Namen Uwe Maier? Er arbeitet hier.

Empfang: Herr Maier arbeitet nicht mehr bei uns.

John: Ach so …

Empfang: Haben Sie eine Reservierungsbestätigung?

John: Nein, Herr Maier …

Empfang: Er arbeitet aber nicht mehr bei uns.

John: Also …

Empfang: Entschuldigung, die anderen Gäste warten.

John: Haben Sie noch ein Doppelzimmer frei für drei Nächte?

Empfang: Ich habe noch ein Doppelzimmer frei, aber ohne Dusche.

John: Wie viel kostet die Übernachtung?

Empfang: Ohne Frühstück 48 (achtundvierzig) Euro.

John: Das ist teuer!

Empfang: Sie sind im Zentrum.

John: Hmm, wir nehmen es.

Empfang: Ich bräuchte Ihre Personalausweise oder Reisepässe bitte.

John: Bitte sehr!

Empfang: Danke. Sie müssen ein bisschen warten, denn das Zimmer ist noch nicht bereit.

John: Wo sind die Toiletten?

Empfang: Oben. Die Toiletten unten sind kaputt. Die Treppe ist hinten links, der Aufzug funktioniert nicht.
(…)

John: Wie findest du das Hotel?

Cécile: Mittel. Und du?

John: Na ja … auf dem Klo gibt es Kakerlaken.

Cécile: Kakerlaken!

Empfang: Herr Cook, Ihr Zimmer ist bereit.

John: Was machen wir?

Cécile: Lieber eine Jugendherberge als dieses Hotel!

■ COMPRENDRE LE DIALOGUE
QUELQUES FORMULES ET EXPRESSIONS

→ **Auf den Namen (…)** *Au nom de (…)* (littéralement « Sur le nom de (…) »)
→ **ein Zimmer frei haben**, *avoir une chambre de libre,* littéralement « avoir une chambre libre ».
→ **(…) denn das Zimmer ist noch nicht bereit.** *(…) car la chambre n'est pas encore prête.* (littéralement « car la chambre est encore pas prête »)
→ **auf dem Klo** *aux toilettes* littéralement « sur les toilettes ». Notez que ce synonyme de **die Toilette (n), das Klo** est souvent utilisé dans le langage parlé.
→ **Lieber eine Jugendherberge als dieses Hotel!** *Plutôt une auberge de jeunesse que cet hôtel !* Dans une exclamation, **lieber** se traduit par *plutôt/mieux vaut*.

NOTE CULTURELLE

La République fédérale d'Allemagne compte 16 Länder. Le Land **Sachsen**, la *Saxe*, situé dans le Centre-Est, vaut très certainement le détour, tant pour son patrimoine culturel que ses paysages naturels. Sa capitale, Dresde, avec son incomparable centre historique baroque et sa vallée de l'Elbe, fait partie des plus belles villes d'Allemagne. Leipzig, autre ville de la Saxe, est un des berceaux de la musique classique, où ont œuvré les plus grands comme Bach, Schumann ou Wagner.

◆ GRAMMAIRE
LES CONJONCTIONS *DENN ET WEIL*

Les conjonctions **denn** et **weil** servent à exprimer la cause, mais attention à la différence grammaticale et à la syntaxe de la phrase allemande.

• **denn** *car* est une conjonction de coordination et introduit une proposition indépendante avec le verbe conjugué en seconde position ; la position de **denn** étant la position 0 :
Sie müssen ein bisschen warten, denn das Zimmer ist noch nicht bereit.
Vous devez attendre un peu, car la chambre n'est pas encore prête.
• **weil** *parce que* est une conjonction de subordination et introduit une proposition subordonnée avec le verbe conjugué à la fin :
Ich gehe jetzt einkaufen, weil ich morgen ausschlafen möchte. *Je vais faire les courses maintenant, car demain j'aimerais faire la grasse matinée.*
Notez aussi la virgule impérative entre les deux propositions.

LES CONJONCTIONS DE COORDINATION *UND* ET *ODER*

Comme en français, les conjonctions de coordination permettent de relier des mots ou deux propositions indépendantes.

• **und** *et* : **Willst du das Bad putzen und ich räume das Wohnzimmer auf?** *Veux-tu nettoyer la salle de bains et je range le salon ?*

• **oder** *ou* : **Ich bräuchte Ihre Personalausweise oder Reisepässe bitte.** *J'aurais besoin de vos cartes d'identité ou passeports, s'il vous plaît.*

LES CONJONCTIONS DE COORDINATION *ABER* ET *SONDERN*

Elles se traduisent toutes les deux par *mais* ; elles s'emploient dans des contextes différents.

• **aber** coordonne deux propositions indépendantes et introduit une réserve, une restriction, une opposition.

Attention : à la différence du français, **aber** peut être en début de proposition ou au milieu. **Gute Idee, aber wie viele Freunde würdest du einladen?** *Bonne idée, mais combien d'amis inviterais-tu ?* **Er ist nicht groß, aber er ist stark.** *Il n'est pas grand mais il est fort.* **Ich suche Schuhe, finde aber nichts in meiner Größe.** *Je cherche des chaussures, mais je ne trouve rien dans ma taille.*

• **sondern** sert à rectifier une chose que l'on vient de nier. On la trouve donc uniquement après une négation : **Wir müssen nicht nach rechts, sondern nach links.** *Nous ne devons pas aller à droite, mais à gauche.*

Wir kommen nicht heute, sondern morgen. *Nous ne venons pas aujourd'hui, mais demain.*

Notez que **aber** en début de proposition et **sondern** sont toujours précédés d'une virgule.

Aber, employé comme particule de discours, peut occuper plusieurs places dans la phrase : derrière le verbe conjugué, devant un adjectif, etc. pour marquer l'étonnement, l'admiration, l'impatience… du locuteur. **Er arbeitet aber nicht mehr bei uns.** *Mais il ne travaille plus chez nous.* **Das ist aber nett.** *Ça, c'est (mais) gentil.*

● EXERCICES

1. REMPLACEZ *DENN* PAR *WEIL* ET INVERSEMENT.

a. Er geht in eine Jugendherberge, denn das Hotel ist nicht gut.

→ ....

b. Ich fliege nicht nach Dresden, weil ich arbeiten muss.

→ ....

c. Er macht uns einen Sonderpreis, weil er in diesem Hotel arbeitet.

→ ....

d. Sie können nicht kommen, denn sie haben keinen billigen Flug gefunden.

→ ....

2. COMPLÉTEZ PAR *ABER* OU *SONDERN*.

a. Er kommt nicht heute, ... morgen.
b. Das Zimmer ist klein, ... es ist schön.
c. Er arbeitet nicht in München, ... in Berlin.
d. Es ist gut, ... teuer.

3. COMPLÉTEZ LES TRADUCTIONS DES PHRASES SUIVANTES.

a. *Souhaitez-vous une chambre avec ou sans douche ?*

→ Möchten Sie ein Zimmer ....?

b. *Une nuit coûte 45 euros.*

→ .... 45 Euro.

c. Nous avons réservé une chambre double.

d. → .... reserviert.

e. *Au nom de Peter Schmidt ou Sabine Heller.*

→ .... Sabine Heller.

VOCABULAIRE

sondern *mais* (après une négation)
auf den Namen (John Cook …)
  au nom de (John Cook…)
die Bestätigung (en)
  la confirmation
die Reservierungsbestätigung (en) *le bon de réservation*
also *alors*
ander (-) *autre*
der Gast ("e) *le client (hôtel)/ l'invité (chez soi)*
die anderen Gäste *les autres clients*
frei *libre*
ein Zimmer frei haben *avoir une chambre de libre*
ohne *sans*
die Übernachtung (en) *la nuit/ nuitée*
ich bräuchte *j'aurais besoin de*
ein bisschen *un peu*
noch nicht *pas encore*
bereit *prêt*
kaputt *cassé*
funktionieren *fonctionner*
mittel *moyen*
die Treppe (n) *l'escalier*
hinten *derrière*
das Klo *les toilettes* (langage parlé)
  auf dem Klo *aux toilettes*
die Kakerlake (n) *le cafard*
lieber … als … *plutôt… que…*
die Jugendherberge (n) *l'auberge de jeunesse*

POUR ALLER PLUS LOIN
die Unterkunft ("e) *l'hébergement*
der Empfang *la réception*
das Einzelzimmer (-) *la chambre simple*
voll *plein/complet*
die Pension (en) *la pension*
der Campingplatz ("e) *le camping*
das Zelt (e) *la tente*
zelten *faire du camping*
der Wohnwagen (-) *la caravane*

4. ÉCOUTEZ LES PHRASES UNE PAR UNE ET COMPLÉTEZ-LES AVEC LE VOCABULAIRE SUIVANT : das Zimmer/Frühstück/ein Doppelzimmer/zwei Nächte/die Übernachtung/Reservierung/mit Dusche. (ATTENTION AUX INTRUS !)

a. Wir haben .... reserviert.

b. Ich habe keine.. auf diesen Namen.

c. Haben Sie noch ein Zimmer frei für ....?

d. Mit oder ohne ....?

e. Die .... kostet 48 (achtundvierzig) Euro.

27.
SORTIE OU SOIRÉE TÉLÉ ?

AUSGEHEN ODER FERNSEHEN?

OBJECTIFS	NOTIONS

- PARLER DE SES PROJETS DE SORTIES
- PARLER DU PROGRAMME TÉLÉ

- *WELCHER, WELCHE, WELCHES, WELCHE,* «(LE)QUEL », «(LA)QUELLE », «(LES)QUEL », «(LES)QUEL »

- LES EXPRESSIONS DE TEMPS AVEC *GESTERN* « HIER », *HEUTE* « AUJOURD'HUI » ET *MORGEN* « DEMAIN »"

- EMPLOI ET TRADUCTION DES PRÉPOSITIONS *IN* ET *AUF*

TU NE PEUX PAS MANQUER ÇA !

John : Salut Cécile !

Cécile : Salut John. Comment ça va ?

John : Enfin le week-end. La semaine était fatigante. Et toi, comment vas-tu ?

Cécile : Bien. Je suis allée avec Anna à la piscine.

John : Très bien ! Elle est déjà partie ?

Cécile : Elle revient tout de suite. Nous voulons sortir. Tu viens avec nous ?

John : Où allez-vous ?

Cécile : À l'origine, nous voulions aller au théâtre, mais la pièce est malheureusement [épuisée] complète. Peut-être irons-nous au cinéma ou dans une brasserie en plein air. Nous ne savons pas encore.

John : Qu'est-ce qu'il y a de nouveau au cinéma ?

Cécile : Il y a ce film japonais.

John : Lequel ?

Cécile : Je ne me souviens plus du titre. C'est l'histoire de deux femmes.

John : À vrai dire, je préfère rester à la maison et regarder un film à la télé. Comme ça, je serai en forme demain matin pour l'entraînement.

Cécile : Qu'est-ce qui passe ce soir à la télé ?

John : Un instant, je vais chercher le programme télé…
Sur la une il y a du sport et sur la deux il y a un film français avec tes deux acteurs préférés. Tu ne peux pas manquer ça !

29 DAS DARFST DU NICHT VERPASSEN!

John: Hallo Cécile!

Cécile: Hallo John. Wie geht's?

John: Endlich Wochenende. Die Woche war anstrengend. Und wie geht's dir?

Cécile: Gut. Ich bin mit Anna ins Schwimmbad gegangen.

John: Sehr gut! Ist sie schon weg?

Cécile: Sie kommt gleich wieder. Wir wollen ausgehen. Kommst du mit?

John: Wohin geht ihr?

Cécile: Wir wollten eigentlich ins Theater gehen, aber das Stück ist leider ausverkauft. Vielleicht gehen wir ins Kino oder in einen Biergarten. Wir wissen noch nicht.

John: Was gibt es Neues im Kino?

Cécile: Es gibt diesen japanischen Film.

John: Welchen?

Cécile: Ich erinnere mich nicht mehr an den Titel. Es ist die Geschichte von zwei Frauen.

John: Ehrlich gesagt, ich bleibe lieber zu Hause und sehe einen Film im Fernsehen. So bin ich morgen früh fit fürs Training.

Cécile: Was kommt heute Abend im Fernsehen?

John: Moment, ich hole die Fernsehzeitschrift … Im Ersten kommt Sport und im Zweiten ein französischer Film mit deinen beiden Lieblingsschauspielern. Das darfst du nicht verpassen!

■ COMPRENDRE LE DIALOGUE
QUELQUES FORMULES ET EXPRESSIONS

→ **Das darfst du nicht verpassen!** *Tu ne peux pas manquer ça !* (littéralement « Tu n'as pas le droit de… »)
→ **Endlich Wochenende.** *Enfin le week-end.* (littéralement « Enfin week-end. »)
→ **Kommst du mit?** *Tu viens avec nous ?* (littéralement « Tu viens avec ? »)
→ **(…) das Stück ist leider ausverkauft** *(…) malheureusement la pièce est complète (épuisée)* (littéralement « malheureusement la pièce est entièrement vendue/complète »)
→ **Was gibt es Neues?** *Qu'est-ce qu'il y a de nouveau ?* Cette tournure idiomatique est à mémoriser.
→ **Was kommt heute Abend im Fernsehen?** *Qu'est-ce qui passe ce soir à la télé ?* (littéralement « Qu'est-ce qui vient (…) dans la télé ? »)
→ **Im Ersten/im Zweiten …** *Sur la une/sur la deux…* (littéralement « Dans la première/dans la deuxième… »)

NOTE CULTURELLE

Avec une moyenne d'environ 110 litres par habitant et par an, l'Allemagne est un des premiers pays buveurs de bière dans le monde. Elle atteint son pic de consommation lors de l'**Oktoberfest**, *la Fête de la bière*, littéralement « Fête d'octobre », qui, contrairement à ce que laisserait supposer son nom, est célébrée en septembre à Munich pendant une quinzaine de jours et se termine le premier week-end d'octobre !

◆ GRAMMAIRE
WELCHER, WELCHE, WELCHES, WELCHE
« (LE)QUEL », « (LA)QUELLE », « (LES)QUEL », « (LES)QUEL »

	Masculin	Féminin	Neutre	Pluriel
Nominatif	welcher (Bus)	welche (U-Bahn)	welches (Auto)	welche (Busse)
Accusatif	welchen (Bus)	welche (U-Bahn)	welches (Auto)	welche (Busse)
Datif	welchem (Bus)	welcher (U-Bahn)	welchem (Auto)	welchen (Bussen)

Welcher, etc. sert aussi bien à exprimer *quel*, etc. que *lequel*, etc. Il se décline comme l'article défini **der**, **die**, **das**, **die**.

Welcher Bus ist das? *C'est quel bus ?* Nominatif masculin car **(der) Bus** est masculin et attribut du sujet (= nominatif) dans cet exemple.
Mit welchem Bus bist du gekommen? *Avec quel bus es-tu venu ?* Datif masculin, **mit** régit le datif.
Es gibt diesen neuen japanischen Film. Welchen? *Il y a ce nouveau film japonais. Lequel ?* Accusatif masculin car **(der) Film** est masculin et **es gibt** régit l'accusatif.
Ich habe zwei Bücher. Welches ist besser? *J'ai deux livres. Lequel est mieux ?* Nominatif neutre car **(das) Buch** est neutre et sujet (= nominatif) dans la phrase.

LES EXPRESSIONS DE TEMPS AVEC *GESTERN* « HIER », *HEUTE* « AUJOURD'HUI » ET *MORGEN* « DEMAIN »

Les moments de la journée **der Morgen** *le matin*, **der Vormittag** *la matinée*, **der Mittag** *le midi*, **der Nachmittag** *l'après-midi*, **der Abend** *le soir* et **die Nacht** *la nuit* peuvent se construire avec les termes **gestern**, **heute**, **morgen** et ne prennent ni article, ni préposition :
• **gestern** *hier* : **gestern Morgen** *hier matin*, **gestern Nachmittag** *hier après-midi* ;
• **heute** *aujourd'hui* : **heute Morgen** *ce matin*, **heute Abend** *ce soir*, **heute Nacht** *cette nuit* (littéralement « aujourd'hui matin/soir/nuit ») : **Was kommt denn heute Abend im Fernsehen?** *Qu'est-ce qui passe ce soir à la télé ?*
• **morgen** *demain* : **morgen Vormittag** *demain dans la matinée*, **morgen Mittag** *demain midi*...
Attention à la seule exception de **morgen** : *demain matin* ne se dit pas ~~**morgen Morgen**~~ » mais **morgen früh** : **So bin ich morgen früh fit (…).** *Comme ça, je serai en forme demain matin (…).*

EMPLOI ET TRADUCTION DES PRÉPOSITIONS *IN* ET *AUF*

In se traduit généralement par *dans/en* et **auf** par *sur*, mais ce n'est pas le cas avec les groupes nominaux suivants :
• **ins Schwimmbad**, **ins Theater**, **ins Kino**, **ins Büro**, **ins Restaurant**, **ins Konzert**, **ins Bett**, **in die Schule gehen** *aller à la piscine, au théâtre, au cinéma, au bureau, au restaurant, au concert, au lit, à l'école* : **Ich bin mit Anna ins Schwimmbad gegangen.** *Je suis allée avec Anna à la piscine.* **Wir wollten eigentlich ins Theater gehen.** *À l'origine, nous voulions aller au théâtre.* **Vielleicht gehen wir ins Kino.** *Peut-être irons-nous au cinéma.*
• **im Fernsehen/im Ersten/im Zweiten kommt** *à la télé / sur la une / sur la deux il y a/il passe...* : **Im Ersten kommt Sport (…).** *Sur la une il y a du sport (…).*

- **auf Toilette gehen oder sein/aufs Klo gehen oder auf dem Klo sein** (langage parlé) *aller ou être aux/dans les toilettes* : **Auf dem Klo gibt es Kakerlaken.** *Dans les toilettes il y a des cafards.*
- **auf die (Sprach)Schule gehen (…)** *aller à l'école (de langues)* : **Sie geht auch auf die Sprachschule.** *Elle va aussi à l'école (de langues).* Notez la nuance : on emploie **auf** pour parler de l'école comme une institution et **in** comme un établissment/le lieu.
- **auf den Markt gehen/ auf dem Markt sein** *aller/être au marché* : **So früh schon auf dem Markt!** *De si bonne heure au marché !*
- **auf den Namen (Cook)** *au nom de (Cook),*
- **Auf die Prüfung von (Cécile)** *À l'examen de (Cécile).*
- **auf der anderen Seite** *de l'autre côté.*

● EXERCICES

1. COMPLÉTEZ LES QUESTIONS PAR LE PRONOM INTERROGATIF *WELCH-* AVEC LA BONNE DÉCLINAISON.

a. Es gibt einen deutschen und einen französischen Film.

.... möchtest du sehen?

.... ist besser?

b. Es gibt zwei Hotels.

.... ist billiger?

In .... warst du?

c. Er hat zwei Töchter.

.... kennst du?

Mit .... hast du gesprochen?

2. TRADUISEZ CES COMPLÉMENTS DE TEMPS.

a. hier midi → ....
b. hier soir → ....
c. ce matin → ....
d. cette nuit → ....
e. demain après-midi → ....
f. demain soir → ....

VOCABULAIRE

endlich *enfin*
  Endlich Wochenende!
  Enfin le week-end !
anstrengend *fatigant*
weg sein *être parti*
wieder/kommen (er kommt ... wieder) *revenir*
aus/gehen (er geht ... aus) *sortir* (au cinéma…)
mit/kommen (er kommt ... mit) *venir avec quelqu'un*
eigentlich *au fond*
das Stück (e) *la pièce*
ausverkauft *épuisé/entièrement vendu*
der Biergarten (¨) *la brasserie en plein air*
ins Theater/ins Kino/in einen Biergarten gehen *aller au théâtre/au cinéma/dans une brasserie en plein air*
Was gibt es Neues? *Qu'est-ce qu'il y a de nouveau ?*
welchen *lequel*
japanisch *japonais*
der Film (e) *le film*
sich erinnern an *se souvenir de*
der Titel (-) *le titre*
die Geschichte (n) *l'histoire*
ehrlich *vrai/sincère*
Ehrlich gesagt! *À vrai dire !*
zu Hause bleiben *rester à la maison*
der Fernseher (-) *la télévision (poste)*
im Fernsehen (kommen) *(passer) à la télévision*
morgen früh *demain matin*
das Training *l'entraînement*
Was kommt im Fernsehen? *Qu'est-ce qui passe à la télé ?*
heute Abend *ce soir*
holen *aller chercher*
die Fernsehzeitschrift (en) *le journal télé*
im Ersten, im Zweiten *sur la une, sur la deux*
beide *deux* (proche de l'anglais *both*)
der Lieblingsschauspieler (-)/die Lieblingsschauspielerin (nen) *l'acteur/l'actrice préféré(e)*
Das darfst du nicht verpassen! *Tu ne peux pas manquer ça !*

POUR ALLER PLUS LOIN

die Brauerei (en) *la brasserie*
die Kneipe (n) *le café/le bistro/le bar*
der Weinkeller (-) *le bar à vin*
Sport -, Kultursendung (en) *l'émission de sport, de culture*
die Nachrichten *les informations*
die Tagesschau *le journal télévisé*
die Serie (n) *la série*
der Dokumentarfilm (e) *le documentaire*
die Werbung *la publicité*

3. LISEZ CES PHRASES. COCHEZ *RICHTIG* SI CETTE AFFIRMATION EST JUSTE PAR RAPPORT AU DIALOGUE OU *FALSCH* SI ELLE EST FAUSSE.

	RICHTIG	FALSCH
a. Anna und Cécile gehen ins Theater.		
b. Das Konzert ist ausverkauft.		
c. John bleibt lieber zu Hause.		
d. Anna und Cécile waren im Schwimmbad.		
e. Im Fernsehen kommt ein französischer Film.		

4. TRADUISEZ LES PHRASES UNE PAR UNE ET LISEZ-LES À HAUTE VOIX. PUIS ÉCOUTEZ L'ENREGISTREMENT POUR VÉRIFIER QUE VOTRE PROPOSITION EST CORRECTE.

29

a. Nous sommes allées à la piscine.

→ ....

b. La journée était fatigante.

→ ....

c. Nous allons au cinéma.

→ ....

d. Viens-tu avec nous ?

→ ....

e. Je préfère rester à la maison.

→ ....

28.
AU RESTAURANT

IM RESTAURANT

OBJECTIFS

- EXPRIMER SES GOÛTS ET PRÉFÉRENCES EN MATIÈRE DE CUISINE
- DIRE QUE L'ON A FAIM/SOIF
- EMPLOYER PLUSIEURS TOURNURES UTILES AU RESTAURANT

NOTIONS

- LE GROUPE NOMINAL COMPOSÉ DE PLUSIEURS ADJECTIFS ÉPITHÈTES
- LES TOURNURES *GERN HABEN / LIEBER HABEN / AM LIEBSTEN HABEN* : « AIMER »/« PRÉFÉRER »
- LE VERBE *SCHMECKEN*

LA SOUPE EST TRÈS ÉPICÉE

John : Qu'est-ce que tu préfères ? La cuisine chinoise ou thaïlandaise ?

Cécile : J'aime bien les deux. Et toi ?

John : Je préfère la cuisine thaïlandaise, mais celle que je préfère le plus c'est la cuisine indienne.

Cécile : Nous pourrions aller dans ce nouveau restaurant indien.

(Au restaurant)
John : Bonsoir, nous avons réservé une table au nom de John Cook.

Serveuse : Suivez-moi s'il vous plaît… Je vous apporte tout de suite la carte.

John : J'ai une faim de loup.

Cécile : Et moi j'ai soif.

Serveuse : Voici la carte. Souhaitez-vous boire quelque chose ?

John : Oui, s'il vous plaît. Deux jus de mangue.

Cécile : Il y a un courant d'air ici.

John : C'est à cause de la fenêtre. Je vais demander s'il y a une autre table libre… Pardon !

Serveuse : Oui ?

John : Avez-vous une autre table libre ?

Serveuse : Souhaitez-vous la table là-bas, au fond ?

John : Oui, s'il vous plaît.

Serveuse : Souhaitez-vous commander ?

John : Oui. Comme entrée, nous aimerions bien une soupe au curry et une salade aux épinards et en plat principal deux poulets tandoori.

Serveuse : La soupe est très épicée.

John : J'aime bien manger épicé.

Serveuse : Je vous souhaite un bon appétit.

Serveuse : (…) Ça vous a plu ?

John : Beaucoup.

Serveuse : Souhaitez-vous un dessert ?

John : Non, l'addition s'il vous plaît.

Serveuse : Vous payez séparément ou ensemble ?

John : Ensemble.

Serveuse : Ça fait en tout 31,50 euros.

John : 35 euros. Gardez la monnaie !

Kellnerin : Merci !

John : Sais-tu à quelle heure ferme la pharmacie ?

Cécile : À 11 heures. Pourquoi ?

John : La serveuse avait raison. La soupe était vraiment très épicée.

DIE SUPPE IST SEHR SCHARF

John: Was hast du lieber? Die chinesische oder die thailändische Küche?

Cécile: Ich habe beide gern. Und du?

John: Ich habe lieber die thailändische Küche, aber am liebsten habe ich die indische Küche.

Cécile: Wir könnten in dieses neue indische Restaurant gehen.

(Im Restaurant)
John: Guten Abend, wir haben einen Tisch auf den Namen John Cook reserviert.

Kellnerin: Bitte folgen Sie mir … Ich bringe Ihnen sofort die Speisekarte.

John: Ich habe einen Bärenhunger.

Cécile: Und ich habe Durst.

Kellnerin: So, die Speisekarte. Möchten Sie etwas trinken?

John: Ja, bitte. Zwei Mangosäfte.

Cécile: Es zieht hier.

John: Das ist wegen dem Fenster. Ich frage mal, ob ein anderer Tisch frei ist … Entschuldigung!

Kellnerin: Ja?

John: Haben Sie einen anderen Tisch frei?

Kellnerin: Möchten Sie den Tisch da hinten?

John: Ja, bitte.

Kellnerin: Möchten Sie bestellen?

John: Ja. Als Vorspeise hätten wir gern eine Currysuppe und einen Spinatsalat und als Hauptspeise zwei Tandoori-Hähnchen.

Kellnerin: Die Suppe ist sehr scharf.

John: Ich esse gern scharf.

Kellnerin: Ich wünsche Ihnen einen guten Appetit.

Kellnerin: (…) Hat es Ihnen geschmeckt?

John: Sehr.

Kellnerin: Möchten Sie einen Nachtisch?

John: Nein, die Rechnung bitte.

Kellnerin: Zahlen Sie getrennt oder zusammen?

John: Zusammen.

Kellnerin: Das macht zusammen 31,50 Euro (einunddreißig Euro fünfzig).

John: 35 (fünfunddreißig) Euro. Stimmt so!

Kellnerin: Danke!

John: Weißt du, um wie viel Uhr die Apotheke schließt?

Cécile: Um elf. Warum?

John: Die Kellnerin hatte recht. Die Suppe war wirklich sehr scharf.

■ COMPRENDRE LE DIALOGUE
QUELQUES FORMULES ET EXPRESSIONS

→ **Ich habe einen Bärenhunger.** *J'ai une faim de loup.* (littéralement « J'ai une faim d'ours. »)

→ **Es zieht hier.** *Il y a un courant d'air ici.* (littéralement « Ça tire ici. »)

→ **Ich frage mal, ob ein anderer Tisch frei ist.** *Je vais demander s'il y a une autre table libre.* (littéralement « Je demande une fois si une autre table libre est. »)

→ **Möchten Sie den Tisch da hinten?** *Souhaitez-vous la table là-bas au fond ?* (littéralement « Souhaitez-vous la table là-bas derrière ? »)

→ **Hat es Ihnen geschmeckt? – Sehr.** *Ça vous a plu ? – Beaucoup.* Beaucoup se traduit par **sehr** et non pas par **viel** lorsqu'il exprime une intensité et non une quantité.

NOTE CULTURELLE

En Allemagne, presque tous les restaurants proposent le service continu, de midi à 22 heures. Néanmoins, en dehors des régions touristiques, il peut arriver que les restaurants servent seulement de midi à 14 heures et de 18 à 21 heures. *Le pourboire* est appelé **das Trinkgeld**. Il n'y a pas de règle particulière à ce sujet, mais on laisse généralement un pourboire qui représente 10 à 15 % de l'addition. Vous pourrez le donner en main propre au serveur ou, si vous ne voulez pas récupérer la monnaie, vous direz **Stimmt so!** *Gardez la monnaie !* (littéralement « Est juste comme ça ! »)

◆ GRAMMAIRE
LE GROUPE NOMINAL COMPOSÉ DE PLUSIEURS ADJECTIFS ÉPITHÈTES

Si un groupe nominal comporte plusieurs adjectifs épithètes, ceux-ci se déclinent tous de la même manière et précèdent le nom auquel ils se rapportent :

- **Wir könnten in dieses neue indische Restaurant gehen.** *Nous pourrions aller dans ce nouveau restaurant indien.*

- **Wir waren in diesem neuen indischen Restaurant.** *Nous étions dans ce nouveau restaurant indien.*

LES TOURNURES *GERN HABEN* / *LIEBER HABEN* / *AM LIEBSTEN HABEN* : « AIMER »/« PRÉFÉRER »

Il s'agit de la même construction grammaticale que celle qui a été étudiée dans le Module n°18, mais dans ce cas, avec l'emploi spécifique du verbe **haben** *avoir*. Ces tournures s'emploient et se traduisent comme suit :
- **jemanden/etwas gern haben** *(bien) aimer quelqu'un/quelque chose* : **Ich habe beides gern.** *J'aime (bien) les deux.*
- **jemanden/etwas lieber haben** *préférer quelqu'un/quelque chose. La préférence porte sur 2 (groupes de) personnes ou choses.* **Was hast du lieber? Die chinesische oder die thailändische Küche?** *Qu'est-ce que tu préfères ? La cuisine chinoise ou thaïlandaise ?*
- **jemanden/etwas am liebsten haben** *préférer quelqu'un/quelque chose. La préférence porte sur 3 (groupes de) personnes/choses ou plus. Dans le cas qui suit, il s'agit de la cuisine indienne par rapport aux autres cuisines.* **(...) am liebsten habe ich die indische Küche.** *(...) celle que je préfère le plus, c'est la cuisine indienne.* Notez que **am liebsten** se place souvent devant le verbe pour mieux marquer la préférence.

Notez aussi la tournure **gern haben** au conditionnel : **ich hätte gern**, **du hättest gern ...** *j'aimerais (bien), tu aimerais (bien)...* **Als Vorspeise hätten wir gern ...** *Comme entrée, nous aimerions (bien)...*

⚠ CONJUGAISON
LE VERBE *SCHMECKEN*

Ce verbe s'utilise en rapport avec le goût d'un aliment et régit le datif. Il se traduit par *plaire / aimer / être bon* ou des tournures équivalentes.
→ **Hat es Ihnen geschmeckt?** *Vous avez aimé ?/Ça vous a plu ?*
→ **Es schmeckt sehr gut.** *C'est très bon.* ; **Es schmeckt mir nicht.** *Ça ne me plaît pas.*

● EXERCICES

1. COMPLÉTEZ AVEC *GERN, LIEBER, AM LIEBSTEN*.

a. Was hat er ....? (Qu'est-ce qu'il aime bien ?)

b. Was hast du .... ? Mit oder ohne Zucker? (Qu'est-ce tu préfères ? Avec ou sans sucre ?)

c. Er hat dich .... (Il t'aime bien.)

d. .... habe ich Rotwein. (Ce que je préfère (le plus), c'est le vin rouge.)

2. TRADUISEZ CES PHRASES.

a. Avez-vous une table libre ?
→ ....

b. En entrée, j'aimerais une salade.
→ ....

c. Je vous apporte le plat principal.
→ ....

d. Souhaitez-vous un dessert ?
→ ....

e. L'addition s'il vous plaît !
→ ....

f. Vous avez aimé ?
→ ....

3. I) LISEZ LES RÉPONSES : Ja, aber die Suppe war ein bisschen scharf./ Ja, bitte. Zwei Mangosäfte./Nein, die Rechnung bitte./Zusammen./ Ja bitte, einen Spinatsalat.
II) RETROUVEZ LA RÉPONSE CORRESPONDANT À CHACUNE DES QUESTIONS CI-DESSOUS.

a. Möchten Sie etwas trinken? ....

b. Möchten Sie eine Vorspeise? ....

c. Zahlen Sie zusammen oder getrennt? ....

d. Hat es Ihnen geschmeckt? ....

e. Möchten Sie einen Nachtisch? ....

VOCABULAIRE

lieber haben *préférer*
Was hast du lieber?
  Que préfères-tu ?
chinesisch *chinois*
thailändisch *thaïlandais*
gern haben *bien aimer*
am liebsten haben *préférer*
Am liebsten habe ich … *Ce que je préfère (le plus)…*
indisch *indien*
das Restaurant (s) *le restaurant*
  ins Restaurant gehen *aller au restaurant*
folgen *suivre*
Bitte folgen Sie mir! *Suivez-moi s'il vous plaît !*
die Speisekarte (n) *la carte*
der Hunger *la faim*
Hunger haben *avoir faim*
einen Bärenhunger haben
  avoir une faim de loup
der Durst *la soif*
Durst haben *avoir soif*
der Mangosaft ("e) *le jus de mangue*
Es zieht hier. *Il y a un courant d'air.*
wegen *à cause de*
da *là*
bestellen *commander*
die Vorspeise (n) *l'entrée*
die Suppe (n) *la soupe*
die Currysuppe (n) *la soupe au curry*
der Spinat *les épinards (singulier)*
der Spinatsalat (e) *la salade aux épinards*
die Hauptspeise (n) *la plat principal*
als Vorspeise/Hauptspeise
  comme entrée/plat principal
das (Tandoori) Hähnchen *le poulet (tandoori)*
scharf *épicé*
wünschen *souhaiter*
(Ich wünsche Ihnen einen) Guten Appetit! *(Je vous souhaite un) Bon appétit !*
schmecken *plaire/aimer/être bon (pour un plat)*
Hat es Ihnen geschmeckt?
  Ça vous a plu ?
sehr *beaucoup* (intensité et non quantité)
getrennt oder zusammen zahlen
  payer séparément ou ensemble
Stimmt so! *Gardez la monnaie !*
der Kellner (-)/die Kellnerin (nen)
  le (la) serveur(euse)

POUR ALLER PLUS LOIN

das Trinkgeld *le pourboire*
die Nachspeise (n) *le dessert* (synonyme de **der Nachtisch**)
die Getränkekarte (n) *la carte des boissons*
das Frühstück *le petit-déjeuner*
das Mittagessen *le déjeuner*
das Abendessen *le dîner*

4. ÉCOUTEZ LES PHRASES UNE PAR UNE ET COMPLÉTEZ-LES PAR ÉCRIT AVEC LES MOTS SUIVANTS : Speisekarte/Restaurant/Apotheke/Vorspeise/Appetit/Bärenhunger/Tisch/Spinatsalat/Rechnung/Trinkgeld **(ATTENTION AUX INTRUS !).**

a. Wir könnten ins .... gehen.

b. Ich bringe Ihnen sofort die ....

c. Ich habe einen ....

d. Haben Sie einen anderen .... frei?

e. Als .... hätten wir gern zwei Currysuppen.

f. Ich wünsche Ihnen einen guten ....

g. Die .... bitte.

29. DESTINATIONS DE VOYAGE

REISEZIELE

OBJECTIFS

- PARLER DE SES VACANCES
- ÉVOQUER DIFFÉRENTS LIEUX DE VILLÉGIATURE

NOTIONS

- LE GÉNITIF : DÉCLINAISON ET EMPLOI DU GROUPE NOMINAL
- LE GÉNITIF SAXON
- LES TOURNURES AVEC *ANFANG/MITTE/ENDE* + MOIS

IL N'Y A QUE L'EMBARRAS DU CHOIX !

John : Salut Anna, comment ça va ?

Anna : Moyen. Je ne supporte pas la chaleur. 30 degrés début juin, c'est trop chaud pour moi.

John : Je trouve ça génial.

Anna : Normal, tu viens d'un pays chaud mais moi je viens de Hambourg et j'adore le vent frais de la mer du Nord.

John : J'ai lu dans le journal que nous aurons un été chaud.

Anna : Je n'espère pas. Sais-tu déjà ce que tu vas faire pendant les vacances d'été ?

John : Je vais juste passer quelques jours avec la famille de Cécile à la mer. Il faut que j'économise pour les vacances de Noël. J'aimerais aller avec Cécile en Australie et faire un voyage à la Grande Barrière de corail.

Anna : Super !

John : Nous nous réjouissons déjà. Et toi ? Que fais-tu pendant les vacances d'été ?

Anna : Mon ami vient me rendre visite et nous resterons sûrement à Munich. Mon stage dure jusqu'à fin juillet et mi-août, je commence à travailler.

John : Mi-août déjà !

Anna : Oui, à cause du projet avec l'architecte. Mais ça ne fait rien. La région ici est très belle avec ses montagnes, lacs, châteaux…

John : C'est vrai. Il n'y a que l'embarras du choix !

31   MAN HAT NUR DIE QUAL DER WAHL!

John: Hallo Anna, wie geht's?

Anna: Geht so. Ich vertrage die Hitze nicht. 30 (dreißig) Grad Anfang Juni, das ist zu heiß für mich.

John: Ich finde es klasse.

Anna: Normal, du kommst aus einem warmen Land, aber ich komme aus Hamburg und liebe den frischen Wind der Nordsee.

John: Ich habe in der Zeitung gelesen, dass wir einen heißen Sommer bekommen werden.

Anna: Ich hoffe nicht. Weißt du schon, was du während der Sommerferien machst?

John: Ich werde nur ein paar Tage mit Céciles Familie am Meer verbringen. Ich muss für die Weihnachtsferien sparen. Ich möchte mit Cécile nach Australien fliegen und eine Reise an das Great Barrier Reef machen.

Anna: Super!

John: Wir freuen uns schon. Und du? Was machst du während der Sommerferien?

Anna: Mein Freund kommt mich besuchen und wir werden bestimmt in München bleiben. Mein Praktikum dauert bis Ende Juli und Mitte August fange ich an zu arbeiten.

John: Mitte August schon!

Anna: Ja, wegen des Projekts mit dem Architekten. Aber das macht nichts. Die Gegend hier ist sehr schön mit ihren Bergen, Seen, Schlössern …

John: Das stimmt. Man hat nur die Qual der Wahl!

■ COMPRENDRE LE DIALOGUE
QUELQUES FORMULES ET EXPRESSIONS

→ **Man hat nur die Qual der Wahl!** *Il n'y a que l'embarras du choix !* (littéralement « On n'a que la torture du choix ! »)

→ **Wie geht's?** (langage parlé) *Comment ça va ?* Il s'agit de la forme contractée de **Wie geht es dir ?**

→ **Geht so.** (langage parlé) *Ça va.* (sous-entendu : moyen) (littéralement « Va comme ça »)

→ **(…) dass wir einen heißen Sommer bekommen werden.** *(…) que nous aurions un été chaud.* (littéralement « (…) que nous recevrions un été chaud »)

→ **Ich möchte mit Cécile nach Australien fliegen (…).** *J'aimerais aller avec Cécile en Australie (…).*

En allemand, pour indiquer le déplacement, on utilise le verbe indiquant le moyen de locomotion. Dans cet exemple, le déplacement se fait en avion, on emploiera donc le verbe **fliegen** *voler*.

NOTE CULTURELLE

La Bavière est le *Land* le plus peuplé et le plus vaste du pays. C'est également la région la plus touristique d'Allemagne, où l'on peut pratiquer toutes sortes d'activités. Les lacs permettent la pratique de sports nautiques, tandis que les montagnes offrent la possibilité de faire des randonnées et de pratiquer des sports d'hiver. Les amateurs de culture et d'architecture se régaleront avec les châteaux de Louis II de Bavière, comme Neuschwanstein, Herrenchiemsee ou Linderhof. Ce dernier était le château préféré du roi.

◆ GRAMMAIRE
LE GÉNITIF : DÉCLINAISON ET EMPLOI DU GROUPE NOMINAL

Il s'agit du 4e cas de la déclinaison allemande. Le groupe nominal se décline comme suit. Une des particularités du génitif est le **-s** final au masculin et au neutre singulier ou bien le **-es** pour la grande majorité des monosyllabes ou noms se terminant déjà par **-s**, **-z** ou **-ß**.

	Article défini	Article défini
Masculin	d**es** jung**en** Lehrer**s**/Mann**es**	ein**es** jung**en** Lehrer**s**/Mann**es**
Féminin	d**er** jung**en** Lehrerin	ein**er** jung**en** Lehrerin
Neutre	d**es** jung**en** Mädchen**s**/Kind**es**	ein**es** jung**en** Mädchen**s**/Kind**es**
Pluriel	d**er** jung**en** Kinder	jung**er** Kinder

N.B. Le génitif d'un groupe nominal sans article est peu fréquent.

Attention, certains masculins ne prennent pas de **-(e)s** mais un **-(e)n**. Il s'agit des mêmes noms prenant un **-n** à l'accusatif et au datif, voir Modules n°6 et n°10 comme **der Mensch**, **des Menschen** *de l'homme / être humain*, **der Herr**, **des Herrn** *du monsieur* et presque tous les masculins terminés en **e-** : **der Junge**, **des Jungen** *du garçon*.
Une exception : **der Name**, **des Namens** *du nom* (ajout d'un **n** + **s**).

Le génitif est utilisé pour :
- le complément du nom : il exprime généralement la possession au sens large du terme : **die Qual der Wahl** *l'embarras du choix* ; **(…) ich liebe den frischen Wind der Nordsee.** *(…) j'adore le vent frais de la mer du Nord.* → **der Wahl** (nominatif : **die Wahl**) et **der Nordsee** (nominatif : **die Nordsee**) sont deux génitifs féminins. **das Auto meines Mannes** *la voiture de mon mari* → **meines Mannes** (nominatif : **mein Mann**) est un génitif masculin.
- après certaines prépositions comme **wegen** *à cause de* et **während** *pendant* :
Ja, wegen des Projekts mit dem Architekten. *Oui, à cause du projet avec l'architecte.*
→ **des Projektes** (nominatif : **das Projekt**) est un génitif neutre. Pour les noms terminés en **-t**, on peut ajouter un **e** ou non.
Was machst du während der Sommerferien? *Que fais-tu pendant les vacances d'été ?*
→ **der Sommerferien** (nominatif pluriel : **die Sommerferien**) est un génitif pluriel.

Mais la tendance actuelle est de remplacer le génitif par le datif.
• Dans ce cas, on emploie la préposition **von** + le complément au datif : **(…) ich liebe den frischen Wind von der Nordsee / das Auto von meinem Mann.**

Et dans le cas des prépositions comme **wegen** *à cause de*, le groupe nominal est au datif : **Das ist wegen dem Fenster.** *C'est à cause de la fenêtre.*
Par contre, cette tendance ne s'applique pas aux tournures et expressions idiomatiques comme **die Qual der Wahl** *l'embarras du choix*.

LE GÉNITIF SAXON

Aujourd'hui, son emploi se limite essentiellement aux noms propres. Il se forme comme suit : le nom propre prend un **s**, se place en tête et le nom/groupe nominal auquel il se rapporte n'a pas d'article : **mit Céciles Familie** a*vec la famillie de Cécile*. Par contre, les noms propres qui se terminent déjà par un **-s**, **-ß** ou **-z** prennent une apostrophe à la place du **s**, comme pour le prénom **Klaus** : **Klaus' Eltern** *les parents de Klaus*. Et là aussi, le datif remplacera souvent le génitif : **mit Céciles Familie**, **mit der Familie von Cécile** *avec la famille de Cécile*.

LES TOURNURES AVEC *ANFANG* / *MITTE* / *ENDE* + MOIS

Associés sans article à un complément de temps (comme les mois de l'année), les noms **Anfang** *début*, **Mitte** *mi-*, **Ende** *fin* permettent de donner une date approximative. Vous noterez que la règle est très proche du français : **30 Grad Anfang Juni, das ist zu heiß für mich.** *30 degrés début juin, c'est trop chaud pour moi* ; **Mein Praktikum dauert bis Ende Juli und Mitte August fange ich an zu arbeiten.** *Mon stage dure jusqu'à fin juillet et mi-août je commence à travailler.*

⬢ EXERCICES

1. PASSEZ LE DATIF AU GÉNITIF.

Exemple : der frische Wind von der Nordsee → der frische Wind der Nordsee.

a. das Auto von einem jungen Mann → ....
b. der Vater von der jungen Frau → ....
c. das Buch vom Deutschlehrer → ....
d. die Eltern von den kleinen Kindern → ....
e. die Mutter von einer neuen Schülerin → ....

2. PASSEZ LE DATIF AU GÉNITIF SAXON ET INVERSEMENT.

Exemple : die Eltern von Cécile → Céciles Eltern

a. das Auto von John → ....
b. Annas Vater → ....
c. das Buch von Franz → ....
d. Jens' Eltern → ....

VOCABULAIRE

Geht so. *Ça va.*
vertragen (er verträgt) *supporter*
die Hitze *la chaleur/canicule*
Grad *degré*
    1 Grad/30 Grad (pas de pluriel)
    1 degré /30 degrés
der Anfang (¨e) *le début*
    Anfang Juni *début juin*
klasse *génial*
    Ich finde es klasse. *Je trouve ça génial.*
lieben *aimer*
frisch *frais*
der Wind (e) *le vent*
die Nordsee *la mer du Nord*
    der Wind der Nordsee *le vent de la mer du Nord*
die Zeitung (en) *le journal*
einen heißen Sommer bekommen *avoir un été très chaud*
während *pendant*
die Ferien *les vacances*
    die Sommerferien *les vacances d'été*
ein paar Tage/Ferien …
    verbringen *passer quelques jours / des vacances*
das Meer *la mer*
am Meer *au bord de la mer*
die Weihnachtsferien *les vacances de Noël*
sparen *économiser*
die Reise (n) *le voyage*
das Great Barrier Reef *la Grande Barrière de Corail* (terme anglais)
besuchen *visiter, rendre visite*
bestimmt *certainement*
dauern *durer*
das Ende (n) *la fin*
    Ende Juli *fin juillet*
die Mitte (n) *le milieu*
    Mitte August *mi-août*
Das macht nichts. *Ça ne fait rien.*
die Gegend (en) *la région*
der Berg (e) *la montagne*
der See (n) *le lac*
das Schloss (¨er) *le château*

POUR ALLER PLUS LOIN

die Ostsee *la mer Baltique*
der Urlaub *les congés*
    in Urlaub/in die Ferien fahren *partir en vacances*
reisen *voyager*
die Küste (n) *la côte*
der Strand (¨e) *la plage*

3. POSEZ LA QUESTION ADAPTÉE À CHACUNE DES RÉPONSES INDIQUÉES CI-DESSOUS : Was verträgt Anna nicht?/ Wer bleibt in München?/Wohin möchte John fliegen?/Wann fängt Anna an zu arbeiten? / Woher kommt Anna?/ Was liebt Anna? **(ATTENTION AUX INTRUS !)**

a. .... Aus Hamburg.
b. .... Die Hitze.
c. .... Den frischen Wind der Nordsee.
d. .... Nach Australien.

4. ÉCOUTEZ LES INFORMATIONS DONNÉES PAR RAPPORT AU DIALOGUE ET COCHEZ *RICHTIG* SI LA PHRASE EST CORRECTE ET *FALSCH* SI LA PHRASE EST INCORRECTE.

	RICHTIG	*FALSCH*
a.		
b.		
c.		
d.		
e.		
f.		

29. Les projets de vacances

30. DÉPART EN VACANCES

AB IN DIE FERIEN

OBJECTIFS	NOTIONS
• PRÉSENTER SES SOUHAITS (FÊTES, VACANCES, ANNIVERSAIRES) • DÉSIGNER LES DIFFÉRENTES FÊTES	• LES DÉTERMINANTS (ADJECTIFS) INDÉFINIS *JEDER/JEDE/JEDES* « CHAQUE » ET *ALLE* « TOUS » / « TOUTES » • LES TOURNURES POUR PRÉSENTER SES SOUHAITS • QUELQUES EXPRESSIONS IDIOMATIQUES

BONNES VACANCES !

Anna : Toutes les valises sont faites ?

John : Presque. Il ne manque plus que le sac avec les cadeaux de Noël, mais ça va vite.

Anna : As-tu aussi pesé chaque valise ?

John : Non, pas encore.

Anna : Viens, on le fait ensemble.

John : OK, je vais chercher la balance…

Anna : À quelle heure devez-vous être à l'aéroport demain ?

John : Vers 7 h 30. L'avion est à 10 heures.

Anna : Et où allez-vous passer Noël ?

John : Chez mes parents à Sydney et la Saint Sylvestre chez des amis près de la Grande Barrière de corail.

Anna : Ça va sûrement être super ! Fais beaucoup de photos, s'il te plaît.

John : Oui, promis.

Anna : Déjà 5 heures, il faut que j'y aille.

John : Merci d'être venue. Je te souhaite un joyeux Noël et une bonne année.

Anna : Moi aussi et surtout bonnes vacances !

SCHÖNE FERIEN!

Anna: Sind alle Koffer gepackt?

John: Fast! Es fehlt nur noch die Tasche mit den Weihnachtsgeschenken, aber das geht schnell.

Anna: Hast du auch jeden Koffer gewogen?

John: Nein, noch nicht.

Anna: Komm, wir machen das zusammen.

John: OK, ich hole die Waage …

Anna: Um wie viel Uhr müsst ihr morgen am Flughafen sein?

John: Gegen 7 (sieben) Uhr 30 (dreißig). Der Flieger ist um 10 (zehn) Uhr.

Anna: Und wo werdet ihr Weihnachten verbringen?

John: Bei meinen Eltern in Sydney und Silvester bei Freunden am Great Barrier Reef.

Anna: Das wird bestimmt toll! Mach bitte viele Fotos!

John: Ja, versprochen.

Anna: Schon 5 (fünf) Uhr, ich muss los.

John: Danke, dass du gekommen bist. Ich wünsche dir frohe Weihnachten und einen guten Rutsch ins neue Jahr.

Anna: Ich dir auch, und vor allem schöne Ferien!

COMPRENDRE LE DIALOGUE
QUELQUES FORMULES ET EXPRESSIONS

→ **Danke, dass du gekommen bist.** *Merci d'être venue.* (littéralement « Merci que tu venue es. »)

→ **Ich wünsche dir frohe Weihnachten und einen guten Rutsch ins neue Jahr.** *Je te souhaite un joyeux Noël et une bonne année.*

→ Notez les 2 points suivants :
  - **Weihnachten** est un nom pluriel ;
  - **guten Rutsch ins neue Jahr** signifie littéralement « bonne glissade dans la nouvelle année » et s'emploie avant le 1ᵉʳ janvier.

→ **Ich dir auch (…)** *Moi aussi (…)* littéralement « Je à toi aussi (…) »

→ **Schöne Ferien!** *Bonnes vacances !* (littéralement « Belles vacances ! »)

NOTE CULTURELLE

Noël reste très certainement la plus importante des fêtes en Allemagne. Pendant la période de l'Avent (les 4 dimanches avant le 24 décembre), règne déjà une atmosphère festive. Les marchés de Noël fleurissent un peu partout et on peut y déguster le traditionnel **Glühwein** *vin chaud* avec les **Weihnachtsplätzchen** *petits gâteaux de Noël* ou le fameux **Weihnachtsstollen**, un gâteau à base de pâte levée et de fruits confits. La fête en famille se célèbre le 24 décembre au soir, le 25 ainsi que le 26, qui est également férié.

◆ GRAMMAIRE
LES DÉTERMINANTS (ADJECTIFS) INDÉFINIS *JEDER/JEDE/JEDES* « CHAQUE » ET *ALLE* « TOUS » / « TOUTES »

Ces deux déterminants indéfinis appartiennent au même type de déclinaison que l'article défini.

	Masculin	Féminin	Neutre
Nominatif	jeder junge Mann	jede junge Frau	jedes junge Mädchen
Accusatif	jeden jungen Mann	jede junge Frau	jedes junge Mädchen
Datif	jedem jungen Mann	jeder jungen Frau	jedem jungen Mädchen
Génitif	jedes jungen Mannes	jeder jungen Frau	jedes jungen Mädchens

	Pluriel
Nominatif	all**e** jung**en** Leute
Accusatif	all**e** jung**en** Leute
Datif	all**en** jung**en** Leut**en**
Génitif	all**er** jung**en** Leute

LES TOURNURES POUR PRESENTER SES SOUHAITS

Ich wünsche dir/euch/Ihnen ... *Je te/vous souhaite…*
Wir wünschen dir/euch/Ihnen ... *Nous te/vous souhaitons (de)…*
    frohe Weihnachten *un joyeux Noël*
    ein frohes neues Jahr *une bonne année*
    einen guten Rutsch ins neue Jahr *une bonne année*
    frohe Ostern *de joyeuses Pâques*
    alles Gute zum Geburtstag *un joyeux anniversaire*
    schöne Ferien *de bonnes vacances*
    viel Glück *bonne chance*

QUELQUES EXPRESSIONS IDIOMATIQUES

Et pour terminer, voici un récapitulatif des mots, tournures et expressions idiomatiques rencontrés au fil des leçons avec quelques nouveautés. Plusieurs sont du langage parlé. N'hésitez pas à les utiliser afin de rendre la langue plus vivante.

Herein! *Entrez !*
Raus! *Dehors !*
Wie geht's? *Comment ça va ?*
Geht's? *Ça va ?*
Geht so. *Ça va.*
Mittel. *Moyen.*
Super! / Toll! *Super !*
Na ja! *Eh bien !*
Verdammt! / Verflixt! *Punaise !*
Pech gehabt! *Pas de chance !*
Viel Spaß! *Amuse-toi bien !*
Ich muss los! *Il faut que j'y aille !*
Was ist los? *Qu'est-ce qui se passe ?*
Ehrlich gesagt. *À vrai dire.*
Ach so! *Ah bon !*
Die Welt ist klein. *Le monde est petit.*
Ein guter Koch ist ein guter Arzt. *Un bon cuisinier est un bon médecin.*
Scherben bringen Glück. *Vaisselle brisée apporte félicité.*
Einmal ist keinmal. *Une fois n'est pas coutume.*
Frauen und Orientierungssinn. *Les femmes et le sens de l'orientation*
Aufgeschoben ist nicht aufgehoben. *Ce n'est que partie remise.*

eine saftige Rechnung *une facture salée*
einen Bärenhunger haben *avoir une faim de loup*
die Qual der Wahl haben *avoir l'embarras du choix*

⬢ EXERCICES

1. COMPLÉTEZ CE TABLEAU !

	Masculin	Féminin	Neutre	Pluriel
Nominatif	der neue Tisch			die neuen Möbel
	dieser neue Tisch			
	ein neuer Tisch			neue Möbel
	mein neuer Tisch			
Accusatif				
		diese neue Lampe		
Datif				
			einem neuen Haus	neuen Möbeln
Génitif				
		dieser neuen Lampe		
			eines neuen Hauses	

VOCABULAIRE

der Koffer (-) *la valise*
   alle Koffer *toutes les valises*
   die Koffer packen *faire les valises*
   die Koffer sind gepackt *les valises sont faites*
es fehlt *il manque*
die Tasche (n) *le sac*
das Geschenk (e) *le cadeau*
   das Weihnachtsgeschenk (e) *le cadeau de Noël*
schnell *vite*
wiegen/gewogen *peser, pesé*
jeden *chaque*
   (jeden Koffer) wiegen *(peser) chaque valise*
Komm! *Viens !*
die Waage (n) *la balance*
der Flieger (-) *l'avion*
Weihnachten *Noël*
Silvester *la Saint-Sylvestre*
Das wird bestimmt toll! *Ça va sûrement être super !*
versprechen (er verspricht) *promettre*
   versprochen *promis*
wünschen *souhaiter*
frohe Weihnachten *joyeux Noël*
einen guten Rutsch ins neue Jahr *une bonne année*
schöne Ferien *bonnes vacances*

POUR ALLER PLUS LOIN
das Flugzeug (e) *l'avion*
der erste Januar *le premier janvier*
Neujahr *Nouvel An*
Ostern *Pâques*
Pfingsten *Pentecôte*
Allerheiligen *Toussaint*
der erste/zweite/dritte/vierte Advent *le 1er/2e/3e/4e dimanche de l'Avent*

2. ÉCOUTEZ, COMPLÉTEZ ET RÉÉCOUTEZ L'ENREGISTREMENT PHRASE À PHRASE.

a. Sind alle .... gepackt?
b. Haben wir .... ?
c. Wo ist dein .... ?
d. Wir müssen gegen 7 (sieben) Uhr dreißig am .... sein.
e. Ich brauche eine kleine ....
f. Ich .... mich.
g. Das wird bestimmt .... !
h. .... Ferien!
i. Bis .... !
j. .... !

RÉVISION

Vous voici arrivé au niveau A2. Bravo ! Il vous restera peut-être des doutes. C'est normal. Au début, l'allemand est une véritable gymnastique de l'esprit, surtout pour un francophone. Mais les automatismes viendront peu à peu et surtout, ne vous freinez pas par peur de commettre des erreurs. À votre niveau, l'important est de se faire comprendre. Vous avez déjà franchi un grand pas. Avant d'aller plus loin, notez le nouveau vocabulaire et n'hésitez pas à relire cette partie ainsi que les autres points de révision conseillés à la fin des parties I, II et III. Comme dit le dicton : **Die Übung macht den Meister.** *C'est en forgeant qu'on devient forgeron.* (littéralement « La pratique fait le maître »)

LES CORRIGÉS DES EXERCICES

NOTE

Vous trouverez dans les pages qui suivent tous les corrigés des exercices proposés dans les modules qui précèdent. Les exercices enregistrés sont signalés par le pictogramme 🔊 accompagné du n° de piste en streaming. Ils se trouvent sur la même piste que le dialogue de la leçon, à la suite de celui-ci ; ils portent donc le même numéro de piste.

1. FAIRE CONNAISSANCE

1. a. A. – **b.** D. – **c.** B. – **d.** C.
2. a. Wie heißen Sie? – **b.** Woher kommen Sie? – **c.** Wo wohnen Sie? – **d.** Wie geht es Ihnen?
3. a. Richtig – **b.** Falsch – **c.** Falsch – **d.** Richtig
🔊 03 **4. a.** Wie heißen Sie? – **b.** Wie geht es Ihnen? – **c.** Kennen Sie Sydney? – **d.** Woher kommen Sie? – **e.** Auch gut, danke.

2. LA PREMIÈRE RENCONTRE

1. a. heiße. – **b.** heißt – **c.** arbeitet – **d.** machst – **e.** Spricht
2. a. du – **b.** Ich – **c.** Ich – **d.** Er – **e.** Sie
3. a. A. – **b.** D. – **c.** E. – **d.** C. – **e.** B.
🔊 04 **4. a.** Sie macht ein Praktikum. – **b.** Ich heiße Cécile. – **c.** Ich fahre nach Berlin. – **d.** Er kommt aus Sydney.

3. RENCONTRER UNE AMIE

1. a. arbeiten – **b.** arbeiten – **c.** macht **d.** kommt – **e.** fahren
2. a. wir sind – **b.** ihr sprecht – **c.** sie kommen – **d.** ihr kennt – **e.** sie sind – **f.** wir wohnen
3. a. wir fahren – **b.** ihr kommt – **c.** sie sprechen – **d.** ihr seid – **e.** wir wohnen
🔊 05 **4. a.** Arbeiten Sie? – **b.** Kennen Sie Sydney? – **c.** Wie geht es Ihnen? – **d.** Danke, gut und Ihnen? – **e.** Sprechen Sie Deutsch?

4. LES INFORMATIONS PERSONNELLES

1. a. die Frage – **b.** das Kind – **c.** der Beruf – **d.** ein Spanier – **e.** eine Französin – **f.** der Ausweis – **g.** der Amerikaner – **h.** die Lehrerin
2. a. 52 – **b.** 78 – **c.** 16 – **d.** 64 – **e.** 26 – **f.** 93
3. a. Falsch – **b.** Richtig – **c.** Richtig – **d.** Richtig
🔊 06 **4. a.** 12 – **b.** 8 – **c.** 42 – **d.** 4 – **e.** 3

5. LA FAMILLE

1. a. ein junges Kind – **b.** eine hübsche Praktikantin – **c.** ein alter Mann – **d.** hübsche Kinder
2. a. dein Vater, deine Mutter, deine Eltern – **b.** euer Vater, eure Mutter, eure Eltern – **c.** ihr Vater, ihre Mutter, ihre Eltern – **d.** sein Vater, seine Mutter, seine Eltern – **e.** ihr Vater, ihre Mutter, ihre Eltern
3. a. E. – **b.** C. – **c.** A. – **d.** D. – **e.** B.
🔊 07 **4. a.** Das ist meine Schwester und das ist mein Vater. – **b.** Meine Großmutter spricht sechs Sprachen. – **c.** Wo wohnt dein Bruder? – **d.** Woher kommen deine Eltern? – **e.** Mein Sohn wird morgen acht.

6. UNE PRÉSENTATION D'ENTREPRISE

1. a. Es gibt eine kleine Kantine. – **b.** Hier sehen Sie den Konferenzraum und die Informatikabteilung. – **c.** Kennen Sie den neuen Mitarbeiter? – **d.** Kennst du einen guten Arzt?
2. a. Was – **b.** Wer – **c.** Wer – **d.** Wen
3. a. Richtig – **b.** Falsch – **c.** Falsch – **d.** Richtig
🔊 08 **4. a.** Herr Besch ist nicht da. – **b.** Sie machen einen Firmenrundgang. – **c.** Der Vertrieb ist im Erdgeschoss. – **d.** Es gibt einen großen Konferenzraum. – **e.** Frau Maier ist unsere Marketingleiterin.

Les corrigés des exercices

7. LE PREMIER APPEL TÉLÉPHONIQUE

1. a. Ja, ich kenne sie. – **b.** Ja, ich habe es. **c.** Ja, ich rufe ihn an. – **d.** Ich höre dich sehr schlecht. – **e.** Nein, ich kenne sie nicht.
2. a. Du kannst ihn morgen anrufen. – **b.** Ich rufe dich zurück. – **c.** Er ruft seine Mutter an. – **d.** Sie können ihn auf dem Handy anrufen.
3. a. Du kannst ihn anrufen. – **b.** Ich rufe sie an. – **c.** Wir kennen sie nicht. – **d.** Er kennt dich. – **e.** Er kennt Sie nicht. – **f.** Das ist/Es ist für euch.
4. VM : Hallo! Hören Sie mich?
VF : Hallo! Wer ist am Apparat bitte?
VM : Herr Jansen. Könnte ich bitte mit Frau Benz sprechen?
VF : Ich höre Sie schlecht. Könnten Sie bitte den Namen wiederholen?
VM : Frau Benz.
VF : Frau Benz. Sie ist nicht da.
VM : Kann ich sie auf dem Handy anrufen?
VF : Ja, kein Problem.
VM : Und wie ist ihre Handynummer?
VF : 0187633 70 1 6 3
VM : Danke! Auf Wiederhören!

8. LE PREMIER RENDEZ-VOUS

1. a. Unsere Firma hat keine Kantine. – **b.** Ich kenne ihn nicht. – **c.** Ich habe keinen Bruder. – **d.** Sie haben keine Kinder. **e.** Er ist nicht alt. – **f.** Das ist nicht John.
2. a. Arbeite! – **b.** Kommt um zehn Uhr! **c.** Sprich Deutsch! – **d.** Rufen Sie sie zurück!
3. a. am vierten November – **b.** am siebten Dezember – **c.** bis zum zweiundzwanzigsten Juli – **d.** bis zum dreiundzwanzigsten Juni

4. — Guten Tag! Kommen Sie bitte herein.
— Guten Tag! Freut mich Sie kennenzulernen.
— Mich auch. Bitte nehmen Sie Platz.
— Danke. Wir müssen einen Termin vereinbaren.
— Ja. Können Sie am dreizehnten November kommen?
— Ich bin bis zum sechzehnten November in Berlin. Haben Sie am elften Dezember Zeit?
— Sagen wir 10 Uhr?
— In Ordnung.
— Danke für Ihren Besuch. Auf Wiedersehen!
— Auf Wiedersehen!

9. À LA RECHERCHE D'UN LOGEMENT

1. a. mir – **b.** ihm – **c.** uns – **d.** euch – **e.** ihnen
2. a. Er kommt nicht mehr. – **b.** Wir arbeiten nicht mehr in Berlin. – **c.** Sie wohnt nicht mehr bei ihm. – **d.** Sie können nicht mehr.
3. a. le salon – **b.** la douche – **c.** la colocation – **d.** le deux-pièces – **e.** dans le centre – **f.** pas loin du métro

4. a. die Küche – **b.** Die Küche ist klein. – **c.** die Miete – **d.** Die Miete ist teuer. – **e.** das Zimmer – **f.** Das Zimmer ist dunkel.

10. AU BUREAU

1. a. einem französischen Kunden – **b.** der Assistentin – **c.** Von wem – **d.** Von dem neuen Informatiker

2. a. Du schreibst deinem neuen Chef. – **b.** Er schreibt seinem neuen Chef. – **c.** Sie schreibt ihrem neuen Chef. – **d.** Wir schreiben unserem neuen Chef. – **e.** Ihr schreibt eurem neuen Chef. – **f.** Sie schreiben ihrem neuen Chef.

3. a. der Termin – **b.** Ich habe einen Termin. – **c.** Ich habe einen Termin mit dem Informatikleiter. – **d.** eine Versammlung – **e.** Herr Jansen hat eine Versammlung. – **f.** Herr Jansen hat eine Versammlung mit der Marketingleiterin.

🔊12 **4. a.** Kunden – **b.** fertig – **c.** Versammlung – **d.** Zeit – **e.** Termin

11. UN ENTRETIEN PROFESSIONNEL

1. a. gelesen – **b.** gegangen – **c.** studiert – **d.** gearbeitet – **e.** geblieben

2. a. gehen – **b.** arbeiten – **c.** lesen – **d.** schreiben – **e.** anfangen – **f.** studieren

3. a. Ich habe den Lebenslauf gelesen. – **b.** Du hast in Deutschland gearbeitet. – **c.** Wir haben angefangen. – **d.** Er ist in Berlin geblieben.

🔊13 **4. a.** studiert – **b.** gegangen – **c.** gefallen – **d.** gemacht – **e.** ausgewählt

12. UNE JOURNÉE EN SEMAINE

1. a. Ich wasche mich. – **b.** Duschst du dich? – **c.** Ich wasche mir die Haare. – **d.** Die Kinder waschen sich die Haare. **e.** Peter und Sabine, beeilt euch!

2. a. Ich freue mich. – **b.** Du freust dich. **c.** Er freut sich nicht. – **d.** Die Kinder freuen sich. – **e.** Wir freuen uns auch,

3. a. Es ist zwei Uhr. – **b.** Es ist zwanzig nach fünf. – **c.** Es ist halb drei. – **d.** Es ist zehn vor neun. – **e.** Es ist Viertel nach eins.

🔊14 **4. a.** Es ist fünf Uhr. – **b.** Es ist zehn nach fünf. – **c.** Es ist halb sechs. – **d.** Es ist zwanzig vor fünf. – **e.** Es ist Viertel nach sechs.

13. LES TÂCHES MÉNAGÈRES

1. a. Er muss – **b.** Peter und Anna können **c.** Du sollst – **d.** Die Kinder dürfen – **e.** ich will nicht

2. a. Er darf nicht. – **b.** Du musst arbeiten. – **c.** Er soll schlafen. – **d.** Darf ich Sie einladen? – **e.** Kann ich dir helfen? – **f.** Er möchte schlafen.

3. a. D. – **b. A.** – **c. E.** – **d. C.** – **e. B.**

🔊15 **4. a.** Ich muss hier aufräumen. – **b.** Meine Wohnung ist ein Chaos. – **c.** Willst du das Bad putzen? – **d.** Die Putzmittel sind hier. – **e.** Ich brauche eine Spülmaschine. – **f.** Das Bad ist sehr sauber.

14. L'AMÉNAGEMENT D'UN LOGEMENT

1. a. ich stelle. – **b.** ich hänge. – **c.** ich sitze. **d.** ich setze mich. – **e.** Der Tisch steht.

2. a. Ich schicke meinem Freund einen Brief. – **b.** Ich schicke ihm einen Brief. – **c.** Ich schicke ihn meinem Freund. – **d.** Ich schicke ihn ihm.

3. a. Er hängt das Bild an die Wand. – **b.** Er stellt das Klavier in das/ ins Wohnzimmer. – **c.** Er sitzt auf dem Sofa. – **d.** Die Papiere liegen auf dem Tisch. – **e.** Die Lampe hängt über dem Tisch.

🔊16 **4. a.** vor dem Tisch. – **b.** hinter dem Tisch. – **c.** unter dem Tisch. – **d.** auf dem Tisch. – **e.** neben dem Tisch. – **f.** zwischen dem Tisch und dem Klavier.

15. UNE INVITATION

1. a. Er fragt, ob sie kommt. – **b.** Er fragt, ob sie morgen kommt. – **c.** Er fragt, ob sie kommen kann. – **d.** Er fragt, ob sie morgen kommen kann.
2. a. Er sagt, dass er morgen nicht arbeitet. – **b.** Er sagt, dass Cécile ein Fondueessen macht. – **c.** Er sagt, dass Anna einen Termin mit Klaus Braun hat. – **d.** Er sagt, dass Cécile ihre Freunde anruft. – **e.** Er sagt, dass Cécile ihre Freunde einladen möchte.
3. a. einladen. – **b.** machen. – **c.** vorbereiten. – **d.** kaufen. – **e.** lernen. – **f.** fahren.
4. a. Das müssen wir feiern. – **b.** Was möchtest du machen? – **c.** Wie viele Freunde würdest du einladen? – **d.** Sie kommen alle. – **e.** Ich gehe jetzt einkaufen. – **f.** Ich werde einen Nachtisch vorbereiten. – **g.** Auf die Prüfung von Cécile!

16. UN ITINÉRAIRE

1. a. dieser Platz – **b.** dieses Kino – **c.** in dieser Straße – **d.** diesen Ausgang – **e.** auf diesem Schild
2. a. Fragst du jemand/jemanden? – **b.** Ich frage niemand/niemanden. – **c.** Kennt ihr jemand/jemanden? – **d.** Wir kennen niemand/niemanden. – **e.** Ich sage es niemand/niemandem. – **f.** Niemand kommt.
3. a. Entschuldigung, ich suche das Kino. – **b.** Gehen Sie geradeaus bis zur Kirche. – **c.** Nehmen Sie die erste Straße rechts. – **d.** Dann die zweite links. – **e.** Es sind 10 Minuten zu Fuß.
4. a. rechts – **b.** links – **c.** Schwimmbad – **d.** geradeaus, Kirche – **e.** erste links – **f.** diese Richtung

17. LES TRANSPORTS URBAINS

1. a. schöner – **b.** schlechter – **c.** größer – **d.** kleiner – **e.** schlanker – **f.** höher – **g.** besser
2. a. Ich steige hier aus. – **b.** Er steigt am Marktplatz um. – **c.** Wo steigen Sie ein? – **d.** Ich weiß, dass er am Marktplatz einsteigt.
3. a. fahren – **b.** Fahrt – **c.** Autoreparatur **d.** Rückfahrt – **e.** zu Fuß.
4. a. Nehmen Sie die Linie 7! – **b.** Sie müssen hier umsteigen. – **c.** Hier sind die Busfahrpläne. – **d.** Wir fahren mit der U-Bahn.

18. EN VOITURE

1. a. gern – **b.** am liebsten – **c.** Am liebsten – **d.** lieber – **e.** lieber
2. a. habe, komme – **b.** hat, kauft – **c.** geht, fährst. – **d.** kann, rufe … an.
3. a. Volltanken bitte! – **b.** Dann biegen Sie links in die Rheinstraße ab. – **c.** Sie fahren bis zur Kreuzung. – **d.** Sie fahren immer geradeaus. – **e.** Der Bus fährt alle zehn Minuten.
4. a. rechts – **b.** Biegen, links – **c.** Fahren, geradeaus – **d.** Wie komme – **e.** parken – **f.** ein Parkhaus

19. LES COURSES

1. a. Ich würde kommen, wenn ich Zeit hätte. – **b.** Wenn die Deutschen gewinnen würden, wäre es super. – **c.** Wenn er

mehr Geld hätte, würde er nach Berlin fliegen. – **d.** Wir würden in Berlin arbeiten, wenn wir besser Deutsch könnten.
2. a. du wärst – **b.** er würde gehen – **c.** wir müssten – **d.** ihr würdet sagen – **e.** sie würde versuchen – **f.** ich hätte
3. a. für – **b.** Äpfel – **c.** macht – **d.** Hier – **e.** Kleingeld – **f.** zurück
🔊 21 **4. a.** Ich möchte ein Kilo Äpfel. – **b.** Ich muss zur Bäckerei gehen. – **c.** Ich brauche Gemüse. – **d.** Das ist alles! – **e.** Das macht zusammen 15 Euro.

20. DANS UN GRAND MAGASIN

1. a. schönsten – **b.** billigsten – **c.** meisten **d.** schnellsten – **e.** schönsten – **f.** teuersten – **g.** billigste – **h.** besten
2. a. Was für ein – **b.** Was für einen – **c.** was für einem – **d.** Was für
3. a. A. – **b.** C. – **c.** D. – **d.** B.
🔊 22 **4. a.** Warenhaus – **b.** Schuhabteilung – **c.** Rabatt – **d.** Größe – **e.** Modell

21. LES BANQUES ET ADMINISTRATIONS

1. a. den Beleg zu unterschreiben. – **b.** deinem Bruder zu helfen. – **c.** ihn anzurufen. – **d.** den Brief zu unterschreiben. – **e.** um mit dir zu arbeiten. – **f.** um dir für die Übersetzung zu helfen. **g.** um unseren Bruder zu besuchen. **h.** um ein Praktikum zu machen.
2. a. musste – **b.** Musstet – **c.** durften **d.** wollte – **e.** konnten **3. a.** Ich muss zur Polizei gehen. – **b.** Ich muss zur Bank gehen. – **c.** Ich muss Geld abheben. – **d.** Ich muss Briefmarken kaufen.
🔊 23 **4. a.** Post – **b.** Briefmarken – **c.** Päckchen – **d.** Bank – **e.** Geld

22. CHEZ LE MÉDECIN

1. a. Mir ist kalt. – **b.** Ihr ist warm. – **c.** Uns ist kalt. – **d.** Ihm ist warm. – **e.** Ist Ihnen kalt? – **f.** Ist dir warm?
2. a. ist – **b.** Habt – **c.** Hast – **d.** sind – **e.** habe
3. a. Sprechstunde – **b.** Fragebogen – **c.** röntgen – **d.** weh – **e.** Schmerzen
🔊 24 **4.** *Phrases à écouter :* **a.** Anna ist zum Zug gerannt. **b.** Anna ist ausgerutscht und hingefallen. **c.** Anna hatte sofort Schmerzen. **d.** Anna ist eine Stunde im Büro geblieben. **e.** Anna hat eine Verstauchung.
Réponses : **a.** Falsch – **b.** Richtig – **c.** Falsch – **d.** Richtig – **e.** Richtig

23. LES MONUMENTS ET LIEUX TOURISTIQUES

1. a. am – **b.** um – **c.** im – **d.** bis – **e.** bis zum – **f.** am
2. a. das Kunstmuseum – **b.** der Nachname – **c.** der Eintrittspreis – **d.** die Studentenreise
3. a. Spaziergang – **b.** Museum – **c.** Fernsehturm – **d.** Öffnungszeiten – **e.** Flohmarkt – **f.** Ermäßigung
🔊 25 **4.** *Phrases à écouter :* **a.** John möchte am Nachmittag auf den Fernsehturm gehen. **b.** Cécile hat bis zwölf Uhr geschlafen. **c.** Cécile möchte auch Berlin bei Nacht sehen. **d.** Es regnet und es ist kalt. **e.** Anna hat Cécile geschrieben.
Réponses : **a.** Falsch – **b.** Falsch **c.** Richtig – **d.** Falsch – **e.** Richtig

24. LES HOBBYS

1. a. eins – **b.** keine – **c.** keine – **d.** eine
2. a. viel – **b.** viele – **c.** Viel – **d.** vielen – **e.** viele – **f.** viel
3. a. Falsch – **b.** Richtig – **c.** Richtig – **d.** Falsch – **e.** Richtig
4. a. Fortschritte – **b.** Woche – **c.** Sport – **d.** Tennisverein – **e.** Schwimmbad

25. RÉSERVER UN VOYAGE

1. a. -es : nominatif neutre, exclamation **b.** -er : nominatif masculin, exclamation **c.** -e : accusatif pluriel, groupe nominal construit avec un nombre – **d.** -er : datif féminin, nom inquantifiable **e.** -e : accusatif pluriel de l'article indéfini.
2. a. Wie viel – **b.** Wie spät – **c.** Wie lange – **d.** Wie viele – **e.** Wie oft
3. a. Ein Freund von Anna. – **b.** Ein Doppelzimmer mit Dusche. – **c.** Um zweiundzwanzig Uhr. – **d.** Stromausfall! – **e.** Im Stadtzentrum.
4. *Phrases à écouter :* **a.** Der Hinflug ist um sieben Uhr. **b.** John kennt Dresden sehr gut. **c.** Das Hotel ist sehr teuer. **d.** Das Hotel liegt im Stadtzentrum.
Réponses : **a.** Richtig – **b.** Falsch – **c.** Falsch – **d.** Richtig

26. À L'HÔTEL

1. a. Er geht in eine Jugendherberge, weil das Hotel nicht gut ist. – **b.** Ich fliege nicht nach Dresden, denn ich muss arbeiten. **c.** Er macht uns einen Sonderpreis, denn er arbeitet in diesem Hotel. – **d.** Sie können nicht kommen, weil sie keinen billigen Flug gefunden haben.

2. a. sondern – **b.** aber – **c.** sondern – **d.** aber
3. a. mit oder ohne Dusche – **b.** Eine Übernachtung kostet – **c.** Wir haben ein Doppelzimmer – **d.** Auf den Namen Peter Schmidt oder
4. a. ein Doppelzimmer – **b.** Reservierung – **c.** zwei Nächte – **d.** Frühstück **e.** Übernachtung

27. SORTIE OU SOIRÉE TÉLÉ ?

1. a. Welchen, Welcher – **b.** Welches, welchem – **c.** Welche, welcher
2. a. gestern Mittag – **b.** gestern Abend – **c.** heute Morgen – **d.** heute Nacht – **e.** morgen Nachmittag – **f.** morgen Abend
3. a. Falsch – **b.** Falsch – **c.** Richtig – **d.** Richtig – **e.** Richtig
4. a. Wir sind ins Schwimmbad gegangen. – **b.** Der Tag war anstrengend. – **c.** Wir gehen ins Kino. – **d.** Kommst du mit? – **e.** Ich bleibe lieber zu Hause.

28. AU RESTAURANT

1. a. gern – **b.** lieber – **c.** gern – **d.** am liebsten
2. a. Haben Sie einen Tisch frei? – **b.** Als Vorspeise hätte ich gern einen Salat. – **c.** Ich bringe Ihnen die Hauptspeise. – **d.** Möchten Sie einen Nachtisch? – **e.** Die Rechnung bitte! – **f.** Hat es Ihnen geschmeckt?
3. a. Ja, bitte. Zwei Mangosäfte. – **b.** Ja, bitte. Einen Spinatsalat. – **c.** Zusammen. **d.** Ja, aber die Suppe war ein bisschen scharf. – **e.** Nein, die Rechnung bitte.
4. a. Restaurant – **b.** Speisekarte – **c.** Bärenhunger – **d.** Tisch – **e.** Vorspeise **f.** Appetit – **g.** Rechnung

29. DESTINATIONS DE VOYAGE

1. a. das Auto eines jungen Mannes – **b.** der Vater der jungen Frau – **c.** das Buch des Deutschlehrers – **d.** die Eltern der kleinen Kinder – **e.** die Mutter einer neuen Schülerin

2. a. Johns Auto – **b.** der Vater von Anna – **c.** Franz' Buch – **d.** die Eltern von Jens

3. a. Woher kommt Anna? – **b.** Was verträgt Anna nicht? – **c.** Was liebt Anna? – **d.** Wohin möchte John fliegen?

🔊 31 **4.** *Phrases à écouter :* **a.** John fliegt im Sommer nach Australien. **b.** Annas Eltern kommen nach München. **c.** Céciles Eltern haben eine Ferienwohnung am Meer. **d.** Annas Praktikum dauert bis Mitte August. **e.** John wird ein paar Tage am Meer verbringen. **f.** Anna möchte nach Südfrankreich fliegen.
Réponses : **a.** Falsch – **b.** Falsch – **c.** Richtig – **d.** Falsch – **e.** Richtig – **f.** Falsch

30. DÉPART EN VACANCES

1.

Màsculin	Féminin
der neue Tisch dieser neue Tisch ein neuer Tisch mein neuer Tisch	die neue Lampe diese neue Lampe eine neue Lampe meine neue Lampe
den neuen Tisch diesen neuen Tisch einen neuen Tisch meinen neuen Tisch	die neue Lampe diese neue Lampe eine neue Lampe meine neue Lampe
dem neuen Tisch diesem neuen Tisch einem neuen Tisch meinem neuen Tisch	der neuen Lampe dieser neuen Lampe einer neuen Lampe meiner neuen Lampe
des neuen Tisches dieses neuen Tisches eines neuen Tisches meines neuen Tisches	der neuen Lampe dieser neuen Lampe einer neuen Lampe meiner neuen Lampe

Neutre	Pluriel
das neue Haus dieses neue Haus ein neues Haus mein neues Haus	die neuen Möbel diese neuen Möbel neue Möbel meine neuen Möbel
das neue Haus dieses neue Haus ein neues Haus mein neues Haus	die neuen Möbel diese neuen Möbel neue Möbel meine neuen Möbel
dem neuen Haus diesem neuen Haus einem neuen Haus meinem neuen Haus	den neuen Möbeln diesen neuen Möbeln neuen Möbeln meinen neuen Möbeln
des neuen Hauses dieses neuen Hauses eines neuen Hauses meines neuen Hauses	der neuen Möbel dieser neuen Möbel neuer Möbel meiner neuen Möbel

🔊 32 **2. a.** Koffer – **b.** alles – **c.** Reisepass – **d.** Flughafen – **e.** Tasche – **f.** freue – **g.** toll **h.** Schöne – **i.** bald – **j.** Tschüs

MÉMOS GRAMMAIRE & CONJUGAISON

◆ TABLEAUX DE DÉCLINAISONS

LE GROUPE NOMINAL AVEC ARTICLE DÉFINI/DÉTERMINANT DÉMONSTRATIF + ADJECTIF ÉPITHÈTE

	Masculin	Féminin	Neutre	Pluriel
N	der kleine Mann dieser	die kleine Frau diese	das kleine Kind dieses	die kleinen Kinder diese
A	den kleinen Mann diesen	die kleine Frau diese	das kleine Kind dieses	die kleinen Kinder diese
D	dem kleinen Mann diesem	der kleinen Frau dieser	dem kleinen Kind diesem	den kleinen Kindern diesen
G	des kleinen Mannes dieses	der kleinen Frau dieser	des kleinen Kindes dieses	der kleinen Kinder dieser

LE GROUPE NOMINAL AVEC ARTICLE INDÉFINI/DÉTERMINANT POSSESSIF + ADJECTIF ÉPITHÈTE

	Masculin	Féminin	Neutre	Pluriel
N	ein kleiner Mann mein	eine kleine Frau meine	ein kleines Kind mein	kleine Kinder meine kleinen Kinder
A	einen kleinen Mann meinen	eine kleine Frau meine	ein kleines Kind mein	kleine Kinder meine kleinen Kinder
D	einem kleinen Mann meinem	einer kleinen Frau meiner	einem kleinen Kind meinem	kleinen Kindern meinen kleinen Kindern
G	eines kleinen Mannes meines	einer kleinen Frau meiner	eines kleinen Kindes meines	kleiner Kinder meiner kleinen Kinder

LE GROUPE NOMINAL SANS ARTICLE + ADJECTIF ÉPITHÈTE

	Masculin	Féminin	Neutre	Pluriel
N	kleiner Mann	kleine Frau	kleines Kind	kleine Kinder
A	kleinen Mann	kleine Frau	kleines Kind	kleine Kinder
D	kleinem Mann	kleiner Frau	kleinem Kind	kleinen Kindern

LE DÉTERMINANT POSSESSIF AU NOMINATIF

	Masculin	Féminin	Neutre	Pluriel
(ich)	mein	meine	mein	meine
(du)	dein	deine	dein	deine
(er/es)	sein	seine	sein	seine
(sie)	ihr	ihre	ihr	ihre
(wir)	unser	unsere	unser	unsere
(ihr)	euer	eure	euer	eure
(sie)	ihr	ihre	ihr	ihre
(Sie)	Ihr	Ihre	Ihr	Ihre

LES PRONOMS PERSONNELS

N	ich	du	er	sie	es	wir	ihr	sie	Sie
A	mich	dich	ihn	sie	es	uns	euch	sie	Sie
D	mir	dir	ihm	ihr	ihm	uns	euch	ihnen	Ihnen

LES PRONOMS RÉFLÉCHIS

A	mich	dich	sich	sich	sich	uns	euch	sich	sich
D	mir	dir	sich	sich	sich	uns	euch	sich	sich

LES DÉTERMINANTS ET PRONOMS INDÉFINIS
NIEMAND « PERSONNE », *JEMAND* « QUELQU'UN »

N	niemand	jemand
A	niemand/niemanden	jemand/jemanden
D	niemand/niemandem	jemand/jemandem

EINEN (EN) « UN » / *KEINEN (EN)* PAS/AUCUN À L'ACCUSATIF

	Masculin	Féminin	Neutre	Pluriel
A	einen keinen	eine keine	eins keins	welche keine

JEDER/JEDE/JEDES « CHAQUE » ET *ALLE* « TOUS LES » / « TOUTES LES »

N	jeder junge Mann	jede junge Frau	jedes junge Kind	alle jungen Leute
A	jeden jungen Mann	jede junge Frau	jedes junge Kind	alle jungen Leute
D	jedem jungen Mann	jeder jungen Frau	jedem jungen Kind	allen jungen Leuten
G	jedes jungen Mannes	jeder jungen Frau	jedes jungen Kindes	aller jungen Leute

LES PRONOMS INDÉFINIS NON DÉCLINABLES

alles *tout*

nichts *rien*

etwas *quelque chose*

LES DÉTERMINANTS ET PRONOMS INTERROGATIFS « QUI », « QUE/QUOI »

N	wer	was
A	wen	was
D	wem	

« QUEL(S)/QUELLE(S) », « LEQUEL/LAQUELLE/LEQUELS/LESQUELLES »

N	welcher (Mann)	welche (Frau)	welches (Kind)	welche (Kinder)
A	welchen (Mann)	welche (Frau)	welches (Kind)	welche (Kinder)
D	welchem (Mann)	welcher (Frau)	welchem (Kind)	welchen (Kindern)

« QUEL GENRE DE »

N	was für ein	was für eine	was für ein	was für
A	was für einen	was für eine	was für ein	was für
D	was für einem	was für einer	was für einem	was für

« OÙ / D'OÙ »

wo *où* (locatif) : **Wo bist du?** *Où es-tu ?*
wohin *où* (directionnel) : **Wohin gehst du?** *Où vas-tu ?*
woher *d'où* : **Woher kommst du?** *D'où viens tu ?*

LES PRONOMS INTERROGATIFS CONSTRUITS AVEC *WIE*

wie *comment*
wie viel *combien*
wie teuer ist (sind) / wie viel kostet (kosten) *combien coûte(nt)*
wie viel (+ nom singulier) **/ wie viele** (+ nom pluriel) *combien de*
wie viel Uhr / wie spät *quelle heure*
um wie viel Uhr à quelle heure
wie alt *quel âge*
wie lang(e) *combien de temps*
wie oft *combien de fois*

AUTRES PRONOMS INTERROGATIFS

wann *quand*
warum *pourquoi*

◆ TABLEAUX DES CONJUGAISONS

PRÉSENT DE L'INDICATIF

	Verbes / Auxiliaires			Verbe régulier	Verbes irréguliers		
					a → ä	e → i	e → ie
	sein	**haben**	**werden**	**sagen**	**fahren**	**geben**	**sehen**
ich	bin	habe	werde	sage	fahre	gebe	sehe
du	bist	hast	wirst	sagst	fährst	gibst	siehst
er/sie/es	ist	hat	wird	sagt	fährt	gibt	sieht
wir	sind	haben	werden	sagen	fahren	geben	sehen
ihr	seid	habt	werdet	sagt	fahrt	gebt	seht
sie/Sie	sind	haben	werden	sagen	fahren	geben	sehen

	Verbes terminés par	
	-d/-t/-chn…	-ß/-z/-s
	arbeiten	**heißen**
ich	arbeite	heiße
du	arbeitest	heißt
er/sie/es	arbeitet	heißt
wir	arbeiten	heißen
ihr	arbeitet	heißt
sie/Sie	arbeiten	heißen

	verbes à particule séparable **an/rufen**
ich	rufe an
du	rufst an
er/sie/es	ruft an
wir	rufen an
ihr	ruft an
sie/Sie	rufen an

	wollen	**müssen**	**sollen**	**können**	**dürfen**	**wissen**
ich	will	muss	soll	kann	darf	weiß
du	willst	musst	sollst	kannst	darfst	weißt
er/sie/es	will	muss	soll	kann	darf	weiß
wir	wollen	müssen	sollen	können	dürfen	wissen
ihr	wollt	müsst	sollt	könnt	dürft	wisst
sie/Sie	wollen	müssen	sollen	können	dürfen	wissen

Mémos grammaire et conjugaison

IMPÉRATIF

Verbes réguliers + radical en a		Verbes irréguliers e → i e → ie		Verbes à particule séparable
kommen	**fahren**	**geben**	**lesen**	**an/rufen**
Komm!	Fahr!	Gib!	Lies!	Ruf an!
Kommen wir!	Fahren wir!	Geben wir!	Lesen wir!	Rufen wir an!
Kommt!	Fahrt!	Gebt!	Lest!	Ruft an!
Kommen Sie!	Fahren Sie!	Geben Sie!	Lesen Sie!	Rufen Sie an!

PARFAIT

	Verbes faibles (= réguliers)	Verbes faibles (= réguliers) se terminant par -d/-t	Verbes forts (= irréguliers)
	sagen	**arbeiten**	**fahren**
ich	habe gesagt	habe gearbeitet	bin gefahren
du	hast gesagt	hast gearbeitet	bist gefahren
er/sie/es	hat gesagt	hat gearbeitet	ist gefahren
wir	haben gesagt	haben gearbeitet	sind gefahren
ihr	habt gesagt	habt gearbeitet	seid gefahren
sie/Sie	haben gesagt	haben gearbeitet	sind gefahren

	Verbes faibles (= réguliers) se terminant par **-ieren**	Verbes à particule inséparable	Verbes à particule séparable
	studieren	**beginnen**	**an/rufen**
ich	habe studiert	habe begonnen	habe angerufen
du	hast studiert	hast begonnen	hast angerufen
er/sie/es	hat studiert	hat begonnen	hat angerufen
wir	haben studiert	haben begonnen	haben angerufen
ihr	habt studiert	habt begonnen	habt angerufen
sie/Sie	haben studiert	haben begonnen	haben angerufen

PRÉTÉRIT

	wollen	müssen	sollen	können	dürfen	wissen
ich	wollte	musste	sollte	konnte	durfte	wusste
du	wolltest	musstest	solltest	konntest	durftest	wusstest
er/sie/es	wollte	musste	sollte	konnte	durfte	wusste
wir	wollten	mussten	sollten	konnten	durften	wussten
ihr	wolltet	musstet	solltet	konntet	durftet	wusstet
sie/Sie	wollten	mussten	sollten	konnten	durften	wussten

PRÉTÉRIT

	sein	haben
ich	war	hatte
du	warst	hattest
er/sie/es	war	hatte
wir	waren	hatten
ihr	wart	hattet
sie/Sie	waren	hatten

FUTUR I (FUTUR SIMPLE)

	kommen
ich	werde kommen
du	wirst kommen
er/sie/es	wird kommen
wir	werden kommen
ihr	werdet kommen
sie/Sie	werden kommen

SUBJONCTIF II HYPOTHÉTIQUE (= CONDITIONNEL PRÉSENT)

	Forme simple					Forme composée
	sein	haben	können	mögen	müssen	fahren
ich	wäre	hätte	könnte	möchte	müsste	würde fahren
du	wärst	hättest	könntest	möchtest	müsstest	würdest fahren
er/sie/es	wäre	hätte	könnte	möchte	müsste	würde fahren
wir	wären	hätten	könnten	möchten	müssten	würden fahren
ihr	wärt	hättet	könntet	möchtet	müsstet	würdet fahren
sie/Sie	waren	hätten	könnten	möchten	müssten	würden fahren

◆ LA SYNTAXE

LA PLACE DES COMPLÉMENTS À L'ACCUSATIF ET AU DATIF

Groupe nominal datif devant groupe nominal accusatif :
Ich schicke dem Informatikleiter eine Mail. *J'envoie l'e-mail au directeur informatique.*
                        D   A

Pronom personnel (accusatif ou datif) devant groupe nominal (accusatif ou datif) :
Ich schicke sie dem Informatikleiter. *Je l'envoie au directeur informatique.*
           A   D

Ich schicke ihm die Mail. *Je lui envoie l'e-mail.*
         D   A

Pronom personnel accusatif devant pronom personnel datif :
Ich schicke sie ihm. *Je le lui envoie.*
         A D

LA PROPOSITION INDÉPENDANTE

Verbe conjugué en 2e position ; participe passé ou infinitif (s'il y a) à la fin :
Ich fahre heute nach Berlin. *Je vais aujourd'hui à Berlin.*
→ **Heute fahre ich nach Berlin.** *Aujourd'hui, je vais à Berlin.*
Ich bin gestern nach Berlin gefahren. *Je suis allé hier à Berlin.*
→ **Gestern bin ich nach Berlin gefahren.** *Hier, je suis allé à Berlin.*
Ich kann leider nicht kommen. *Je ne peux malheureusement pas venir.*
→ **Leider kann ich nicht kommen.** *Malheureusement, je ne peux pas venir.*

PROPOSITION PRINCIPALE + PROPOSITION SUBORDONNÉE

Proposition principale : même syntaxe que proposition indépendante.
Proposition subordonnée : verbe conjugué à la fin ; participe passé ou infinitif (s'il y a) juste devant verbe conjugué.
Ich komme heute, wenn ich Zeit habe. *Je viendrai aujourd'hui si j'ai le temps.*
Ich muss zur Polizei gehen, weil ich meinen Geldbeutel verloren habe. *Je dois aller à la police parce que j'ai perdu mon portefeuille.*
Ich gehe ins Bett, weil ich morgen früh aufstehen muss. *Je vais au lit parce que je dois me lever tôt demain.*

PROPOSITION SUBORDONNÉE + PROPOSITION PRINCIPALE

Proposition subordonnée : même syntaxe que dans le paragraphe précédent. Proposition principale : le verbe conjugué passe en tête et les autres éléments ne bougent pas.

Wenn ich Zeit habe, komme ich zu dir. *Si j'ai le temps, je viendrai chez toi.*
Weil ich krank war, bin ich nicht gekommen. *Parce que j'étais malade, je ne suis pas venu.*
Wenn ich Zeit habe, kann ich zu dir kommen. *Si j'ai le temps, je pourrai venir chez toi.*

Conjonctions de coordination (relient deux propositions indépendantes)	Conjonctions de subordination (régissent une proposition subordonnée)
und *et* **aber** *mais* **sondern** *mais* (après une négation) **oder** *ou* **denn** *car*	**dass** *que* **weil** *parce que* **damit** *afin que* **ob** *si ou non*

LES PROPOSITIONS INFINITIVES

- **zu** + infinitif placé en fin de phrase *à/de* : **Ich freue mich, dich zu sehen.** *Je me réjouis de te voir.*
- **um** + (complément d'objet) **zu** + infinitif placé en fin de phrase *afin de/pour* : **Ich bin gekommen, um dich zu sehen.** *Je suis venu pour te voir.*

◆ LES PRÉPOSITIONS ET LES VERBES DE POSITION

• + accusatif : **durch** *à travers*, **für** *pour*, **gegen** *contre*, **ohne** *sans*, **um** *autour de*
• + datif : **aus** *de/hors de*, **bei** *chez*, **mit** *avec*, **nach** *après*, **seit** *depuis*, **von** *de/de la part de*, **zu** *chez/à*.
• + génitif (ou datif dans langue parlée) : **während** *pendant*, **wegen** *à cause de*
• prépositions spatiales + accusatif ou datif : **an** *à/près de*, **auf** *sur*, **hinter** *derrière*, **in** *dans/en*, **neben** *à côté de*, **über** *au-dessus de*, **unter** *sous*, **vor** *devant*, **zwischen** *entre*

• contractions fréquentes : **bei + dem → beim** ; **von + dem → vom** ; **zu + dem → zum** ; **zu + der → zur** ; **an + das → ans** ; **an + dem → am** ; **auf das → aufs** ; **in + das → ins** ; **in + dem → im**.

LES VERBES DE POSITION

• **stellen** *poser/mettre (dans la position verticale)* : **Ich stelle den Stuhl in die Ecke.** *Je mets la chaise dans le coin.*

• **stehen** *être posé/mis (dans la position verticale)* : **Der Stuhl steht in der Ecke.** *La chaise est (posée/placée) dans le coin.*

• **legen** *poser (dans la position horizontale)* : **Ich lege das Buch auf den Tisch.** *Je pose le livre sur la table.*

• **liegen** *être posé (dans la position horizontale)* : **Das Buch liegt auf dem Tisch.** *Le livre est posé sur la table.*

• **hängen** *accrocher* : **Ich hänge den Mantel in den Schrank.** *J'accroche le manteau dans l'armoire.*

• **hängen** *être accroché* : **Der Mantel hängt im Schrank.** *Le manteau est accroché dans l'armoire.*

• **(sich) setzen** *(s') asseoir* : **Ich setze mich auf den Stuhl.** *Je m'assieds sur la chaise.*

• **sitzen** *être assis* : **Ich sitze auf dem Stuhl.** *Je suis assis sur la chaise.*

LES PRÉPOSITIONS + NOMS GÉOGRAPHIQUES (VILLES, PAYS…)

• Villes ou noms de pays sans article : direction → **Ich gehe nach Berlin/Deutschland.** *Je vais à Berlin/en Allemagne* ; locatif → **Ich bin in Berlin/in Deutschland.** *Je suis à Berlin/en Allemagne* ; provenance → **Ich komme aus Berlin/aus Deutschland.** *Je viens de Berlin /d'Allemagne.*

• Nom de pays avec article : direction → **Ich gehe in die Schweiz.** *Je vais en Suisse* ; locatif → **Ich bin in der Schweiz.** *Je suis en Suisse* ; provenance → **Ich komme aus der Schweiz.** *Je viens de Suisse.*

LES PRÉPOSITIONS DE TEMPS

• **am** + jours/moments de la journée/date : **am Montag** *lundi*, **am Morgen** *le matin*, **am 2. (zweiten) Mai** *le 2 mai* mais **in der Nacht** *la nuit*

• **im** + mois/saisons : **im Mai** *en mai*, **im Sommer** *en été*

• **nach** + datif *après* : **nach dem Kurs** *après le cours*

• **um** + heure : **um 10 Uhr** *à 10 heures*

• **gegen** + heure *vers/aux environs de* → **gegen 7 Uhr** *vers 7 heures*.

• **(von …) bis** *(de…) jusqu'à/en* + heures/jours de la semaine/mois : **(von 8 Uhr) bis 10 Uhr** *(de 8 heures) jusqu'à 10 heures*, **(von Montag) bis Donnerstag** *(de lundi) à jeudi*, **(von März) bis Juni** *(de mars) jusqu'à juin*

- **(vom…) bis zum** + date *(du…) jusqu'au* : **(vom 2. (zweiten)) bis zum 4. (vierten) Mai** *(du 2) au 4 mai*
- **vor** + datif *avant* : **vor dem Kurs** *avant le cours*

◆ LA COMPARAISON

	Comparatif de supériorité	Superlatif
	Adjectif attribut/épithète	Adjectif attribut/épithète
weit *loin*	**weiter/der weitere** *(le) plus loin*	**am weitesten /der weiteste** *(le) plus loin*
lang *long*	**länger/der längere** *(le) plus long*	**am längsten/der längste** *(le) plus loin*

PARTICULARITÉS ET IRRÉGULARITÉS

	Comparatif de supériorité	Superlatif
	Adjectif attribut/épithète	Adjectif attribut/épithète
gut *bien*	**besser/der bessere** *mieux/le meilleur*	**am besten/der beste** *mieux /(le) meilleur*
hoch *haut*	**höher/der höhere** *(le) plus haut*	**am höchsten/der höchste** *(le) plus haut*
nah *proche*	**näher/der nähere** *(le) plus proche*	**am nächsten/der nächste** *(le) plus proche*
teuer *cher*	**teurer/der teurere** *(le) plus cher*	**am teuersten/der teuerste** *(le) plus cher.*
viel *beaucoup*	**mehr** *plus*	**am meisten/die meisten** *le plus*

GERN – LIEBER – AM LIEBSTEN

- **gern** + verbe = *bien aimer faire quelque chose* : **Ich spiele gern Tennis.** *J'aime bien jouer au tennis.*
- **lieber** + verbe = *préférer faire quelque chose à une autre chose* : **Ich spiele lieber Tennis (als Fußball).** *Je préfère jouer au tennis (qu'au foot).*
- **am liebsten** + verbe = *préférer faire le plus* : **Am liebsten spiele ich Volleyball.** *Ce que je préfère, c'est jouer au volley.*

◆ LA NÉGATION

- **nicht** = négation principale et non déclinable
- **kein** = négation d'un groupe nominal construit avec l'article indéfini ou d'un groupe nominal sans article et déclinable (se décline comme l'artcile indéfini **ein**) :

Ich komme morgen. → **Ich komme morgen nicht.** *Je (ne) viens (pas) demain.*
Ich heiße Eva. → **Ich heiße nicht Eva.** *Je (ne) m'appelle (pas) Eva.*
Ich habe ein Auto. → **Ich habe kein Auto.** *Je (n')ai (pas de) une voiture.*
Ich habe Zeit. → **Ich habe keine Zeit.** *Je (n') ai (pas) le temps.*

	Masculin	Féminin	Neutre	Pluriel
N	kein kleiner Mann	keine kleine Frau	kein kleines Kind	keine kleinen Kinder
A	keinen kleinen Mann	keine kleine Frau	kein kleines Kind	keine kleinen Kinder
D	keinem kleinen Mann	keiner kleinen Frau	keinem kleinen Kind	keinen kleinen Kindern

* se décline aussi au génitif, mais s'emploie rarement.

Réalisation éditoriale et mise en pages : Céladon éditions
www.celadoneditions.com
Conception graphique, couverture et intérieur : Sarah Boris
Relecture allemande : Christine Hansen Müller
Ingénieur du son : Léonard Mule @ Studio du Poisson Barbu

© 2017, Assimil.
Dépôt légal : août 2017
N° d'édition : 4443 - mai 2025
ISBN : 978 2 7005 7074 8
www.assimil.com

Imprimé en République Tchèque